Coração andarilho

CB124301

Nélida Piñon

Coração andarilho

2ª edição

EDITORA RECORD
RIO DE JANEIRO • SÃO PAULO
2013

CIP-Brasil. Catalogação-na-fonte
Sindicato Nacional dos Editores de Livros, RJ

Piñon, Nélida, 1938-
P725c Coração andarilho / Nélida Piñon. – 2ª ed. – Rio de
2ª ed. Janeiro: Record, 2013.

ISBN 978-85-01-08360-9

1. Romance brasileiro. I. Título.

CDD – 869.93
08-4164 CDU – 821.134.3(81)-3

Copyright © Nélida Piñon, 2009

Capa: Carolina Vaz

Direitos exclusivos desta edição reservados pela
EDITORA RECORD LTDA.
Rua Argentina 171 – Rio de Janeiro, RJ – 20921-380 – Tel.: 2585-2000

Impresso no Brasil

ISBN 978-85-01-08360-9

Seja um leitor preferencial Record.
Cadastre-se e receba informações sobre nossos lançamentos e nossas promoções.

Atendimento e venda direta ao leitor:
mdireto@record.com.br ou (21) 2585-2002.

EDITORA AFILIADA

À CARMEN BALCELLS,
SEMPRE AMIGA

1

Meu testemunho é impreciso. Misturo a colheita da memória com a invenção, porque é tudo que sei fazer. Os episódios que aqui registro, de teor familiar e cotidiano, emergem da minha modéstia e dos meus desacertos.

A seleção que faço da família, dos amigos, dos pensamentos vagos, compõe o meu horizonte pessoal. Sem dúvida, é arbitrária, apresenta alto grau de subjetividade. Evito ser minuciosa para reduzir a margem dos erros e porque também as versões que guardo dos fatos narrados são em si contraditórias. Eu própria, perante minhas imprecisões, e minhas certezas provisórias, surpreendo-me com o que relato. Mais ainda quando ouço o que me contam, alguma ocorrência relativa ao passado e que me teve como protagonista. Ao ver-me à mercê da fantasia alheia, duvido se há legitimidade em qualquer discurso, incluindo o meu. Ignoro se meu interlocutor inventou o que narra para melhor dominar a minha vida, ou tenta simplesmente provar, até para si mesmo, que formamos todos, em conjunto, uma sociedade interligada, da qual só perdura a memória compartilhada.

Confrontada com estes casos, decido eu mesma engendrar lendas e episódios que me são atribuídos. Sempre tendo como desculpa a condição de escritora, a quem é dado o privilégio de inventar sem sofrer sanções morais.

Assim, enlaço os temas possíveis para melhor me entender, para subsidiar os recursos da memória, que me abastecem com a habilidade de recordar os feitos ocorridos hoje, ontem, há milênios, que julgo meus, da minha esfera tribal. Uma memória que, a serviço da cobiça, enseja que observemos as linhas de um mapa e nos manifestemos sobre a geografia das coisas, dos sentimentos, das ilhas pulverizadas do Índico. E que nos impulsiona a narrar a odisséia pessoal, a saga do cotidiano, da cozinha, da cama, do amor. E que, por seu eminente caráter narrativo, ocupa o meu pensamento, conjura o meu silêncio, afugenta a monotonia narrativa. Mas que pronto se organiza e resiste a desintegrar-se mediante uma simples linha, épica e avassaladora, como aquela que herdamos de Homero.

É o que tento fazer.

2

A memória começa onde se nasceu. Eu vim ao mundo numa quinta-feira, na rua Dona Maria, em Vila Isabel, em uma casinha branca, de vila, pertencente ao avô Daniel, de simetria quase ilusória, vizinha à casa grande de meus avós maternos. E por expressa determinação da mãe, Carmen, que, até o final do parto, evitou a ida ao hospital, por temer que me trocassem no berçário, regressando ela a casa com a filha que não havia parido.

Até o final de sua vida, pouco antes de morrer, em novembro de 1998, a mãe voltou a confessar que esta decisão, conquanto temerária, de fazer-me nascer longe do hospital, em mãos de uma parteira improvisada, fora sábia. Não tivesse sido assim, ela teria sérias dúvidas daquela filiação. Se seria eu, de fato, a sua filha, herdeira da sua carne. E, embora eu risse de seus temores, como duvidar que não fosse filha de Carmen e Lino, ela não levava a sério a minha obstinada certeza. Desde o início temera meu ímpeto de aventura, a desfaçatez com que circulava pelo Teatro Municipal, a folga com que movia o corpo e a palavra, a certeza aparente de quem se sente protegida pelo amor do lar.

Vim, pois, ao mundo no leito conjugal em que fui concebida. E, apesar das dificuldades do parto caseiro, manifestei gosto precoce pelas artimanhas do destino, uma vez que quase nasci de nádega, de bumbum para a lua, segundo dizem. Felizmente, a extravagante travessia, em sentido contrário pelo corpo da mãe, corrigida no último instante, não me deixou seqüelas visíveis.

A família era benfazeja. Ao se reunir, levava-me a passear à tarde pela rua Pereira Nunes para ver os bondes que traziam parentes e amigos aos domingos, cujos cobradores, trapezistas urbanos, se equilibravam nos estribos enquanto cobravam o valor da passagem. O mesmo bonde que se deslocava pela cidade levando-nos até o Flamengo, para os banhos de mar que a mãe julgava milagrosos para a minha saúde.

Miúda, ainda, os ruídos provenientes da rua, que me chegavam atenuados, legitimavam a vida, despertavam os sobressaltos do meu coração, sensível às ocorrências do cotidiano. A voz da mãe, a repartir tarefas e protegendo-me, também me acariciava. As demais vozes, do pai e da família, garantiam-me uma seqüência de novidades que começavam a me impressionar.

A memória que hoje tenho é acumulativa, sobretudo dispersa. Tende a trair-me, embora, às vezes, acumule bens, arraste palavras e suspiros para o interior do armário, triture alimento, amores, a matéria intangível e grosseira. De minha parte, faço pilhagens, vou à realidade como um pirata que colhe tesouros que de fato são meus. Sou agraciada pelas lembranças, como aquela que me devolve o frescor do carnaval, quando criança, talvez com 3 anos.

A família exaltava-se com o verão carioca e com o carnaval. Aqueles dias carnavalescos, festejados na casa sob o beneplácito dos avós. As tias e a mãe me fantasiavam porque não me queriam excluída de um prazer que entoava hinos à vida. A família seguia para a cidade sob o olhar diligente do avô Daniel, que contratara os carros com as capotas arriadas a fim de acenarem para fora, de lançarem serpentinas e confetes, e tudo mais que liberava a sua grei. Um regozijo que exprimia a coesão familiar.

Os dias carnavalescos alteravam a realidade, imprimiam-lhe uma magia indescritível. Não ocorrendo à mãe e aos demais que me deviam emprestar uma palavra ao menos capaz de definir o que eu estava a ponto de sentir. Ou esclarecer para a menina o significado de uma festa dedicada aos desfiles, aos cortejos de carros ornamentados, aos blocos sujos com homens vestidos de mulher, as fantasias suntuosas. Lembro-me de que nos anos subseqüentes me deslumbraram os trajes de arlequins e colombinas, cujas cores, em contraste com os muros caiados de branco, predominantes na nossa rua, traziam noções policrômicas que me iam apurando o gosto.

Orgulhosa da fantasia, eu ria sem motivo. A roupa, que não era de uso comum, como que dava início ao ciclo da alegria. Assim, a prima Nelita e eu, fazendo gestos à guisa de dança, éramos aplaudidas, merecíamos elogios. Só faltava as tias perguntarem ao espelho da casa quem seria mais bela que as sobrinhas.

Mas o que eu mais amava, além da misteriosa geografia do bairro no qual se nasce, eram os intermináveis almoços dos domingos, que primavam pelos sabores originários da comida abundante, por expressa exigência do avô Daniel, pelos suspiros galegos da avó Amada, pelos traços inexpugnáveis da minha origem.

Ao deixar Vila Isabel, aos 4 anos, em troca de Copacabana, com que ansiedade aguardava os dias de visita à grei galega. Naquela caverna amorosa, familiar e amiga, foi sempre tão fácil ser feliz.

3

Devo o nome Nélida à tia Amada. De apelido Maíta, era mulher de rara beleza. Seu apurado espírito familiar, mesmo sem motivo relevante, lançava-se em ferrenha defesa dos membros daquele clã de imigrantes, do qual participava.

Com tal coragem enfrentou a ira do avô Daniel, chegado ao Brasil com 12 anos, para fazer a América, ao tentar impor à recém-nascida, que era eu, um nome inicialmente rejeitado por ele.

O avô, também belo e de gênio forte, opunha-se a um projeto que contrariava o seu desejo de chamar-me Pilara, em homenagem à sua mãe, havia muitos anos falecida na sua longínqua Galícia. Maíta não desistia de seus projetos. Até para morrer, aos 92 anos, travou resistente batalha. Assim, com rara valentia, insurgiu-se contra o pai. Sustentava sua argumentação com sólido princípio: se o pai, que tivera cinco filhas mulheres, não lhes dera o nome da própria mãe, por que haveria de batizar a recém-nascida, filha de Carmen e Lino, com uma designação a ser arrastada pela vida afora?

Afinal, após dias de contenda, ela obteve o apoio de todos, inclusive dos pais, Carmen e Lino. Restou ao avô resignar-se, conquanto ofendido. O que não o impediu de amar-me com exaltado zelo. A fazer-me apreciar as iguarias do mundo, o sentido estético e utilitário das fachadas dos edifícios que visitávamos, a defender a indissolúvel coesão familiar. Morreu, no entanto, sem saber que o nome Nélida forma, junto com o seu, Daniel, perfeito anagrama. Um fato que também eu desconhecia, só vindo a decifrá-lo graças a Tarlei, jovem bancário mineiro que, ao entrevistar-me, expressou sua emoção pela tia que teve a feliz idéia de prestar tal homenagem ao avô.

A revelação perturbou-me. Até aquele momento não me dera conta do fato. Da misteriosa simetria que rege certos desígnios familiares. O porquê de Maíta também não haver percebido o anagrama responsável pelo comovente acerto que no início ofendera meu avô. E por que sofrera ele a rebeldia filial que o celebrava em sua gênese?

Nesta seqüência de enigmáticas coincidências, compreendi a razão da condessa d'Agoult, amante do compositor Lizst e mãe de Cosima, esposa de Wagner, responsável pela grandeza do Festival de Bayreuth, emprestar ao seu romance *Nélida* o pseudônimo masculino de Daniel Stern. Prova de que a condessa estava ciente, antes de Tarlei, de que o título do romance e o pseudônimo formavam o referido anagrama.

Divago a respeito. Por que tardei tanto em desvendar uma história que teria ajudado a compreender minha aliança com o avô? A traduzir, para mim mesma, o percurso dos meus sentimentos, o que há por trás de qualquer cotidiano modesto, o que nos falta descobrir para projetar luz e esperança em qualquer realidade, mesmo quando obscura e hostil.

4

A mãe levava-me a pesar no açougue próximo à casa de Vila Isabel. Usava a balança da carne com a esperança de um dia eu engordar. Havia a crendice de que as crianças, necessitadas de peso por conta da inapetência, ou problema de saúde, ganhariam alguns quilos após serem postas no mesmo prato da balança que pesava a carne.

Preocupada com a minha saúde, considerada frágil pelo médico, ela zelava pelo bebê com excesso de cuidados. Encerrava-me no quarto por longas horas, longe de ruídos que provocassem vômitos, regurgitações. E, para compensar-me dos incômodos que eu devia sofrer, além do banho de mar no Flamengo, recomendado para o meu piloro afetado, fazia-me ouvir música suave, de preferência clássica, para me serenar.

Também realçava a filha com trajes que escolhia pessoalmente. Discutia com a costureira detalhes que contribuíssem para aperfeiçoar a estética da filha. Mas, como dispunha de orçamento limitado, recorria à vitrina da Casa Boneca, situada na rua do Ouvidor, e tida como uma das melhores lojas infantis, para assimilar os valiosos detalhes de um modelo de seu agrado, e os transferia para a costureira.

Em geral, a mãe selecionava os vestidos bordados com casinhas de abelha e joaninhas à altura do peito. Aliás, durante curso recente dado sobre a minha obra na Universidade de Oklahoma, em 2004, por motivo do prêmio Puterbaugh que viera receber, relatei em classe o sonho tido com a mãe na noite anterior. No dia seguinte, uma aluna ofertou-me estranhamente, dentro de pequena caixa, a joaninha que guardo visível no meu escritório.

Em Vila Isabel, até os 4 anos, José era o companheiro de folguedo. Vizinho na vila com três casas, víamo-nos quase todos os dias. Brincávamos no jardim nosso e das casas vizinhas, saindo em romaria, um a cuidar do outro. Uma criança pacífica, José escondia as garras, mesmo quando provocado. Devido à confiança havida entre nós, eu o considerava um cúmplice querido. Gostava mais de estar com ele do que com qualquer outra menina da rua Dona Maria.

Muito menos libertário que eu, José, às vezes, recuava diante das travessuras que eu lhe propunha. Olhava-me com estranheza, como se lhe estivesse sugerindo uma ação da qual não sairíamos ilesos. Mas, ao ver que me magoava, retificava a atitude, e seguia-me.

Por mais que me esforce, tenho vaga lembrança de seu rosto. Ao separarmo-nos cedo, cada qual indo morar longe de Vila Isabel, não soube mais dele. Mas o meu *Livro do bebé*, redigido pelo pai, assinala ter sido José a primeira palavra que pronunciei, numa antevisão dos dias felizes que teríamos juntos naquele curto período da vida.

Embora doce e cordato, às vezes ele me desafiava. Mas, ao final, atraído pelo espírito de aventura, próprio da infância, partíamos juntos para a rua. À época, atraía-nos a senhora russa, a quem a tia se referira como sendo uma nobre que viera parar no Brasil. E escolhera viver em Vila Isabel, próxima a nossa casa.

Esta mulher, que encarnava o mistério indispensável à vida comum, vivia encerrada na casa, a cultivar, quem sabe no interior da sala, algum produto exótico, ou consumindo litros do chá negro saído da torneira do samovar de prata trazido da Rússia.

Raramente punha os pés na calçada, preferia investigar os passantes com os cotovelos apoiados ao parapeito da janela. Com aspecto ligeiramente enfadado, não deixava de cumprimentar os vizinhos. Em especial a mãe, cujas maneiras e juventude parecia apreciar. Um afeto mantido à distância, ao qual a mãe correspondia.

Dela diziam que se comportava como se ainda não houvesse chegado ao Brasil, o coração ficara na pátria. Daí estranhar um país que, embora católico, dedicava-se a crendices, a rituais sincréticos. Como conseqüência, ela retraía-se, evitando ir à calçada, mesmo quando escurecia. Era o marido que se ocupava das compras, de levar o lixo para fora.

Uma tarde, com gesto discreto, convocou-me até a janela, onde se instalava à tarde. José e eu obedecemos sem saber a razão do convite. Mas, pequena, tive receio. A mãe me acautelara, não devia sequer aceitar balas de estranhos.

Ela falou-me e não entendi. Mas apreciei o sotaque estrangeiro, a presença da bruxa que me revelava um outro mundo com sua vara de condão. José, ao meu lado, parecia igualmente enfeitiçado. Até que a mãe veio em meu socorro, segundo me esclareceu anos mais tarde. Próxima da russa, a mãe esforçou-se em entendê-la, deu-lhe o nome da filha pequena, que as estava observando. Um nome rejeitado pelo avô da criança, mas que, a ela, agradara. Por isso combatia qualquer apelido que lhe dessem. E exemplificou, falando de Leonor, amiga de tia Maíta, que brincava com a filha usando um papel enrolado à guisa de corneta. E que, a silvar, repetia carinhosamente o apelido Duquinha, diminutivo de duquesa, devido à pele clara e aos cabelos rubros da criança, que correspondiam, para Leonor, a um ideal aristocrático.

A mãe expressou de imediato seu desgosto pelo apelido. Não queria que a chamassem de Duquinha, se tinha como nome Nélida, com o qual devia viver.

Durante algum tempo, após a mudança de bairro, ela relembrou a vizinha russa, até finalmente esquecê-la. Quanto a mim, embora eu a tivesse petrificado na memória, e a imagine hoje enterrada na falsa estepe brasileira, ela me traz à lembrança o mundo de Tolstoi, longínquo e melancólico. Os servos da gleba, tristes e condenados, a Natacha, consumida no sortilégio da valsa rodada no salão da casa de Moscou, a Ana Karenina que no alvoroço da paixão por Vronsky não pressente a futura morte.

5

A felicidade dissolve-se nas lembranças e é forçoso inventá-la. Pergunto-me que pedaço de vida, sorvido no colo familiar, merece hoje reconstrução verbal? Acaso as narrativas da mãe, à hora do almoço, fazendo-me crer que eram minhas e que, ao ouvi-las, elas podiam me salvar?

Acaso pretendia a mãe, com seus relatos, prover-me com indícios da existência, para eu confessar no futuro, diante do tribunal da vida, o que fiz e deixei de fazer? Fosse responsável pelas lacunas que, conquanto me condenem, absolvem-me também? Mas que desculpa convinha apresentar diante deste tribunal para justificar as vezes que errei?

A mãe era fina e elegante, e habituei-me a associar sua postura orgulhosa à noção que tinha de sua dignidade. Discreta, oscilava entre certo pessimismo e a firmeza com que expressava sua crença na vida. Pregava que meus feitos me pertenciam, haviam sido engendrados pela decisão moral de explorar a imaginação e a literatura.

Até exalar o último suspiro, tive-a ao meu lado. E, sempre que me abraçou, a infância emergia da poeira do tempo. Eu podia mergulhar na memória através da ponte que ela me estendia. Assim, o passado vago, em geral à deriva, motivava-me a recordar a figura do avô, as mangueiras frondosas dos quintais vizinhos de Vila Isabel. Estas árvores brasileiras que os avós esqueceram de plantar no seu jardim, optando por outras, mais rasteiras, parecidas com os bonsais, miniaturas japonesas.

Embora instalados havia muito no Brasil, a família pautava-se por alguns símbolos que os distinguiam dos demais brasileiros. Pela comida, certo linguajar e por pedaços de memórias importadas. Ajustados à realidade brasileira, viviam entre eles, gozando da mútua companhia. Pecavam por apreciar em demasia o aconchego íntimo que repartiam entre si.

Mesmo que a casa dos avós não recordasse uma chácara típica de Vila Isabel, bastava eu atravessar a rua para colocar-me à sombra dos telhados vizinhos. Em uma destas casas, assumindo o papel de heroína, eu montava na garupa de um cavalo imaginário, que batizei de Pégaso, e fazia o animal galopar, despejar fogo pelas narinas, sem ele e eu esgotarmos o fôlego. Com este Pégaso, tão alado quanto eu, ia para todas as partes, subia a copa da mangueira para enxergar o eixo do mundo. Trotava com o animal, fazia-o disparar, sofreava-lhe a corrida, em movimentos descompassados. E quando a imaginação se exacerbava, deslocando-me do país, eu convertia Pégaso em um camelo a arrastar-me em meio ao deserto do Saara.

Mas eu não era a única a fabular a realidade. As outras crianças, miúdas e indefesas como eu, intuíam que a salvação consistia em seguir os rumos da imaginação. Mas, neste caso, que direção tomar, caso escolhesse Paris, a pátria dos mosqueteiros? Ou deveria tomar o *Nautilus*, vapor mágico do capitão Nemo, que saía da praça Mauá, e entregar sua sorte a um outro comandante, este vesgo, recém-chegado do Índico? Mas por que temer os excessos da imaginação, se o perigo estava igualmente no quintal, na esquina, na cama, sempre que se sonhava?

O lanche daquelas tardes era festejado aos gritos. Constituído de bolo, sanduíche de queijo prato, croquete, empada, suco de tamarindo, que as mães providenciavam. O cheiro da fritura, que recendia pela casa, confirmava a diligência materna. A mãe, por exemplo, esmerava-se em uma espécie de petisqueira de banana e em delicados sanduíches de estilo eduardiano. E como ela antevia o prazer que me dava, vigiava-me. Afinal, eu era o seu epicentro. Aliviava-a ver-me fechar os olhos como prova de estar desfrutando dos quitutes. Até o final da sua vida, aliás, indo eu diariamente a sua casa almoçar ou jantar, esmerava-se na refeição. E, conhecendo o hábito de cerrar os olhos a fim de concentrar-me no paladar, ela ficava na expectativa de um elogio, enquanto sorvia o seu café com leite, torradas e queijo-de-minas que constituíam o seu jantar nos últimos anos.

Perturbava-a, no entanto, o meu sentido de cortesia que não lhe permitira saber exatamente o meu veredicto relativo à refeição daquele dia. Assim, fixando os olhos em mim, extraía-me a verdade, tentando vencer minhas resistências.

A pugna era amorosa e breve. Ela, afinal, aceitava que, por amá-la, eu me excedesse em certos tratamentos. Mas como ser culpada por adotar tais normas, se ela e o pai haviam-me ensinado os gestos benevolentes, incutido em mim o cultivo de uma galanteria que tinha dimensão moral? Se graças ainda a estes comportamentos, alguns sutis e delicados, quase imperceptíveis, esforçávamo-nos em deixar para trás a barbárie, a besta do apocalipse.

O lanche era um interregno precioso, ensejava a conversa e a revelação de certos segredos. Assim, tão logo saltava da garupa de Pégaso, para entrar na sala de visitas do vizinho, eu intuía que nenhum lar estava a salvo da rede de intrigas que os donos da casa iam concebendo.

Como conseqüência, ao provar a *esfiha* de Salim, eu desembarcava em Istambul. Ciente de que a comida, ao trasladar-me pela terra, tornava-se o preâmbulo das civilizações. As especiarias, ou qualquer farinha granulada destas paragens, inspiravam histórias logo superadas pelas que ouvira na véspera na casa de Sara, sempre a sonhar com Jerusalém. Só que, ao comermos na semana seguinte a empanada de galinha, com cebola, azeite, passas, na casa da avó, seria como se estivéssemos a ler as páginas insuperáveis do *Dom Quixote*.

6

Talvez a criança Nélida, que fui, seja uma mera invenção, uma fábula imprecisa. Como alcançar o passado e atualizá-lo no empenho de trazê-lo à tona?

Sou feita de marcas que só conseguiria acentuar com o socorro da mãe, dos parentes, dos que construíram o tempo em minha companhia, caso vivessem. E, ainda assim, mesmo reunidos na sala de jantar da família a fim de conjurarmos juntos os nossos fantasmas, seria difícil dar-lhes nomes, saber quais são. Afinal, até os sonhos partilhados e o feijão farto na mesa geram discórdias e versões desencontradas de um fato comum a todos.

Mas onde, então, buscar uma memória coletiva quando quase toda a família já não se encontra entre nós? Uma matéria que certamente se aloja em uma psique efervescente, mas de procedência desconhecida. A dificuldade residindo no fato da família estar me deixando aos poucos. Despedidas penosas, primeiro na casa, em seguida nas capelas mortuárias. E, ao enterrarmos avós, tios, primos, sabíamos que em breve seria a nossa vez.

A morte do pai me golpeou e repercute em mim até hoje. Deixou-me uma cicatriz que escondo no corpo. Assim como a despedida da mãe em certo dia de calor. Neste caso, em quem mais confiar? Acaso podemos contar com o mistério dos vivos, com a versão falseada que eles guardam da realidade?

Olho para trás e registro como o pai narrava com gosto a rebeldia da filha, que ele tentara talhar no nascedouro. Sorria, enquanto exibia os dentes fortes, bem tratados, dando mostra de apoiar a ação intempestiva da filha ocorrida quando teria uns 5 anos. E, no papel de discreto narrador, ele detalhava para os ouvintes como a filha fugira da escola pública, em Copacabana, que freqüentara por algum tempo até a mudança para Botafogo. E, cônscio de que devia acorrentar a atenção dos familiares e amigos, só transferia a palavra para a própria filha presente, e já crescida, para ela preencher os vácuos da narrativa paterna com a sua fragmentada versão dos fatos.

O pai lisonjeava-me ao acreditar que a minha memória estava apta a relatar os detalhes da pugna havida entre a filha e uma colega de classe, ambas do jardim-de-infância. Pois o fato fora que, após fugir da escola, segundo ele, eu encetara cerrada perseguição à colega, igualmente miúda, só porque me chamara, em visível tom pejorativo, de "olhos arregalados".

Em busca da futura vítima, saí em disparada, esquecida da mãe que me aguardava no banco do jardim da praça Cardeal Arcoverde, onde se localizava a escola, na companhia de sua amiga Messias. Mas havia que revidar a ofensa, expressar minha inconformidade com a agressão recebida. Com que direito ela insinuara serem meus olhos acima da medida comum?

A menina também corria, quem sabe arrependida da provocação inútil. E já estava eu prestes a alcançá-la para o confronto final, quando o pai, por coincidência a vagar pela praça, ao ver a filha na perseguição encaminhando-se em direção à rua Barata Ribeiro, de tráfego intenso, interceptou-a.

Frustrada, presa aos braços paternos, chorei, inconformada com o desfecho de um caso que me leva hoje a conjeturar se graças a este episódio tenho atualmente os olhos apertados. Se, em revide a esta menina, cerro tanto os olhos que muitos me atribuem procedência oriental. Como é o caso de Guimarães Rosa, chamando-me de "minha oriental", e de Artur da Távola, a insistir ser eu uma eurasiana. E amigos assinalando que a mirada apertada, a fingir ver o mundo pela metade, é o disfarce para enxergar além do que faço crer.

As fotos atestam, até certa idade, que tinha os olhos abertos, a pele alvejante, os cabelos ralos e finos. Uma aparência que motivava ser chamada de holandesa, sem me sentir ofendida. Afinal, além da procedência galega, outros sangues enlaçaram-se ao meu. Mas que outras feições, estrangeiras ou não, importam para a criança que subia na árvore do quintal da casa a fim de se refugiar dos ruídos do mundo? A mesma menina que, à saída do parque das Águas, em São Lourenço, à hora do almoço, não dava trégua ao pai. Com olhar súplice, ainda lépida, insistia em retornar ao hotel de charrete, puxada por um bode mítico, com cavanhaque de fios marrons e brancos, confiante que o pai jamais lhe cancelaria os sonhos.

E as fotos atestam a menina na charrete, de costas para o fotógrafo, em direção ao hotel Rio-São Paulo.

7

Após tantos anos, São Lourenço continua sendo a caixa da minha memória. Ao contemplar-lhe a paisagem em algum retrato, mergulho sem esforço nas entranhas do passado. Vejo-me a passear pelos seus jardins, de uma elegância que, para a menina de então, se destacava entre as maravilhas da terra que eu ainda não visitara.

Revejo o velho Daniel, de charuto entre os dedos, com seu *blazer* de caçador inglês, de boina ou chapéu de colonizador, uma figura até hoje central na minha galeria de mitos. Lá vinha ele a casa, em Botafogo, na companhia da avó, e, sem muitas consultas, recolhia a neta a pretexto de arrastá-la pelos arredores do Rio ou pelo centro da cidade. Dominava a topografia do centro, onde trabalhara desde que havia chegado ao Brasil. Fazia-me conhecer a rua do Lavradio, Teófilo Otôni. Ruas com nomes dos próceres da pátria e de eventos históricos, que ele destacava com o intuito de não me faltarem informações para ativar a fantasia.

Seus intensos olhos azuis perscrutavam as lojas, os passantes, o que estivesse ao seu alcance. O rosto, ora terno, transformava-se de repente, fazia-se enérgico, caso a realidade não estivesse a seu gosto. Mas, sendo eu a neta amada, não duvidava dos seus sentimentos, das seguidas provas de amor que ele me dava. Com que fervor ensinava-me a reconhecer as virtudes de uma cidade. As características da fachada de certo prédio, como sua construção fora meticulosa, a ponto de estabelecer equilíbrio entre as vigas, as colunas, as divisões no interior. O aproveitamento do espaço, do vento, uma captação com a qual aliviar as premências da temperatura. Enfatizava as correções indispensáveis, que qualificam uma obra. Tudo que me dizia era valioso, sobretudo porque também ele se tornara construtor de imóveis que ainda hoje resistem ao tempo.

Eu regozijava à porta do restaurante escolhido por ele, que podia ser português. Conhecido como era, dirigia-se sem hesitação à mesa de sua preferência. Tinha autoridade para gestos assim. Uma vez sentado, lia o cardápio com vagar, mentalmente repassava cada prato para acertar na escolha. Enquanto a avó, por motivo de saúde, primava pela sobriedade, o avô ignorava as recomendações médicas. Tão negligente era que foram descobertas em seu escritório, escondidas nas gavetas, após sua morte, garrafas de *cognac* e de outros digestivos, que lhe estavam proibidos.

Eu acompanhava o pedido. Confiava no seu gosto e queria agradá-lo. Aquele avô, além de ofertar-me prazeres, de intensificar meu paladar, educava-me. Em qualquer lugar, advertia quanto às iguarias trazidas à mesa, que exigiam atenção, cuidados. Havia que apreciá-las com os olhos semicerrados, concentrar-se. Eu me emocionava quando ele dizia com voz quase retumbante:

— Minha neta, aprenda a devolver a refeição que não lhe agrade. Não aceite o que não estiver bem. E sem pedir muitas desculpas.

Segundo ele, saía-se de casa com a esperança de viver um dia feliz, de ser contemplado com os manjares dos deuses. Para comer ruim, não havia que pagar.

Na casa da rua Dona Maria, construída por ele mesmo, e cenário de festas de batizado, de casamento das filhas e das sobrinhas, para as quais contratava os serviços da Colombo, a comida era farta, saborosa. Exigia apuro até em uma simples batata, em geral com casca, regada com o azeite passado na frigideira junto com o alho esmagado. E, quando as travessas eram trazidas à contemplação de todos, dizia, a propósito de sua abundância:

— Se não sobrou, é porque faltou.

Tinha razão. As boas maneiras não deviam expulsar a possibilidade de se repetir o que fosse do agrado. Havia que comer devagar, sem receio que o vizinho de mesa, em gesto audaz, retirasse da travessa justo o pedaço do frango da nossa preferência, deixando-nos frustrados. Naquela casa, ao menos enquanto ele vivesse, não carecia de urgência em mastigar para voltar a servir-se.

Jovem ainda, já no Brasil, ao qual chegara ao final do século XIX, ele perdera dois dedos numa máquina, enquanto serrava a madeira. Circulava a versão de que, em seguida ao acidente, reagira altivo, afetado pela dor, sim, mas dispensara cuidados. Não queria ir para o hospital. Seu temperamento destemido teria declarado rispidamente:

— Deixem-me em paz, eles já se foram.

Referia-se, naturalmente, aos dois dedos que haviam partido para sempre. Uma cena que me ofusca, motiva-me a domar a literatura, a perder, simbolicamente, os dedos que não hão de me impedir de viver. Na sua fábrica de frigoríficos, para uso doméstico e industrial, localizada na rua do Lavradio, sempre o imaginei a sangrar. Um homem que, a despeito da mutilação sofrida, desafiava a vida no afã de descobrir quem sairia vencedor.

Belo e alourado, lá estava ele. Às vezes alegre, outras aflito, disposto a abandonar outras falanges como se perdem anéis ou documentos transitórios. Confiante de que o apego à vida, a capacidade de trabalhar, condições que o haviam trazido ao Brasil com 12 anos, aproximavam-no da lagartixa que, após perder o rabo em alguma porta cerrada de repente, reagia regenerando o corpo mutilado.

Nunca me levou a visitar uma só igreja, mesmo quando passamos juntos longa temporada na Espanha. Era sabidamente anticlerical, não confiando nos padres, que julgava perniciosos, encarnavam uma instituição responsável por tantos desmandos históricos. E que usavam os prazeres da carne em nome de Deus. De um Deus em que ele acreditava de forma irredutível. Além do mais, tinha, como esposa, uma galega de família fervorosa, que contava entre os seus membros padres, bispos, até o arcebispo de Laodicea, Manuel Ventura Figueroa, que serviu a Fernando VI em pleito que o rei sustentava contra o Vaticano. E que tal êxito teve em sua missão, e nas demais em sua brilhante carreira, que criou, antes de sua morte em 1783, uma fundação com a intenção de cuidar de familiares, descendentes e jovens desamparados. Reverenciado até hoje pela cidade de Santiago de Compostela, que lhe ergueu imponente estátua localizada no centro dos jardins da Herradura.

Daniel reclamava das idas freqüentes de Amada à igreja. A cada manhã, mal clareava, ela se dirigia à igreja de Santo Afonso, para a reza contrita e a comunhão, que não dispensava. Indiferente aos protestos do avô Daniel, que não tolerava a presença de algum membro do clero em casa ou nas fímbrias da saia da mulher. Acusava-os, em voz firme, de parasitas e exploradores da boa fé feminina. Nenhuma mulher, mesmo honesta como a sua, deveria freqüentar o claustro.

Amada, porém, sempre delicada, agia como se a intolerância do marido não a ofendesse. Mas quando, ao despertar, ele a via ao seu lado, ainda deitada, assustava-se, chamava-lhe a atenção por haver se atrasado, sob o risco de perder a missa. Sabia que só um motivo forte privava-a dos ofícios religiosos.

Em recente viagem à capital mexicana, ao ser homenageada por uns quarenta intelectuais, tendo como cenário a bela Hacienda Morales, hoje incorporada à cidade, já ao final das refeições, após os discursos, entretivemo-nos em uma tertúlia informal. Quando um dos convivas me cobrou confidências familiares que explicassem a minha formação de escritora. Porque, ao ler-me, e acompanhar certas entrevistas, impressionara-o que seguidamente reverenciasse em público a figura do avô. Quis saber que pedagogia ele utilizava para me transmitir práticas visivelmente inseridas no meu ser. Como, por exemplo, exaltar o alimento, esta notável fabricação humana.

Esmiucei as lições de Daniel. E ocorreu-me destacar como ele me ajudava com pormenores mundanos, mesmo sem haver lido o romance *Gigi*, da francesa Colette, em que notáveis cortesãs ensinavam as jovens, sob sua responsabilidade, as regras indispensáveis para agradar os futuros amantes. Um manual que previa, em detalhes cínicos e sofisticados, o comportamento de ilustres profissionais do ramo.

No transcurso da minha argumentação, observada com curiosidade, disse-lhes que pela primeira vez, e na companhia deles, amigos queridos, dera-me conta de uma hipótese que me provocava um riso de gratidão ao avô.

— Acabo de descobrir que o avô Daniel, sem saber, educou-me para ser uma perfeita cortesã. Só me poupando de certas práticas que não lhe tocava me ensinar.

Fui aplaudida e, com os olhos marejados, recordei Daniel.

8

Certo domingo, a família paterna zarpou para Paquetá. Tida como encantada, a ilha, no centro da baía de Guanabara, era canteiro de sereias e magias.

Já na barca, onde nos reuníramos cedo, pensei ver de longe, em vez do barco de Simbad cercado de monstros marítimos, o próprio Aladim que, em estado de desespero, havendo abandonado Bagdá em troca dos mares, tentava recuperar a lâmpada que a mãe inadvertida trocara por uma nova sem qualquer valor.

Ao atracar no cais, em Paquetá, o barco despediu-se apressado. Feliz com uma travessia que nos levava à ilha dos Amores que Camões, melhor que qualquer, sabia onde se localizava, eu ria de puro prazer, igual a Gravetinho a abanar o coto do rabo ao se sentir livre para correr pela casa, fazendo travessuras, destroçando a minha agenda Lowe com anotações preciosas que diziam respeito ao próximo trimestre.

Já na ilha, foi decidido que o piquenique seria na praia da Moreninha, de difícil acesso, de que se dizia ser o recanto propício para os amantes se darem provas mútuas de amor. Do outro lado da ilha, para lá chegarmos, galgava-se a encosta através de um atalho escorregadio e perigoso.

O pai e o tio Adolfo seguiam à frente, alargando a picada para facilitar a passagem. Levávamos as cestas com iguarias, toalhas, os demais pertences. Finalmente, instalados na minúscula praia, sentíamos que o universo praticamente nascera aos nossos pés, éramos nós que substituíamos Adão e Eva, recém-expulsos do paraíso.

Sobre as toalhas estendidas na areia, a comida, sob forma de frango assado, bife à milanesa, ovos cozidos, sanduíches de presunto e queijo, salada de batata, frutas e outras iguarias, estava ao alcance de todos. Prazerosos indícios de que deixáramos para trás um cotidiano amestrado e sem imaginação. Alguns cantavam ao som de hipotético conjunto de gaitas, como os gaiteiros de Sotelo, vindos de Galícia para nos festejar.

Após as celebrações, quase saturnais, repousávamos sob o embalo da quietude do local, quando tio Adolfo, sem consultar a quem fosse, subia tão apressado a árvore sob cuja sombra estávamos que logo alcançou o galho mais alto, quase tocando o céu.

Não se perceberam, de imediato, as manobras do tio, quais suas pretensões. Só diante da compreensão de um fato que introduzia à tarde um elemento perturbador começaram todos a lançar-lhe gritos de advertência, pedindo, pelo amor de Deus, que descesse. Ele prosseguiu indiferente, como se houvesse um sonho que cumprir. Parecia feliz, confiado em um estado de graça. E assim ele prosseguiu até jogar-se de repente do alto, como um Ícaro tropical. Sem tempo dos familiares o convencerem de sua condição mortal, à qual não fora dado o dom de voar.

Como um deus de visita à terra, lá veio tio Adolfo solto no ar, a desafiar a gravidade. Na queda, roçando um galho ou outro até se esborrachar no chão, a uivar de dor.

Era tal a perplexidade de todos que o socorro tardou segundos. Apenas diante do seu corpo contorcido em dores, e temia-se uma fatalidade, o pai e os primos precipitaram-se para lhe devolver a vida. Felizmente respirava, tinha a cabeça e a coluna intactas. A perna, em compensação, sofrera grave fratura exposta.

A emergência exigia providências, mas como retirá-lo do recôndito paraíso e encaminhá-lo ao hospital? Fora difícil chegar até a praia, pior seria levar o tio, naquela situação, até a estação das barcas. A única solução recomendada era tirá-lo dali pelo mar. Mas como a vinda de uma barcaça tomaria tempo, os homens presentes decidiram eles mesmos levar o tio nos braços a nado, contornando o litoral pedregoso até as barcas. Felizmente, o pai e os primos eram campeões de natação, em diversas modalidades, inclusive a de travessia a nado pela baía de Guanabara.

Entre eles, criaram com os braços um sistema mediante o qual envolviam o tio com firmeza, a fim de o locomover, enquanto um deles ocupava-se exclusivamente em segurar a perna quebrada.

Foi um alívio ver o grupo de náufragos afastar-se a nado, desaparecer após a curva. Deixadas a sós, cabia às mulheres enfrentar a árdua subida. De minha parte, sob o impacto da fragilidade das coisas, menina ainda, eu tentava compreender como uma festa transformava-se subitamente em um drama de desfecho imprevisível. Porque fôramos, sem dúvida, atingidos por uma ocorrência grave, estávamos a viver uma experiência que dificilmente nos devolveria à penúria da vida diária. Enquanto os homens da família, vencendo tantos obstáculos, emergiam como lobos-do-mar que enfrentaram o reino de Netuno, deram combate ao inimigo homiziado na alma de tio Adolfo que decidira ser Ícaro naquele domingo ensolarado.

9

Outrora fui disciplinada, hoje vivo no caos. E admito que os tempos modernos contrariam a minha redenção. Oriento-me com dificuldade, subjugada às exigências inúteis do cotidiano. Sob tal desterro urbano, os laços afetivos são frágeis, têm prazo para expirar, os nós górdios cortam-se com a faca de cozinha. E como quase nada perdura diante dos desmandos sociais, estou condenada à obsolescência. Por conta da idade, do ofício e das idéias.

O próprio lar, meu refúgio, deixou de ser a ágora onde as famílias se reuniam aos domingos em torno do frango assado e da macarronada. O centro epifânico da sociedade contemporânea localiza-se na televisão, nos bares, na internet. Assim sendo, que matéria, comum a todos, chancela a humanidade?

Ainda assim, meu dever é prover o cotidiano com esparsas memórias, com entradas e saídas nem sempre pela porta correta da vida. Mas não me solicitem, por favor, além do que sei ou possa dar. Cumpro rituais mínimos, que não comprometam minha liberdade. E, a despeito das falências coletivas, esmero-me em ser fiel à gentileza, em atar e desatar os elos que me fazem irmã do próximo. Só em momentos de extrema debilidade procuro razões que expliquem o fracasso coletivo e a cobiça dos seres.

Minha jornada é intensa. Leio e escrevo em casa, nos aviões, nos hotéis. Roubo tempo do tempo. Os livros e os jornais me trazem o mundo. Mediante estes recursos, ganho alento, forneço fagulhas à mente para que reflita. Atrai-me a psique de quem encontro nos corredores ou no elevador da Academia Brasileira de Letras, aonde compareço duas vezes por semana.

Viajo em excesso, confirmando a assertiva das cartomantes que, consultadas no passado, com as cartas postas sobre a mesa, afirmavam que eu seria uma Simbad, emendando uma viagem na outra. A fazer e desfazer as malas no afã de incorporar a substância vinda de longe aos meus pertences. A alargar a curiosidade cuja voz me diz que a vida é fugaz, mas intensa, e que, embora esteja no lar, a cabeça não há de repousar. E é certo, esta mente divaga como se já tivesse partido para uma cidade estrangeira deixando o corpo para trás.

O sentimento do traslado veio-me da infância. Quem sabe da primeira ida a Niterói, para mim uma viagem, levada pela mãe, para ser fotografada por reputado profissional contratado a fim de confirmar minha presença no mundo. Uma foto que relembrasse a família como eu fora, em caso de uma fatalidade.

Tomar a barca da Cantareira na praça XV, em meio ao tumulto da multidão, constituía uma aventura para a menina da zona norte aflita por subir ao tapete mágico, pronto a conduzi-la para onde fosse. A barca, similar àquela dos filmes passados no rio Mississípi, exigia, por conta da proa mal ajustada ao cais, que se pulasse com cautela para o interior da embarcação. Após tal proeza, tomamos assento, enquanto a mãe, pendente da filha, instava-me a olhar a beleza da paisagem, centrada na baía de Guanabara.

O cenário exaltava-me, sobretudo a expectativa de singrar os mares, de comer a bordo, como se a barca fora um transatlântico de luxo preparado para hospedar-nos por algumas semanas. Sem falar na emoção que advinha dos riscos da embarcação adernar em meio à procela, quando eu, pondo à prova o meu heroísmo, salvaria a vida da mãe e a minha própria. O aviso da mãe, de que em minutos atracaríamos na cidade próxima ao Rio, do outro lada da baía, interrompeu meus devaneios, o fluxo da imaginação que transformava a ida a Niterói em um fato marcante.

O estúdio do fotógrafo ficava longe da estação das barcas. Mas a mãe dispunha de indicações precisas para chegar ao local e, meticulosa como era, levava na sacola de mão dois trajes, ambos copiados da vitrina da Casa Boneca pela bordadeira Marieta, que morava em uma mansarda de um colégio religioso em Botafogo.

Outra vez destacavam-se, nos trajes que a mãe e eu amávamos, as joaninhas de sempre. Trazia também os sapatos brancos que luziam impecáveis, limpos por ela com o giz inglês que fazia vir do Mappin, de São Paulo. Estava certa de que, com tais complementos, os retratos, além de eternizarem a infância da filha em sua memória, expressariam a vida familiar.

Confessou-me, anos mais tarde, sua alegria em ter na parede do quarto um dos retratos tirados em Niterói. Tinha a filha a seu dispor, mesmo quando ela se distanciava por força das viagens, das batalhas literárias. Agradava-lhe ver-me, na visão do fotógrafo, circunspecta, a testa ampla, o cabelo preso em duas tranças laterais, os olhos abertos. Cada detalhe, no entanto, previsto por ela.

A foto, ora em meu poder, mereceu de Rubem Fonseca, ao vê-la ampliada na então agência de Carmen Balcells, no Rio de Janeiro, o comentário carinhoso: se tivéssemos conhecido esta foto antes, nos teríamos precavido contra Nélida. Querendo dizer que a foto, em si explanatória, trazia-nos a menina que tinha no rosto a marca da obstinação, que antevia a gravidade de um ideário estético.

10

A mãe confirmou que eu errava ao falar. Até os 8 anos, sob o beneplácito das suas amigas, eu dizia "banco", "peto", fazendo desaparecer o "r" e outras letras de uma lista de palavras. Uma situação que perdurou até o momento em que colegas de classe, da minha idade, imitaram-me na tentativa de me ridicularizar. O golpe, frontal, me desesperou. Não reagi à agressão, mas, chegando em casa aos prantos, confessei à mãe o motivo do desgosto.

Ela me consolou, secou-me as lágrimas. E eu lhe jurei, após o desabafo, que a partir daquele incidente eu pronunciaria as palavras como convinha. E foi quando, tocada pela varinha da boa fada, a abençoar-me, desandei a falar sem erros. Com inesperado vigor, repetia as palavras até então inacessíveis, sobretudo "carrapato", a mais difícil de todas.

Diante dos meus acertos, a mãe trouxe-me uma fatia do bolo de mármore, de aparência colorida, de que eu gostava. Um prêmio equivalente ao biscoito que ofereço a Gravetinho após ele fazer xixi no lugar designado. Mas a ocorrência não impediu que a mãe, uns poucos anos depois, manifestasse desejo de me falar. O assunto parecia sério, exigia cautela pelo modo de me abraçar. Disse-me que, embora fosse inteligente e perceptiva, tinha a linguagem precária e pobre, que deixava a desejar. Isto é, escondia metade do que eu sabia. Era injustificável para uma futura escritora não aproximar mais a fala oral da escrita, de modo a expressar-me melhor. A solução, segundo ela, consistia em extrair a riqueza escondida no coração e que a vissem. Estava, também, em luzir palavras e idéias a fim de causar uma impressão duradoura.

Ambos os episódios determinaram que eu fizesse do verbo razão de ser. Tentasse traduzir o universo ao meu alcance com palavras exuberantes, atrevidas, temerárias, de intensa carga poética. Enveredasse pelos interstícios da poesia humana que, afinal, podia ser minha.

Havia que evoluir junto a palavra em escala crescente. O verbo era uma nota dissonante e assimétrica. Ou um tema, de que não se livra. A vida, por inteiro, passa pelo crivo verbal. E a metáfora, à deriva, invade a penumbra do quarto onde o amor e a ira se alojam e simbolizam o ramalhete de flores deixado à noite em casa por um anônimo que confia no fausto da palavra mesmo sem haver enviado um cartão.

Os dicionários perfilam-se à minha frente. Generosos, abrigam o léxico, mas falta-lhes a poesia para medir a febre da palavra. Da palavra que ofende, mata, redime, canta, e afina-se com o diafragma. Assim, a palavra escreve com a pena de pato de Machado de Assis, hoje sob custódia no Petit Trianon.

Nos anos que se seguiram, tropecei mil vezes nas palavras. Insisti em vencê-las madrugada adentro. Quando adolescente, refugiava-me no banheiro, sentando-me no degrau que dava para a banheira, e escrevia. E, não querendo que a mãe descobrisse, pois devia acordar cedo para ir ao colégio, enrolava a toalha de banho, com ela vedando a luz que entrava pela fresta da porta.

Em cada verão, fora do Rio, agia igual. Devotava-me à escrita, encenava a mesma função. Levava alguma mesa de cozinha para a relva e dava as costas à família e ao mundo. Sem esmorecer, durante horas, batia às teclas da minha máquina Hermes. Também me enfurnava, com a licença dos pais, em pequenos hotéis da serra ou da região de Arcozelo e Pati do Alferes. Em geral, em regime de pensão completa, nem precisava deixar o hotel. O quarto era o meu universo.

A despeito da paixão que emergia de uma zona obscura e misteriosa, típica da arte, e que se traduzia na escritura, este fervor desmedido não me privou de viver o esplendor da adolescência e da juventude. De haver vivido precocemente as instâncias fundamentais da vida. Se a literatura obedecia a uma vocação exigente, a vida, por sua vez, cobrava-me também a entrega absoluta.

Fui, sem dúvida, vítima, algoz, usuária desta vocação. De outro modo, como explicar a proeza de fazer do romance *A república dos sonhos*, de setecentas páginas impressas, oito versões? À época, contando com um teclado comum, às vezes o papel-carbono para a cópia, e a caneta para corrigir nas entrelinhas da página.

E, enquanto se cria, eis que a palavra é fugaz, voluntariosa, ganhando no jogo semântico mil acepções, significados que traem a minha intenção inicial e pouco me importa. E isto porque, ao situar-se no epicentro do meu ser, a palavra é também teológica, simula me amar, jura não me desertar jamais. Exige que eu lhe preste loas até o fim. Diz-me, na penumbra do ocaso, que este amor nosso é o golpe certeiro que a vida me reservou para me pôr à prova, testar minha resistência.

Com que argumento seja, esta palavra assombra-me, circula pela ética do meu ser e pela estética da vida. Alarga-se diante de mim como a tela do mundo e a visão que me devolve abarca-me por inteiro. Aprecio, então, o suco de uvas que me ofertam. É saboroso e ilude-me com o sentimento do recreio. O paladar, aguçado, ajuda-me a aceitar a tutela verbal, seu símbolo, que é o meu escudo.

Resolvi descansar. Com este fim, leio, rio, acompanho Gravetinho no *playground*. A palavra vem junto. Ela me faz sorrir e chorar. O corpo é puro verbo. E o que significa? Melhor guardar o silêncio que a palavra me quer impor nesta límpida manhã de sábado.

11

Estudei em colégio alemão, de formação beneditina. A escolástica, em defesa da implantação da doutrina e da abstração da fé, contra os desmandos da realidade. Mas foi a índole beneditina que me atapetou a alma com certa gentileza, consolidada pelos pais. E ensinou-me a compreender que a indefinição verbal, para certos indivíduos, não era fraqueza, mas a vã tentativa de combater a crueldade das palavras.

As madres, como nós as tratávamos, eram severas e disciplinadoras. Para falar-lhes durante as classes, havia que erguer o braço, como inequívoco sinal de submissão a uma determinada ordem, e aguardar que nos liberassem a fala. Após o recreio, ou mesmo no início das aulas, reuníamo-nos no pátio, com as mãos dadas, formando filas, até que a madre Gonzaga, a superiora, expedia ordens para avançarmos pelos corredores em direção às salas de aula a que cada qual estava designada.

As madres, conquanto havia muito vivendo nos trópicos, quem sabe se sentiam ainda em Heidelberg, de visita ao castelo na colina, havendo presenciado nas horas vadias os duelos ocorridos entre estudantes e que deixavam em seus rostos, como sinal de honorabilidade, uma célebre cicatriz.

De longos trajes negros, a cabeça revestida para que não lhes vissem um fio rebelde da cabeleira, e no peito um plastrão branco, comunicavam-se entre si em um alemão que não compreendíamos. Esta língua que me causava impacto e expulsava-me da conversação. Acreditava, então, que as madres, nos seus momentos íntimos, intercambiavam segredos, confidências, desenvolviam especulações filosóficas que o universo mental germânico fomentava. E perguntava-me por que vieram para o Brasil, após haverem vivido o cotidiano pátrio, que lhes dera música, literatura, belas paisagens, o sentimento do inverno e do verão, a salada de batata e as salsichas da Baviera. E por que ainda, impregnadas das lendas germânicas que Wagner explorou esquecido de dar crédito ao universo grego, atravessaram o Atlântico para enfrentar o caos brasileiro, a pobreza endêmica, a visão carnavalesca da realidade. Com tal decisão, deixando elas para trás, em algum rincão da Alemanha, memórias familiares, realidades alheias ao Brasil, estágios aos quais, como filhas dos enigmas, ainda estavam acorrentadas. Ou viram-se obrigadas a submergir no poço da vida, mesmo sem a garantia de voltarem à tona, enquanto rezavam o terço?

Observava-as a cruzar o pátio. As mais velhas arrastavam-se com dificuldade, já aguardando a morte, em direção da clausura, após assistirem à missa. Ansiosas pela solidão que Deus lhes prometera, mas que o cotidiano do convento extorquia-lhes. As demais, mais jovens e vigorosas, enfrentavam as alunas que procediam de todo o país. Algumas meninas eram regidas pelo temperamento acomodado, enquanto outras, voluntariosas, reagiam às normas que o colégio lhes queria impor.

A certas madres, eu tinha afeto; a outras, respeito amedrontado. Havia em torno daquelas mulheres uma auréola de impenetrabilidade, agravada pelos trajes que lhes resguardavam o corpo, levando-me a cogitar que tipo de indumentária lhes roçava a pele. E o que ocorria ao se verem sozinhas, encerradas no claustro, entregues à própria sorte, a um pudor de grau insuportável. Acaso os votos religiosos, ao precavê-las contra o pecado, a não transigirem com o desejo, afetara-as de modo a usarem um cilício que lhes apertava a cintura como prova da mesma fé que as fizera abandonar o mundo? Também seriam elas, como qualquer mulher, sujeitas à víbora que, em seguida à expulsão do paraíso, passou a invadir os orifícios da carne a fim de exaltar-lhe os sentidos?

Nenhuma aluna trespassava aquela armadura. Como vencer quem fizera votos de casamento com o Cristo? Acaso eu lhes podia confiar minhas inquietações? Estariam dispostas a me trair sob o jugo da fidelidade religiosa, pois, acima da compaixão que eu lhes inspirasse, pesava-lhes o juramento prestado à ordem? Ou pretendiam tão-somente forçar-nos a abraçar a vida claustral, a fazer-nos parte da falange das criaturas que, desde os primórdios da Igreja, acreditavam na tarefa da fé de reter o desmando humano, a quimera assassina, a luxúria desenfreada? Pretendiam, sim, frear o sonho libertário das alunas e, sob o amparo da crença, encaminhá-las à vida do lar? Agindo elas como Ártemis que domesticava as meninas gregas e devolvia-as, anos mais tarde, ao matrimônio, após eliminar os vestígios da *selvaggeria*, tida como atributo masculino. Assim, tanto as freiras quanto Ártemis aspiravam a anular as modulações através das quais o corpo feminino expressava a luxúria.

Jamais me atraiu a atmosfera sagrada que emanava da capela. Meus eventuais ímpetos religiosos esgotavam-se ao término das cerimônias litúrgicas, de rara beleza. Saía delas diáfana, com a fé reforçada, após habitar uma bolha abstrata que servia de trampolim para novas emoções. A vizinhança com Deus, vivida no colégio, não me despertava um sentimento desgarrado, melancólico. Amar o Senhor ia-se tornando um ato natural. Esta cercania com o sagrado não requeria sacrifícios, que eu devesse escalpelar a cabeleira, jejuar, privar-me da exaltação amorosa, perder nacos de uma carne que me faltaria no futuro, infligir-me punições.

A Igreja daquela época obedecia a um ritual que me apartava da mesquinharia do cotidiano. Atraía-me o seu lado cênico, de representação milenar, que abrangera a imaginação dos fiéis ao longo de sua história. Assim, eu não aceitava que um pastor, em nome de Deus, me amordaçasse, abafasse as idéias no nascedouro. Deus era provedor de um alimento que lhe fornecia após a colheita de que era eu responsável.

Amava que esta Igreja, na hora da missa, me falasse em latim, que eu estudava como se freqüentasse o senado romano, surpreendendo seus pares a desenvolverem estratégias imperialistas, tendo à frente os discursos de Cícero, que visavam a destruir Cartago. O orador a promover uma guerra que, afinal, deflagrada, gerou um dos mais cruéis genocídios da história. Aquele latim que, declarado língua morta, persiste em nós, está na fala comum, no mais recôndito pensamento. E que, ao ser declinada mentalmente, ostenta ainda hoje uma sensualidade e racionalismo que não dispenso. Como imaginar a *Eneida* sem o latim?

12

Educada no colégio Santo Amaro e originária de um lar católico, os salmos e as liturgias reproduziam-se sem esforço em minha memória. Desde menina, freqüentava as páginas da Bíblia, ao extremo de ter dado um curso privado sobre o mistério do Gênesis à catalã Ana Pineda, da Universidade de Miami, que ali fazia o seu doutorado. Aulas que, por negligência, não gravei com o intuito de registrar, sob o prisma bíblico, alguns conceitos, decerto iconoclastas, sobre a criação do mundo que me pareciam soltos, sem ancoradouro.

Às primeiras leituras da Bíblia, atribuía a alguns dos personagens um comportamento oposto ao que lhes era oficialmente designado. Via-os prostrados no interior da tenda, ressentidos com Deus que, embora vizinho deles, não lhes dera o tratamento que julgavam merecer. Ainda assim, estes personagens ofereciam-me, à hora do sono, pão, leite de cabra e palavras amargas por conta da situação em que viviam. Salvava-se Salomão, cuja retórica impressionava-me, talvez por saber o quanto a mãe admirava a fala elegante, o linguajar escorreito, a oratória.

Apesar destes antecedentes, jamais ambicionei a santidade ou qualquer virtude canônica. E, ainda que a genealogia familiar, de corte religioso, em seu transcurso ostentasse padres e um arcebispo, foi tia Andréa, irmã da avó Amada, quem se aproximou do estado beatífico. Tenho presente seu rosto redondo, de aparência ingênua, uma reprodução quase perfeita de uma pintura que encontrei do século XV. Havia nele, no entanto, uma intensidade que parecia, segundo mote bíblico, remover montanhas. Acaso seria o mistério que há no cotidiano e teimamos em não enxergar?

Movia-se lentamente, mas seu olhar transbordava piedade, sinalizava-nos estar disposta a imolar-se para salvar o vizinho preso nas chamas. Como se as dores do mundo devessem se concentrar nela, eleita para tal fim, segundo estranho desígnio do Senhor.

A mãe e eu íamos a sua casa, no Catete, após os meus banhos de mar na enseada do Flamengo. Recebia quem chegasse à porta com o sorriso complacente, gentil. Sem perguntas, dispensava esclarecimentos que sem dúvida ofenderiam a presença do hóspede. Tinha o pão simbólico pronto para receber o necessitado.

Ainda antes de sua morte, suspeitei que, por trás da sua profunda simplicidade, sofria com o desfecho de mais um dia que a mantinha afastada de Deus. Estar viva talvez atrasasse o seu encontro com o Senhor. Nenhum outro ser, como tia Andréa, transferiu-me a medida da misericórdia. O seu corpo, vergado sob o peso de um calombo incipiente nas costas, condizia com o sofrimento de quem carrega a cruz do Cristo.

Oferecia, comumente, uma xícara de café com leite, sanduíches, seguidos de bolo e biscoito. Indagava como a criança, que era eu, às vezes no colo da mãe de tanto cansaço, enfrentara as águas da praia do Flamengo. Ria, maliciosa, na expectativa de haver-me saído bem, sendo herdeira das habilidades do pai, ganhador de medalhas esportivas. Em meio aos afagos, alegrava-se com a saúde a melhorar com os banhos. Após a sopa, ou o lanche, segundo a hora, cedia-me a própria cama. Que dormisse, a menina estaria extenuada.

Com todos repartia o que tinha. Dedicada às obras do Senhor, orava de joelhos horas a fio, com os braços abertos em cruz. Consta que o marido, tio Santiago, tão anticlerical quanto o avó Daniel, manifestava com insistência o seu desagrado pela devoção religiosa que lhe roubara a mulher, distanciando-a da vida terrena. Embora cuidasse, sozinha, dos afazeres da casa, dos encargos que fizessem falta. E as lamúrias do marido se iam acumulando, até que ao retornar ele a casa, em certa ocasião, quase ao anoitecer, surpreendeu a mulher a rezar ajoelhada, contrita, no quarto do casal, com estranha e insistente auréola sobre a cabeça. O fenômeno, que envolvia a mulher absorta com a prece, não se desfazia nem quando ele acendeu a luz, quebrando a escuridão. E ao não encontrar, ainda assim, explicações para o fato, deixou-se cair na cadeira em absoluto silêncio. Na expectativa, quem sabe, de estar sendo vítima de uma ilusão prestes a desfazer-se. Mas ao compreender, finalmente, que aquela espécie de resplendor assinalava um sinal de eleição a distinguir a mulher, por conta da sua irredutível fé religiosa, não só aceitou, a partir daquela data, a religiosidade da esposa, como alterou seus sentimentos religiosos.

Talvez haja exagero na versão que guardo de tia Andréa. Devendo-se minha credulidade à atração que senti sempre pela bondade, por aqueles que, com absoluto desprendimento, aplicaram-se em favor dos demais, sem pensar em recompensa. E que, graças a tais atos, ganharam no passado o estatuto de santo, tidos como exemplo de uma fé que se devia fortificar.

Aliás, basta fuçar a hagiografia romana, que assinala a história dos santos, para averiguar como estes heróis canonizados ocupam assento privilegiado na plenária de Deus. Aliás, os próprios santos, em geral, no afã de integrarem o calendário gregoriano da Igreja, não se descuidaram da abrasiva fé que os animava e nem abdicaram das provas irrefutáveis de seu martírio, de que não morreram em vão. Movera-os, para tal sacrifício, a intenção de redimir a humanidade de seus pecados, de semear a credulidade religiosa, de servir de paradigma para os demais. E, ao estimularem a imaginação coletiva a fim de se tornarem objeto de culto, cobravam, de antemão, o débito que o mundo contraíra com eles.

Impressionava-me que na busca da santidade o candidato a santo abraçasse a fé radical. Como que empenhado em acumular, em torno de sua figura, lendas, mistérios, especulações, magnetismo histórico, porções de uma religiosidade quase a confundir-se com obsessão e insanidade. A fim de pairar sobre ele o halo da abnegação, próprio do martírio, enquanto aguardava o momento dos algozes lhe roubarem a vida em prol da eternidade.

Mas como traduzir a psique dos santos, avaliar a trajetória de seus martírios? Não era fácil ser santo, aspirar à santidade. Entre os amigos, não vejo um só capaz de imitar o exemplo de Adriano, nascido no século IV, morto em data ignorada. Militar, ele nada tinha a ver, apesar do nome, com o imperador espanhol, romanizado, Adriano.

À época, infligiram-lhe uma pena inconcebível. Seus verdugos, dando curso à ação criminosa, foram-lhe quebrando os ossos em uma seqüência diabólica, até rasgar-lhe finalmente as vísceras.

Natália, a esposa cristã, não o abandonou. Desde o início da tortura, rezava em voz alta, exaltada pela fé, só interrompendo as preces quando Adriano expirou. A partir do óbito do marido, já prevendo que Roma concederia a Adriano a condição de santo, ela recolheu suas mãos estraçalhadas, que melhor serviriam como relíquias. E, para tal fim, contando com o beneplácito moral do marido morto, depositou seus restos sobre o altar que ambos haviam erguido nos aposentos.

Mas quem, hoje, menciona os nomes de Adriano e Natália? Acaso tia Andréa, temente a Deus, tomou conhecimento deste casal que fortificou o imaginário religioso da Igreja a que ela servia? E como teria ela reagido diante desta demonstração de fé tão extremada?

13

A fantasia infantil é imprevisível. De tanto ouvir falar no nome Europa, julguei ser um bairro contíguo a Copacabana que conheceria em breve.

Eu falava da Europa com familiaridade, sem os pais me corrigirem, apontando-me o equívoco geográfico. Sobretudo porque se tratava de um continente algumas vezes maior que o Rio de Janeiro e com significado especial para nós, que viéramos da minúscula Galícia.

Para esta infância, sediada em Vila Isabel, o mundo era simples. O próprio Brasil não carecia de definições, não fazia falta atribuir-lhe uma dimensão quimérica. Circulava entre os vizinhos a medida de uma felicidade segundo a qual a vida do lar bastava e o modelo de perfeição, relativo à pátria, não passava de uma visão utópica.

O fabulário geral restringia-se à família, ao trabalho, à compra da casa própria, às conversas no quintal e em torno da mesa, ao sexo furtivo, longe do lar. Os folguedos de domingo, neste Brasil ingênuo, limitavam-se à praça, ao sorvete, ao cachorro-quente, aos programas de rádio, ao futebol, ao bar, sobre cujas mesas se iam acumulando as garrafas vazias de cerveja, como prova de prosperidade. Hábitos modestos que, conquanto motivassem orgulho pessoal e familiar, não disfarçavam a pobreza sociocultural que o país não queria corrigir.

Já os transtornos, havidos na área do coração, faziam parte da felicidade dissimulada. Cada qual, ao intuir que o trato com o outro exigia cautela, escondia seus dramas e frustrações no varal de roupa, para secá-los ao sol, junto aos lençóis. Assim, a alegria e o calvário pertenciam ao ideário privado de cada indivíduo.

A infância, porém, protegia-me dos percalços da realidade. Já pela manhã, tinha o café, pão, leite, queijo e manteiga na mesa. A rotina da casa em Vila Isabel prevalecia em meio ao temor do futuro. A família espanhola regia o cotidiano com o propósito de prosperar, deixando escassa margem para a improvisação.

Neste quadro, a realidade era monótona e serena. Eu mal identificava as rodas de samba e o chorinho típicos do bairro. E, menos ainda, percebia as brincadeiras de esconde-esconde que simbolizavam a ambigüidade predominante.

A família de Daniel, porém, destoava das convenções. Seu caráter, reservado, dispensava confidências mútuas, embora conservasse normas respeitáveis. E porque ríamos às vezes das próprias graças, constituíamos uma facção à parte, que reconhecia ser o Brasil o paraíso escolhido, ao qual devíamos fidelidade.

O país era pequeno para mim. Expressava-se, portanto, através de atos corriqueiros. Mas eu não tinha medo. Amparava-me o avô que, diante de qualquer deslize familiar, exigia explicação. Assim como convocava qualquer membro que se houvesse ausentado do ninho sem razão aparente, aplaudindo-o, porém, ao seu regresso.

Aos domingos, ainda vivendo em Vila Isabel, o pai me levava até o Cineac, na avenida Rio Branco, para a programação matinal ocupada com desenhos animados. Sob o sortilégio dos personagens nascidos da pena de um desenhista, eu gritava, aplaudia, na expectativa de receber à saída uma revista, presente da casa.

A tela do cinema e o quintal da casa contavam as mesmas histórias. Ambos tinham a misteriosa função de prender minha atenção, de me fazer feliz. Um fato que me parecia natural. Eu não sabia ainda que convinha agradecer estas dádivas e outras, vindas sob forma de frutas tropicais, feijão-preto, carnes salgadas a boiarem na panela onde caíra a senhora baratinha no dia do seu casamento.

Às vezes, o pai trazia para almoçar um amigo espanhol, de visita ao Brasil. Com 12 anos, então, já de volta da Espanha, ele instava-me a reforçar minhas impressões sobre o Brasil, provindas das leituras. E pedia também que realçasse a Bahia, onde viviam os tios e os primos Piñon. A mãe, a observar, aprovava os cuidados que a filha começara a demonstrar pelo idioma. Cada qual a exigir que a menina mergulhasse na matriz brasileira, para não ser tida como estrangeira.

Em deferência à visita, eu escolhia temas soltos. Descrevia, por exemplo, a presença dos viajantes europeus no Brasil, desembarcados aqui no século XVIII. Homens sequiosos de curiosidade, eles descreviam um Brasil adequado à fantasia européia, mas inaudito para os brasileiros. Para mim, porém, eram viagens da imaginação que muito diziam do meu coração privado.

A família afirmava, em uníssono, que prosperáramos, vivíamos em paz e não havia sinal de luto na casa. O que mais desejar? A imaginação era generosa, supria-me com maravilhas. Lia o que queria e armava a tenda no jardim de Botafogo. Um dia, conheceria o deserto de Gobi.

Na escrivaninha, ao ler as revistas do pai, descobria a existência de Paris, Madrid, Londres. A Europa, já não sendo vizinha de Copacabana, convertera-se em uma entidade pródiga que semeava narrativas surpreendentes. As façanhas de Carlos Magno, Alexandre, rei Arthur, ocorridas há milênios, grudavam-se à minha pele. Estas histórias, de prestígio mítico, superavam, em modernidade, qualquer proposta contemporânea.

Eu crescia. Firmava certas impressões sobre o país. As paragens brasileiras expressavam etnias, estilos, costumes, sabores, pensamentos, a língua do Brasil. A minha própria família, havendo chegado estrangeira, tornara-se genuinamente brasileira. Mas, ao sermos imigrantes, sofrêramos na carne a humilhação histórica outrora imposta mesmo ao escravo alforriado. Em compensação, todos nós, autóctones ou não, provávamos que a mestiçagem produzira um corpo luminoso. Uma verdade que permitia às tias dizerem que ninguém lhes podia arrancar um pedaço sequer do país onde haviam nascido. Pouco lhes importava que uma linhagem "quatrocentona" reclamasse um tratamento diferenciado, como se a medida da pátria fosse dada pelos anos de ocupação da terra.

Que paulista, carioca, gaúcho podia jactar-se de sua antiguidade, em detrimento do nordestino, do pau-de-arara, do galego? Se para credenciar-se como brasileiro era forçoso ler Gregório de Matos e deliciar-se. Mirar o que jaz no subsolo do espírito e preservar sua riqueza. Defender um sentimento quase inefável que perdura em nós a despeito das desilusões.

À mesa dos avós, saudávamos as travessas como amigos. Uma generosidade devida a Daniel, que celebrava os almoços com espírito altaneiro. Ele vencera e saciava a família.

Em certo domingo, após a sobremesa, perguntei-lhe de que lugar éramos de Galícia. Daniel escandiu-me o nome: Cotobade, para eu recordar o feudo que o expulsara para a América. Um concelho constituído de treze aldeias com nomes sonoros: Borela, Almofrei, Rebordelo, Loureiro, Carballedo, Corredoria, Caroi, Valongo, Aguasantas, Tenorio, Viascon, Sacos San Xurxo, Sacos Santa Maria. Paróquias que, embora próximas, se estranhavam, disseminando maledicências que alimentavam a curiosidade narrativa.

O nome Cotobade enriquecia-me a fantasia. Para recrudescer o sonho de um dia conhecê-la, consultei o mapa. Enquanto Paris se destacava, Cotobade não existia. Mas, se a família viera de lá, não podia estar distante. Em rápidas braçadas, eu chegaria à aldeia do avô. A mãe, porém, dona de uma vocação realista, aboliu o equívoco. Não se ia à Europa a pé, a cavalo ou de trem. E, para eu ter idéia exata da distância, levou-me às muretas do Passeio Público. Da baía de Guanabara até Vigo, seriam algumas semanas de barco.

Eu amava a mãe. Um amor que se prolongou até o dia 11 de novembro de 1998, quando ela expirou com a sua mão na minha. Sempre me fazendo crer que a imaginação, em qualquer circunstância, seria minha aliada. Portanto, para desembarcar na Europa, só faltava cerrar os olhos, descrever o cenário do mundo que eu pretendia conhecer, e atravessar o portão de ferro da casa do avô.

14

A pátria da infância é sempre uma aldeia, ainda que tenha as proporções de uma metrópole, maior que a ilha de Manhattan. Nesta aldeia, que se reduz a uma só casa, o corpo se encaixa pela manhã, enquanto a imaginação se exalta. É assim que a aldeia é uma geografia à qual se retorna após cansarmo-nos dos prodígios do mundo, dos excessos da carne, da turbulência das quimeras fracassadas.

São Lourenço guarda a minha memória. É um cofre do qual emerge às vezes a sombra do avô, Daniel, que se agiganta à medida que dá ordens, assegura ser mister segui-lo, manter a família coesa. Para este fim, obrigava a mulher, filhos, genros, nora, netos a segui-lo até o sul de Minas. Uma caravana de gente do mesmo sangue, arrastando malas, pertences, o desejo de ser feliz.

A viagem de trem dava início à aventura. Reunidos na estação, preparávamo-nos para encetar a longa viagem que se iniciava no Rio de Janeiro, com baldeação em Cruzeiro, terminando em São Lourenço, onde nos aguardariam as charretes com condutores conhecidos.

Sob a orientação de Daniel, acomodados no vagão, após cada qual escolher de que janela olhar a paisagem, ouvíamos o apito do trem, que soava antes das curvas, anunciando a chegada às estações, quase todas pobres e solitárias, que ganhavam existência à nossa passagem fugaz.

Defrontávamo-nos com um Brasil miserável, a empurrar-nos frituras e suas escassas esperanças. Da plataforma das estações, os vendedores luziam nos tabuleiros seus pastéis murchos, empadas de galinha, sem uma só azeitona, e nos miravam invejando a sorte alheia, a aflição que demonstrávamos por chegar ao destino, com os trajes sujos da fuligem provinda do carvão que movia o trem.

Das cestas, que se iam abrindo, trazidas por cada tia, saíam o frango à *la romana*, obra de minha mãe, os bifes à milanesa, de Tiazinha, chamada Amada, como minha avó, e outras iguarias produzidas por todos. Lembranças que me forçam a admitir que a comida se aliou sempre a minha fantasia, consolidou minha memória, que repousava nela.

O verão esplendia em São Lourenço, onde nos instalávamos a cada ano no mesmo hotel por um período aproximado de um mês. A permanência no hotel Rio-São Paulo, de propriedade de uma família de que nos fizemos amigos, devia-se a uma exigência da avó Amada, indiferente à opinião do marido, que julgava a posse de uma casa em São Lourenço a solução menos cara, e ideal para uma família tão numerosa. Ela, porém, defendia o convívio social com estranhos, a conquista de um paladar que os temperos e os hábitos da casa haviam domesticado. Queria os netos bem-educados, loquazes, esmerando-se para a hora do jantar, capazes de romper os grilhões do mundo estreito do lar. Uma vida, enfim, que impunha normas civilizadoras.

A cada noite, Amada, acompanhada do avô, surgia à entrada do salão vestida de seda e salto alto, repartindo sorrisos diante das leis da cortesia e da hierarquia social que faziam a família crescer. Aplaudindo o jantar servido por garçons e com velas acesas na mesa. De óculos, que não tirava do rosto nos últimos anos, era atenciosa com todos.

Às vezes, via-a abstraída da realidade, como se Deus, não estando presente nos encontros mundanos como aqueles, lhe fizesse falta, além de se ressentir com a grosseria do mundo.

De algum modo, inspirei-me na possível desatenção da avó para criar a primeira mulher distraída de uma longa lista de personagens com esta característica. Mulheres que, à margem da realidade canônica, defendiam-se dos ataques sociais sofridos mediante a adoção de um comportamento que desconsiderava tutores e algozes. Uma galeria de personagens que culminou com a construção de Eulália, do romance *A república dos sonhos*.

Pelas manhãs, como uma tribo, seguíamos cedo para o Parque das Águas, cujos jardins contornavam as fontes de mármore, em torno das quais vicejavam intrigas e amores secretos, e cujas águas, ventosas e minerais, vendiam a ilusão da saúde.

Neste panorama da infância, cada qual se diligenciava segundo o ritmo de seu próprio prazer. A mãe se agrupava com a família, e o pai refugiava-se com seus livros nos bancos sob os caramanchões, e ambos me deixavam livre para cumprir meus rituais que variavam. Primeiro, ia à fonte de água, à beira do lago, a repartir, entre os patos soltos no gramado, o pão previamente estraçalhado, trazido do café da manhã. Os patos rodeavam-me bicando os pedaços já molhados, como se fôssemos, eles e eu, da mesma espécie.

Era comum acompanhar o pai na sua visita diária ao pavilhão, onde ele conversava com os dois irmãos de tamanho e peso díspares que administravam a loja de dimensões pequenas. Havia nas prateleiras filmes, caramelos, cartões-postais, lembranças turísticas, sobretudo copos de vidro para os veranistas recolherem a água da fonte, em cujo acabamento apareciam gravados, a fogo, os nomes de São Lourenço e Parque das Águas.

No pavilhão, envelhecido, eu tinha a sensação de estar em um balneário europeu, com damas de trajes longos e chapéus de aba larga enfeitados de flores, e cavalheiros com trajes escuros e cartolas. Mesmo no Brasil, era um local adequado para que amantes trocassem olhares furtivos, enquanto deixavam tombar em um canto do salão um bilhete a ser recolhido apressadamente. Mas o que podia conter uma nota que definisse o enredo de um enamorado?

A impressão romântica acentuava-se com a presença dos dois irmãos, rigorosamente inseparáveis, que se pareciam, como percebi anos depois, aos personagens engendrados por Carson McCullers, ao tentar ela enfocar a visão aflita e desesperada do sul do seu país ficcional.

Uma outra tarefa era escolher no cais o barco para remar. Graças às lições dadas pelo pai, exímio nadador e remador, com medalhas ganhas, eu exibia as minhas habilidades diante das pessoas sentadas na arquibancada. Instalada no interior do barco, após ajustar as luvas aos dedos, que o pai comprara para evitar as bolhas nas mãos, testava os remos, antes de deslizar pelo lago até a ilha dos Amores, que fomentava minhas ilusões. Ao ancorar no minúsculo território, não distante do bambuzal, sozinha, eu me imaginava uma corsária que, após naufragar na baía das Tortugas, salvara-se das intempéries por haver colado o mapa no peito.

Amava também cavalgar ao lado do pai. Um hábito implantado desde pequena, quando, no seu colo, agarrada à sela que ambos compartíamos, eu provava o gosto da aventura. Mais tarde, já acomodada na sela inglesa, de rédea solta, os dois apostávamos corrida, para saber quem chegaria primeiro à chácara do Ramón, que recebia hóspedes, vendia doces, um programa irrenunciável em São Lourenço.

Cada gesto do pai decidido a limar as arestas do cotidiano para eu passar incólume pelas adversidades. Desta forma, teria condições de enfrentar heróis de minha predileção, em igualdade de condições. E era sob inspiração paterna que eu apostava corrida com os primos, disputando-lhes qualquer primazia. Afugentava-os, em termos simbólicos, do curral familiar, onde os avós ofereciam leite e amor. Mas à tarde, ao fazermos piquenique no fundo do parque, perto dos trilhos do trem que transportava tonéis de água mineral a ser engarrafada, eu assumia riscos, corria, escondia-me atrás do bambuzal, a fim de ser encontrada, subia na árvore mais alta, enveredava pela mata, com medo de cobra, preparava os sanduíches, que era tarefa minha.

Outros jogos se sucediam, mas começava a escurecer. De volta ao hotel, tudo se animava, sobretudo após o jantar. Reunidos na sala, onde havia mesa de bilhar, cadeiras, uma estante com livros, dávamos as boas-vindas ao mágico e sua filha, Norma. Eles nos entretinham com uma cartola da qual saltavam coelhos, pombas, fitas coloridas.

O céu, à noite, depois da metamorfose dos mágicos, ofertava-nos estrelas, e, antes de dormir, ganhávamos deliciosos pingos de doce de leite, feitos em São Lourenço.

15

No alforje da minha memória, o Brasil é protagonista e cúmplice. Sobre esta pátria teço considerações triviais, trago a matéria do sonho para o plano do visível. Traduzo a realidade a partir do lar.

A casa, afinal, é a medida de todos. Espelha o tecido social em que nos movemos. Entre as paredes amigas, cercada de coisas inanimadas, reproduzo a vida e a história brasileira nas analogias que faço. Assim, um objeto, escolhido a esmo, passa a simbolizar o esforço coletivo de muitas gerações.

A cozinha da minha casa é a fantasia do corpo. Ali afloram tradições brasileiras que exaltam os sentidos. Em meio aos olores e sabores, rastreia-se a genealogia da nossa gente, certifica-se o grau do progresso econômico. É forçoso dizer que a vida, em torno do fogão, ganha densidade. E por que não ser assim, se a imaginação tropical, intensa e desbragada, emerge das panelas da feijoada, da sensualidade que apura o paladar?

Desde a infância, a geladeira parecia-me agigantar-se em meio ao torvelinho do cenário fumacento da cozinha. Em geral branca, sua solidez, como móvel da casa, assemelha-se simbolicamente a uma mangueira fincada no centro de um quintal nostálgico. Esta geladeira, como que espelhando um progresso quase lírico, é protagonista de maravilhas e esperanças. Em suas prateleiras e gavetas, escondem-se, ao lado da manteiga, do queijo-de-minas, quem sabe cartas de um amor proibido. Acaso a correspondência do imperador Pedro II destinada a uma francesa que conheceu no dolorido exílio europeu?

Uma espécie de totem urbano, este refrigerador serve-nos com resignada eficácia. A ninguém ocorre cumprimentá-lo pelas manhãs, agradecendo os bons serviços que presta. No entanto, esta geladeira, acostumada com a ingratidão humana, oferece-nos em troca benesses originárias de seus caprichos tecnológicos. Mas nem sempre ela foi assim. À época em que a mãe e eu andávamos de bonde, para irmos à Tijuca, consolava-nos olhar as revistas estrangeiras, na expectativa de adornarmos a casa no futuro com um invento tão descomunal quanto a geladeira, parecida à baleia Moby Dick.

Na infância, exaltava-me observar a geladeira que o avô Daniel, de temperamento generoso e contundente, enviara-nos de presente. Um regalo tido como precioso e que tinha a forma de um armário de madeira preparado para estocar no seu interior blocos de gelo revestidos de jornais. Um objeto de culto na casa, era admirado por todos como se fora uma pirâmide do Egito a desafiar Napoleão e o tempo, enquanto preservava os alimentos perecíveis.

Atenciosos com a sua grei, os avós convocavam a família para almoços e ceias. O polvo ibérico, um dos pratos de resistência da casa, feito com receita da mãe, saíra do frigorífico do barco, atracado na praça Mauá, diretamente para a geladeira que os avós também tinham na cozinha. Embora seja tida hoje como uma peça de museu, este objeto, à época, desafiava a modernidade. Tinha, em sua base, uma torneira da qual, ao se abrir, escorria a água concentrada no interior, proveniente do gelo a derreter-se. Graças a tal recurso, a besta do mar conservava-se intacta na geladeira até a hora justa de seguir para a panela. E isto ocorrendo enquanto o papel do jornal, lido na véspera, dissolvia-se colado na superfície do bloco do gelo. Antes dando tempo a tio Antônio ou outro membro da família de ler pedaços de uma notícia.

E, ao sentarmo-nos à mesa, cada detalhe da refeição, celebrado em meio a brados e murmúrios da família, fertilizava a memória à qual recorreríamos no futuro, como eu o faço agora. Mas só na aparência a mesa era ibérica. A matriz da Europa dissolvia-se em nós aos poucos, como o jornal se esfarelava derretido em contacto com o gelo. E tínhamos em mãos, apesar da displicência do país, a matéria secreta do Brasil de que somos todos feitos.

16

Não fui propriamente travessa, mas ávida, segundo a família. Queria fazer de tudo sem chamar a atenção. Subir nas árvores, instalar entre os galhos um ninho amigo, para ler, brincar de roda, inventar estribilhos, falar sozinha como se estivesse na tribuna.

Em certos dias de folga, dedicava-me ao jornal que vendia ao pai, meu único leitor e comprador, ao preço de algumas moedas. Ele pagava-me a imaginação e a iniciativa comercial, enquanto aplicava-me modesta lição de realidade.

As páginas, costuradas com agulha e linha, e ilustradas com a bandeira brasileira, ofereciam histórias breves, que envolviam às vezes Popeye e Olívia Palito, cujas latas de espinafre, ingeridas em momento de fraqueza, constituíam para mim um referencial alentador.

Escrevia à mão, sujeita à letra gótica que as madres do colégio, sob influência alemã, exigiam das alunas. Uma tarefa penosa para mim, que escrevia apressada, com o talhe tendendo a cair para a direita, a imitar a letra dos médicos quando prescreviam suas receitas.

Entre tantas tarefas, avizinhava-me aos mais velhos com a intenção de ouvi-los. Para me falarem de sonhos que ainda não vivera, ou sequer imaginara existirem. Insistia, sobretudo, que prosseguissem nas histórias que não deviam se esgotar. Não fazia falta que mencionassem verdades evangélicas, que me dessem lições de moral, que pouco queria ouvi-las. Além do mais, não aprendera ainda que as palavras saem muitas vezes do forno da mentira. Só lhes pedia a vida do vizinho, mais fascinante que a minha. Uma vida espessa como um mingau, coalhada de aventuras imprevistas e amores arrebatados. Nesta expectativa, o coração acelerava-se ao ritmo da fantasia.

Menciono sempre as seguidas idas ao cinema, levando a merenda na lancheira. E porque uma única sessão parecia-me insuficiente, repetia o filme até a mãe arrastar-me para fora, a pretexto da hora do jantar.

Tarzan, na tela, era um dos meus ídolos, apesar da sua animosidade contra o verbo. Invejava-lhe a liberdade de recorrer ao cipó nos momentos de perigo, de como reduzia distâncias no afã de combater inimigos e o próprio tempo. Tornara-se um mito que convivia com mitos africanos. Intrigava-me nele a vocação de estar onde nenhum outro homem branco estivera anteriormente.

Pelas manhãs, a mãe encaminhava-me à escrivaninha de cor azul, com tampa e gaveta, presente de Natal. Sentada na banqueta, eu observava como ela organizara o pequeno mundo constituído de lápis, cadernos, mata-borrão, pedrinhas de rio, livros, e o quadro-negro pendurado na parede, que me excedia em altura, em cuja superfície escrevia com o giz os deveres escolares, assim como histórias curtas que se sucediam enquanto as ia apagando.

O pai oferecia-me livros, revistas, e os almanaques que saíam em dezembro, à guisa de presente natalino. O *Gibi*, revista que nunca me faltava, espelhava a minha fantasia infantil, em especial a sessão "Gavetinha do Saber", em cujas páginas buscava um conhecimento emocionante. Habituara-me também a arrancar esta página e acumulá-las ao longo de semanas, até contar com número suficiente para dar-lhes formato de caderno. E cosia-as também, à falta, à época, do grampeador, para surpresa da mãe diante das minhas recentes habilidades caseiras.

Assim, ao recebermos visita em casa, ou em Vila Isabel, na casa dos avós, pedia a todos que me sabatinassem, ansiosa por provar-lhes o quanto Cleópatra me interessava, em destaque sua histórica e luxuosa viagem de barco pelo Nilo, assim como o almirante Colombo, atraída pelas intrigas palacianas da corte de Isabel e Fernando.

17

Pedi à mãe que indagasse à cartomante de São Lourenço, a que ia à tarde, se eu seria um dia escritora. Antes mesmo dos 10 anos, preocupava-me em saber que condições teria de tornar-me escriba.

Confiava nas cartomantes que liam cartas, jogavam búzios, previam o futuro. Designadas pelo próprio Apolo a se ocuparem dos peregrinos que vinham a Delfos à procura de enigmas e autoconhecimento.

À época, fora o desejo de ser escritora, não me preocupava com assuntos pertinentes a casamento, filhos, dinheiro. Mas, atenta à existência destas cartomantes, soubera que podiam também ser encontradas em Copacabana e no Méier, mas nunca em Delfos, o templo que fora borrado do imaginário humano. E estavam igualmente presentes nas estações de águas, no sul de Minas, pois consultá-las, na temporada de verão, fazia parte das distrações locais.

Impressionara-me a mulher de trajes ciganos, encostada em uma coluna do vestíbulo do hotel Rio-São Paulo, ocupada em ler as linhas da mão de certo cavalheiro que, envergonhado talvez de o surpreenderem naquele mister, simulava não lhe dar atenção. Como se, antes da mulher surgir, ele estivesse seguro da própria sorte.

Já havia lido que tanto os profetas, os videntes, como quem interpretasse o futuro ganhavam o direito de sentar-se à beira do trono do rei. Obtendo, por conseguinte, um poder que os câmbios históricos lhes foram usurpando. Um prestígio que as cartomantes da minha infância jamais alcançaram. Conquanto controvertidas, eram modestas sibilas que atendiam aos veranistas de São Lourenço em troca de algumas moedas. Na sua função, a alguns prometendo as bênçãos de um amor pobre, mas honrado, e a outros o romântico infortúnio de não ser amado, contrabalançado com um bilhete premiado da loteria.

Naqueles dias de verão em São Lourenço, agasalhados pelo afeto familiar, não era danoso que a mãe e a tia confiassem o futuro a uma estranha. A mãe, indo ao encontro do destino, absteve-se de acatar o meu pedido, aceito, no entanto, pela tia, mais expansiva. Ao vê-las partir, fiquei na expectativa de um retorno essencial para mim.

Após a visita ao parque, o pai e eu retornamos ao hotel, onde a mãe e a tia nos aguardavam. A mãe, esquiva nas respostas, contrária a sua retidão em qualquer tema, foi socorrida pela tia, que me assegurou não ter sido fácil para a cartomante a leitura da minha sorte. Mas adiantara ela que outros ofícios seriam mais compatíveis comigo.

Entendi a mensagem, aconselhava-me a desistir. Nos dias subseqüentes, sofri com o vaticínio que me impedia de publicar ao menos um livro. A mãe consolou-me, acreditar na cartomante seria como apostar as fichas na roleta do cassino existente no Hotel Brasil. E tinha razão, por que devia uma estranha recomendar que eu esquecesse a literatura? Por algum tempo, considerei um sonho impossível. Anos depois, já com o primeiro romance pronto, na gaveta, conheci Gumercindo Rocha Dória, apresentado pela grande amiga Rosa Cass, e tranqüilizei-me quando ele me chamou a sua casa para entregar o primeiro exemplar do livro, de que fora editor. Sem lhe ter dito que, minutos antes, detivera o meu pequeno Volkswagen, presente dado pelo pai antes de falecer, na orla da Lagoa. Isolada do mundo, entendi naquele instante que, ao ter escolhido a literatura, capaz de suscitar maravilhas e emoções, também escolhera o espúrio, o sórdido, a traição, a inveja, o engano, tudo, enfim, que me pudesse fazer sofrer. Não havia, pois, de que reclamar no futuro. A literatura não me deveria nada; eu, sim, devia tudo a ela. E assim tem sido.

Mas, pensando nas mulheres das cartas, que lidam com o inefável, indago quem, nestes dias, veraneando em uma estação de águas, consultaria uma delas para ler-lhe a sorte? Se haverá no mundo contemporâneo lugar para uma Cassandra que faça brotar segredos estarrecedores. Se a vidente que Machado de Assis apresenta às irmãs Santos, para que ouçam suas profecias relativas aos gêmeos Pedro e Paulo, pode ser encontrada nas proximidades do morro do Castelo, mesmo depois da sua demolição?

Condoem-me estas cartomantes com baralhos envelhecidos. Mas que futuro podem elas ter diante dos aparatos tecnológicos que decretam a obsolescência, cancelam a faculdade de interpretar a existência complexa e indecifrável do nosso tempo?

Cassandra me comove. Embora imortal, não convencia a família, necessitada de conselhos. Nem a um simples cavalariço, que lhe dava as costas. Triste sina para a princesa que acompanhava o pêndulo da história e o movimento giratório das esferas celestes. Condenada por Apolo à descrença, o deus cancelou-lhe igualmente o mérito do seu mistério. Só não atingiu o seu talento de prever o futuro, mas, em compensação, decretou que nenhum mortal acatasse os seus pronunciamentos.

Ainda que *sub judice*, Cassandra resistiu. Encontrava gozo na profecia, uma arte que lidava com o absoluto mistério. Afinal, eram raros os que podiam anunciar o advento da tragédia. Para Cassandra, porém, de nada valeu advertir os troianos do mal prestes a se abater sobre eles. Ou apelar para o senso comum, na tentativa de dissolver os efeitos da tragédia iminente.

Exaurida com os sucessivos fracassos, Cassandra aliviou-se ao seguir Agamenon, que ia ao encontro de Clitemnestra, e abraçou a morte.

18

Vivi em poucas moradas no início da vida. Recordo as casas de Vila Isabel, Copacabana, Botafogo, e depois o Leblon, na adolescência.

Em Botafogo, instalados em pequena vila de grande encanto, com três casas apenas, refugiava-me no jardim espaçoso, com árvores, arbustos, canteiros de flores. Lugares recônditos onde armava tendas e mistérios.

Foi precisamente na rua Dona Mariana, plácida e elegante, que descobri Amoroso Lima, de pseudônimo Tristão de Athayde, que ali vivia com sua extensa prole. Pequena ainda, mas já amante dos livros, colocava-me à porta, aguardando a sua passagem. Diariamente, pelas manhãs, antes das dez horas, lá vinha ele, de missal na mão, em direção à igreja de Santo Inácio, na rua São Clemente, não longe das nossas casas. Era belo e austero, como o foi até o final da vida. Um rosto que irradiava confiança e solidez.

Aos domingos, vinha acompanhado de dona Tereza e dos filhos, harmoniosos como ele. À distância, sem jamais lhe falar, encantei-me pelo filho Jorge, o primogênito dos homens.

Parecido com os demais irmãos, usava calça curta, apesar do corpo desenvolvido, que correspondia ao uniforme do Colégio Antônio Vieira, de nome do genial orador sacro.

Dedicava-lhe um afeto inocente que, de verdade, se encaminhava ao pai, o primeiro escritor visto de perto. Um fato que me motivou, anos mais tarde, já com livros publicados, escrever-lhe a propósito de uma confissão sua que registrava haver ele visto, quando menino, Machado de Assis a passear pelo bairro. Assim, também eu o imitava, prestando-lhe igual homenagem.

A confidência tocou-lhe o coração, porque me escreveu agradecendo a analogia que estabelecera entre o grande crítico e líder cristão e o meu amado Machado de Assis.

A partir da constância com que o via sempre contrito, senti atiçado o meu imaginário religioso. Suspeito que Tristão de Athayde e a avó Amada de certo modo responderam pelo fervor religioso que me acometeu à época, quando fundia o cristianismo com pronunciado panteísmo. Uma exaltação devida também à leitura precoce que me transportava a um panteão ocupado por personagens de exceção. Sempre na expectativa de conhecer deuses e santos que vinham à terra com o deliberado propósito de causar estragos entre os homens. Afinal, não era incompatível ser panteísta e cristã, ampliar as bases de uma cultura que fundia seres antagônicos, isto é, deuses e anônimos, como eu.

Para o jardim da casa confluíam todos os tipos de heróis e vilões que alargassem o meu imaginário. Naquele coração infantil misturavam-se a bravata da honra abstrata, a atraente licenciosidade do Antigo Testamento, com varões consumidos pelo delírio da reprodução humana, usando para tanto o nome de Deus. Aventuras míticas que faziam de meus heróis criaturas imortalizadas pela minha admiração.

O meu cotidiano repartia-se entre atividades escolares, a casa, os divertimentos que a mãe me propiciava. Assim, as quintas-feiras e os domingos pareciam-me dias sagrados. Após o almoço, deixando a casa, sempre com Tereza, meia-irmã do pai, que a mãe educava e criava conosco, recebíamos o impacto das emoções geradas pelo cinema e o teatro. Sobretudo aos domingos, quando o troféu era o lanche na Confeitaria Americana, na Cinelândia, no centro da cidade. Sentávamos as três em torno da mesa como princesas que ninguém ousava abater com um tiro de espingarda. Felizes, e bem tratadas, sobretudo quando a mãe, com voz firme e pausada, pedia ao garçom, em nosso nome, o *sundae*, o sorvete montado em vários andares, com sabores que variavam como chocolate, morango e creme, coberto de *chantilly* e amêndoas trituradas. E ainda o *waffle*, inundado de xarope, mel e manteiga provinda da vaca que pastava em São Lourenço até a levarem ao matadouro para desgosto meu.

Aos 9 anos, o Teatro Municipal converteu-se no meu segundo lar. Após galgar as imponentes escadas de mármore de Carrara, o palco, de piso talvez de madeira de lei, trazida diretamente das árvores do paraíso, fora construído tendo em vista dar espaço e substância à arte que veríamos após as luzes se apagarem.

Alojada na galeria ou em algum dos balcões, sob o impacto de contínuos sobressaltos, eu intuía aos poucos que as dimensões daquele palco tinham por fim expulsar o que não representasse o humano, as contrações mentirosas, as agonias falsificadas. Ali não podiam subsistir as aventuras, os sentimentos, as expectativas, as ambigüidades, os segredos, tudo, enfim, que o palco, entidade sagrada e profana, portadora da voz coletiva, não pudesse concretamente representar. O que não se encaixasse ao genuíno, ao mistério, ao dramaticamente restaurador.

Acomodada naquele cenário, onde aprendi a amar o telão de Visconti e o luminoso lustre de cristal no teto, só predominava a representação suprema dos ideais artísticos. Graças aos quais como apagar da memória a voz da Callas, em *Norma*, o *ballet* de Toumanova, em *A morte do cisne*, o teclado do piano de Cláudio Arrau, a encenação de uma peça de Molière, assim como de outros artistas. Preciosos e eloqüentes registros que obrigavam o público a emocionar-se com o enunciado secreto e inexplicável da arte. Cada artista designado emissário da voz coletiva e, como tal, habilitado a modelar a matéria-prima da quimera e do crime.

No território mágico, com suas bocas de cena gigantescas, que me engoliam a cabeça e as lágrimas, emocionava-me tanto que sentia viver sem cobrança, recibos ou promissórias. Uma liberdade sem dono, palavras, estigma. Sentada no assento, o dever moral e estético comandava-me a desfrutar de toda sorte de regalos. Não havia razão para a desdita, para provar o pão ázimo como se fora o único pão que a consciência pecaminosa dizia eu merecer.

Ao deixar o terreno auspicioso do Teatro Municipal, já de retorno a casa no carro do pai, observando as árvores da cidade até Botafogo, tão portentosas quanto o próprio teatro que acabara de deixar, orgulhava-me das nossas que davam sombra às casas que formavam a vila na qual morávamos.

Na manhã seguinte, sob o efeito do espetáculo da véspera, ainda com a febre que tardava em dissipar-se, eu subia na mangueira cujos galhos quase invadiam o interior da sala próxima ao tronco. Acomodada no mesmo galho que me servia de assento, eu lia durante horas. A imaginar-me em uma floresta que nem sempre era a mesma. O nome variava segundo a exaltação geográfica. Podia ser a Floresta Negra ou Sherwood. E, quando queria renovar estas designações, inspecionava os mapas, de que sempre fui amante.

O prato chegava-nos fumegante à mesa. Em torno, a vida ordenada refletia a índole da mãe, obstinada e fina, de gestos discretos, inteligentes. E falava-me dos sonhos como se estivesse esclarecendo a maneira de fazer empanada que aprendera com a madrinha Tereza, da ilha de Arosa. E eu a amei profundamente.

19

Certa manhã, São Lourenço amanheceu em festa com a presença do presidente Getúlio Vargas. Hospedado no Hotel Brasil, próximo ao Parque das Águas, o presidente decidira visitá-lo, ser observado pelo seu povo, dando prova de ser também mortal.

Ao anunciarem a sua visita, exultei. Embora menina, lia os jornais, conhecia-lhe o sorriso, admirava-lhe o charuto retido entre os dedos, um gesto similar ao do avô Daniel que havia muito me instruíra como aparar a extremidade do seu tabaco e acendê-lo girando o fósforo em círculo para evitar chamuscá-lo.

No dia aprazado, acordamos cedo a fim de conseguir um lugar do qual apreciássemos o presidente. Neste empenho, próximos uns dos outros, enfileiramo-nos na aléia principal, onde havia hortênsias violetas e azuis em profusão. A cada momento sua presença era anunciada, mas logo se desfazia a ilusão das pessoas aglomeradas no parque.

Sob a proteção dos acólitos, surgiu finalmente a figura do presidente, a encaminhar-se em nossa direção. Sorridente, com o rosto emoldurado pelos óculos, ele quase reverberava, enquanto aguardava os aplausos que lhe dirigiam. Ele sabia como acolhê-los.

Também o pai, como os demais, fazíamos parte de um espetáculo cívico pouco comum. Sentiamo-nos distinguidos pela oportunidade de ver de perto o chefe da nação. Nesta expectativa, o pai tinha a minha mão presa à sua, em um gesto que o reconfortava. Foi quando, inesperadamente, a despeito dos seus cuidados comigo, a filha desprendeu-se dele sem aviso, precipitando-se em direção ao presidente.

Não recordo o que me induziu a afastar-me da família e lançar-me aos braços de Getúlio Vargas. A cena, tão imprevista, causou inicialmente reação das pessoas do círculo, como se a atitude da menina tivesse uma premissa ideológica. Mas, enquanto ninguém me pudera deter, dada a presteza com que agira, o próprio Getúlio Vargas, de olhar de lince e atento, atalhou o ânimo geral. Consciente do que ocorria, e sem hesitar, ele enlaçou-me, aconchegou-me contra o peito, erguendo-me à vista de todos como um troféu.

O pai, sem saber o que fazer, exceto pedir-lhe desculpas, adiantou-se em sua direção. Seu visível embaraço atraiu a atenção de Vargas que, incontinente, foi ao seu encontro, fazendo questão de devolver-me ao pai.

O pai tentou escusar a filha, justificando a admiração que a menina lhe devotava, familiarizada que estava com a sua figura vista nos jornais, e por ouvi-lo no programa radiofônico *Voz do Brasil*. O presidente, porém, em movimentos sincronizados, dispensou-lhe os esclarecimentos, elogiou a menina, cuja naturalidade coroava sua visita a São Lourenço, e afastou-se, enquanto o pai, com a filha de volta ao aconchego familiar, viase incapaz de explicar a si mesmo o motivo daquela ação. Só lhe restando crer, tempos depois, que a menina se deixara impulsionar pelas alegorias e mitos ora em trânsito por São Lourenço. As mesmas entidades que, no futuro, iriam aliciá-la, comovê-la para sempre.

Mas enquanto a travessura era comentada por todos naqueles dias de temporada em São Lourenço, o pai olhava-me como sua companheira de caminhada e das cavalgadas. A filha que se encantava em vê-lo remar, de apreciar como seu corpo atlético, ajustado ao casco do barco, fazia os remos praticamente voarem.

Aquele pai, que tinha as mãos belas e os gestos amáveis, conservadas até o fim, quando ele, indiferente ao esforço que o médico e eu fazíamos por salvá-lo, morreu ao meu lado.

20

O pai, de nome Lino, era recatado, mas expunha-se aos sentimentos profundos.

Generoso, presenteava-me com objetos recém-chegados ao Brasil. Também vigiava-me os dentes, obcecado pela higiene bucal, ansioso por saber quantas vezes os escovara. Alegre, repartia comigo na hora do almoço as intrigas ouvidas na rua, as notícias transmitidas pelos amigos. Ajudava-me a absorver a realidade através de seu empenho. Modelava-me, junto com a mãe, sem eu perceber que se consultavam sobre o meu futuro.

Eu me precavia contra o amor, resistindo à versão que me impingiam da realidade. Assim, lia jornais e revistas para me antecipar ao pai, quando se aprontasse em contar-me o que lera, não queria que fosse o único portador das informações. E, para persuadi-lo de que estava apta a competir com ele, atualizava-me com o esporte por meio da revista argentina *El Gráfico*, de que o pai tinha assinatura.

Ele se aborrecia com a filha que lhe roubava as notícias. Comentou com a mãe da dificuldade que tinha de me surpreender. Mas alegrava-se em ver-me abarcando o mundo, ainda que estivesse ciente dos perigos que a filha corria em decorrência de seu espírito independente.

Forçava-me a dar provas públicas do meu amor filial, de que dependia do seu amparo. E, quando se convencia de que o equilíbrio emocional da filha advinha do amor familiar, excedia-se em mimos, tentando compensar-me de qualquer dor que a vida me impingira e ele não se dera conta.

Detectava no pai uma conduta contraditória. Ora me queria livre, sem depender dele, ora me impunha o cumprimento de um ritual originado da relação pai e filha. Perguntava-me, então, se eu estava bem, o que me faltava? Aceitava respostas evasivas, como se houvesse nele a decisão prévia de acatar as prerrogativas da filha, de contentar-se com suas imprecisões.

Seus atos não pretendiam me pesar ou danificar, insinuavam apenas que estava atento aos meus interesses. A velada confissão de querer-me acima dos demais sentimentos, e não me esquecesse que, enquanto ele vivesse, eu o teria sempre ao lado, como uma sombra piedosa.

Eu o abraçava, achava-o belo, agradecia, não sabendo usar as palavras adequadas. Ele compreendia, empenhado em dilatar minha imaginação, em aceitar um futuro no qual temia não estar incluído. Mas, enquanto este futuro não vinha, respeitava o meu recanto de leitura, porque também lia. Ambos amávamos os livros. E o que havia naquelas páginas de tão transcendente para desprendermo-nos os dois do cotidiano e imergirmos na odisséia dos seres?

Fora ele, aliás, que me introduzira a Karl May, nas versões portuguesa e espanhola. Aos personagens cujas aventuras se passavam no Oeste americano e mais tarde no Oriente Médio. Livros que guardam sua assinatura e que folheio como se fosse ao seu encontro para falar-lhe de como cresci, de como envelheço sem ele.

Mas seu amor às vezes transbordava. Ria, semeava delicadezas, querendo à força que retivesse seu retrato na retina. Como intuindo que estava prestes a partir, deixando-me sem a sua devoção. Aplicava-se em me amar com desvelo, para que a essência a emanar dele estivesse sempre presente. Por isso me estimulava a habituar-me aos riscos, para quando ele já não pudesse colocar ao meu alcance uma rede de segurança.

Ao mesmo tempo que me temia perdida no mundo sem antes consultá-lo, não me queria depauperada, incapaz de decidir qual rumo tomar. Seu espírito libertário recusava-se a impor-me interdições severas, daí exercer o pátrio poder com rara moderação. E, sempre que me impunha uma restrição, oferecia-me em troca um promontório do qual me lançar para experimentar o prazer do vôo livre. Mas saberia ele que o corpo da filha experimentava intensos prazeres, e nem por isso havia o risco de perdê-la?

Reagia à prática consagrada da mesada. Confiar-me que quantia fosse desgostava-o. Além do mais, iria privá-lo do prazer da filha pedir-lhe o equivalente a seus gastos. Sua atitude surpreendia, quando sua generosidade se excedia em qualquer moeda. Com os anos, entendi que seu comportamento devia-se talvez ao temor de perder-me cedo demais, de ceder-me uma autonomia que aceitava com dificuldade. Era-lhe essencial que eu reconhecesse minha dependência da figura paterna, demonstrasse apreço pela sua bondade, sobretudo confiasse em seu jeito de afirmar-se como pai e autoridade. Não devia esquecer que, apesar da volúpia onírica própria da minha idade, eu ainda carecia dele.

A manobra do pai de prender-me, para não esquecer a voracidade do amor que nos atava, rompeu-se com sua morte repentina, após formar-me na universidade. Laços que se desfizeram na prática, diante de seu corpo frio estendido sobre a mesa da sala de jantar da casa do Leblon, à espera de providências. Um fato que me obrigou a dizer aos homens da casa, tios, familiares, reunidos todos com o propósito de organizar o velório e o enterro, que a única filha de Lino, a partir daquele momento, tomaria as decisões julgadas necessárias. Conquanto mulher, não me esquivaria da tarefa de agir em nome da mãe e do meu próprio.

Tios e primos tardaram em compreender o que se passava. Como aquela jovem, tida por todos como gentil, inquieta, mas mimada, cercada de tantos cuidados, que não fora educada para enfrentar os dissabores do cotidiano, aparecia agora dando o primeiro passo no cenário da realidade, justo a escolher o caixão do pai, a tomar em meio à dor difíceis decisões?

À época, eu tinha um carro alemão que o pai me dera antes dos 18 anos, sendo seu sonho oferecer-me no futuro um pequeno carro esporte, descapotável, para andar pela cidade e as estradas, recebendo a brisa diretamente no rosto. Foi, pois, com o pequeno carro, que insisti em dirigir, que me encaminhei para a capela de entrada do cemitério São João Batista. Acompanhei os detalhes como se o morto não fora o pai, mas um estranho a quem jurara cuidar e levar para o túmulo, enquanto vigiava a mãe, desconsolada.

Os amigos abraçavam-me, dando provas de estima. Já madrugada, consegui ficar sozinha. Saí da capela, dei as costas ao mundo. Lembro-me de ter percorrido a aléia principal e enveredado pelas outras, mais estreitas. Não havia ninguém, exceto os fantasmas que casualmente passeassem pelo cemitério, saudosos do lugar onde se despediram da terra. Mas, para quem morrera, não havia apelações. Não ganhariam prorrogação, um segundo tempo no jogo da vida.

Ninguém me podia socorrer. Nem o pai, sem tempo ainda de exercer seus direitos de morto, teria como cuidar da filha. Contava, porém, com os outros mortos, o avô Daniel e a avó Amada. Eles não estavam longe de onde eu me encontrava. Comoveu-me pensar que me originara deles, eles eram a minha história. Fortificada com tal evocação, retornei à capela e escrevi, discretamente, um dos raros poemas que considero meu. A celebrar o pai, a vida.

21

Ao me falarem da Europa, tão distante do Brasil, pedia que me contassem suas histórias para eu acreditar nos desvarios dos contos populares.

Já cedo, reverenciava quem, tomando da palavra, me enlevasse, me extraísse de mim mesma. Atraíam-me os enredos que mencionassem a pátria longínqua da família. Aquela terra cuja urdidura complexa me enredava, e que, por ser abstrata, eu não podia agarrar, e nem ao menos ganhar dela um copo de leite.

Os narradores que vinham a casa ou conhecera no hotel de São Lourenço eram, em geral, negligentes e vaidosos. Tinham pressa em desmanchar o que dissera o predecessor, a quem substituíam, no afã de demonstrar seu espírito inventivo. Olhava-os com incredulidade, pois, quem fossem, não me enganavam. Às vezes, suspeitava da veracidade do seu fio narrativo, confiava mais nos meus parcos ingredientes para avivar minha imaginação.

Não tinha, contudo, motivo para descrer da família, que ela deixasse de me municiar com o seu conhecimento. Afinal, eles respondiam pelo repertório forjado pelos rústicos galegos que haviam ficado em Galícia, enquanto atravessavam o Atlântico de barco. Não deviam temer que lhes faltassem, no decorrer dos anos, recursos brasileiros a serem acrescentados às histórias contadas no fundo do quintal, perto da sala onde se alojava o piano de tia Celina, formada pela Escola Nacional de Música.

Não recordo qual membro da família voltou a mencionar o nome de Cotobade, após o avô. Mas, quem foi fez-me saber que, embora nascida no Brasil, eu era de origem estrangeira. Tinha passaporte brasileiro, todos os direitos assegurados, mas minha gênese vinha do outro lado do mar.

Tardei em crer no significado da confissão. Defrontava-me diante de uma verdade que inicialmente me perturbou, até impulsionar-me a entender, mais tarde, os reais motivos da família atravessar o oceano com a finalidade de eu nascer no Rio de Janeiro.

Fazia-lhes perguntas, mas os familiares saciavam parte apenas da minha curiosidade. As porções faltosas, eu as completava com a imaginação. Mas sem reclamar, pois bastava olhá-los para constatar a sinceridade com que me falavam, dando-me indícios suficientes para provar quem eu era. Ou seja, a brasileira que adicionara à sua identidade uma outra, tão real e transcendente quanto a anterior. E sem condição de renunciar às características que tinham a ver com vínculos sanguíneos e culturais. Como, por exemplo, cultuar o polvo de oito pernas cozido na panela junto com cebola e batata, banhado depois com o molho de azeite, alho, páprica doce e uns fios de água quente.

A compreensão da própria origem não é um fato descartável, destituído de importância. Saber de onde procedemos é franquear o acesso a uma maneira peculiar de coletar maravilhas e mistérios que permeiam ambas as margens do Atlântico. É carregar consigo uma bagagem afinada com certa visão de mundo inerente ao imigrante.

Ouvia os adultos com atenção. Sentados em torno da mesa, eu deduzia que a trama, sediada em seus corações, envolvia-me também. E, ainda que nenhum partilhasse comigo a intimidade de seus quartos, eu compreendia suas razões. A família formara em torno da casa uma muralha que nenhuma trombeta derrubaria, ainda que a contornassem sete vezes.

Tiazinha, a Maíta, primogênita de Daniel e Amada, afeita às histórias de Galícia, onde vivera durante a adolescência, rememorava certos episódios. Como quando o pai a enviou, em seu lugar, para participar de um leilão em que se disputava uma pequena casa no centro da cidade. Com 18 anos, tida como mais bela que Yolanda, a Miss Universo da época, iniciou os lances convencida de vencer. Até ser interceptada por Zico, reputado contraventor que atuava no cais do porto, nas adjacências da praça Mauá, que a ultrapassou com seus lances. Ameaçada pelo cavalheiro de terno de linho branco e chapéu-panamá, ela afligiu-se tanto que ele se condoeu da jovem. Com gesto incisivo, suspendeu sua participação na disputa. Uma atitude que motivou o agradecimento da tia, a ponto de ainda agora, tantos anos depois, evocá-lo com a intenção de homenageá-lo. Além do mais, pretendera que a sobrinha, ao ouvi-la falar daquele homem, aprendesse a viver com os misteriosos recursos do coração.

Ela sempre soube que eu a queria muito. Até o final de sua vida, aos 92 anos, eu ia visitá-la. Presa ao leito por longo tempo, emocionava-se com minha presença, apontando para o meu retrato, emoldurado, que tinha na mesinha-de-cabeceira. Devia ser sua primeira visão da manhã, quando cumpria o ritual antigo de me saudar em voz alta: bom dia, Nélida.

A despeito do seu sofrimento, fazia-me perguntas, que lhe contasse do meu cotidiano. Desde a minha estréia literária, guardava numa mala os registros da carreira da sobrinha. E, quando a mãe se esquecia de lhe comunicar minha presença em algum jornal e programa de televisão, ela se aborrecia.

Sentada à mesa familiar, eu ia-me dando conta aos poucos que não estava em pauta, para nenhum de nós, o transcurso ou o desenlace de uma história, mas o que existia nas brechas das palavras. A cultura, pois, era marginal, situava-se à parte do tangível, às bordas do mundo. Havia, então, que desconfiar da rigidez dos códigos, das inscrições feitas nas paredes tendo em mira assinalar a suposta tristeza coletiva.

Ao trazer a Europa para o interior da minha imaginação, constatava que a vida no velho continente nunca fora recatada e suave. E que, ao ser filha e neta de imigrantes, eu fazia parte de seus despojos. Nascera de uma horda selvagem que se civilizara ao longo de milênios. Aguardaria, pois, os efeitos deste convívio.

22

A disputa entre Emilinha e Marlene atingiu a minha casa. Fui vítima dos ardores daquele tempo. De uma rivalidade que começou não sei quando. Em face da qual a neutralidade era impossível, urgia decidir em prol das marcas da paixão que ambas as cantoras imprimiam em seu público.

Cada cantora, de caráter eminentemente popular, ostentava um valor simbólico e antagônico entre si. E, ao se eleger uma delas, Emilinha ou Marlene, se estaria escolhendo certo estilo de vida, uma maneira de ajustar-se à realidade brasileira.

Nunca pertenci a qualquer das facções. As intrigas, fomentadas pela *Revista do Rádio*, publicação da época, não me envolveram. Eu não era de todo, ao contrário de Tereza, meia-irmã de meu pai, e um pouco mais velha que eu — admiradora deste universo. Em matéria de ilusão artística, nossos gostos divergiam. Enquanto ela sintonizava a Rádio Nacional, reduto dessas famosas cantoras, eu gravitava em torno do Teatro Municipal, território dos meus sobressaltos estéticos. Por ali transitavam os artistas que representavam o meu ideal de arte.

Tereza, devota de Marlene, arrastava-me para a praça Mauá — onde assistíamos aos programas do César de Alencar, famoso animador, cujo programa de sábado permanecia horas no ar —, com o estímulo da mãe, que não a queria sozinha em um reduto julgado atraente, mas pecaminoso.

Certo dia, Tereza, educada pela mãe, não conteve seu arrebato e pediu-me que falasse com Marlene pelo telefone. Conseguira o seu número, que correspondia ao de sua casa, e queria expressar-lhe admiração.

O pedido afligiu-me. Como atendê-lo se, estando no início da adolescência, julgava-me sem forças para uma empreitada adequada a um adulto? Como telefonar para Marlene, apresentar-me como Tereza e renunciar ao uso do meu nome, pois que fazia parte da missão eu não ser quem era. Perderia o nome próprio, mas não a minha narrativa oral, isto é, a capacidade que Tereza via em mim de prender a atenção da cantora com a minha palavra.

Levei dias para lhe responder. Pensava como ser Tereza sem o risco de desmoronar o cenário ao qual eu devia introduzir Marlene. O que lhe dizer, para que ela, acostumada aos aplausos populares, não desligasse o telefone, incomodada com o que parecia ser um trote. Mas, já no final da tarde, antes de eu protestar, Tereza fez a ligação e passou-me, trêmula, o aparelho.

Após tantos anos, não me lembro exatamente o que disse a Marlene para ela aceitar a chamada. Disse-lhe que era Tereza, morava com os pais em Botafogo, e era sua fervorosa admiradora. A tal ponto que sabia de cor o seu repertório canoro. Só faltou imitá-la para dar-lhe provas da minha adesão a sua arte.

Ela ouviu-me com atenção, permitindo que prosseguisse. Delicada e paciente, estimulou-me a tecer com fios escassos a minha inofensiva farsa. Ora podendo ser eu mesma, embora limitada a determinado papel, ora imergindo nas fantasias de Tereza que se comprazia, ao meu lado, em comunicar-se com Marlene por meio de preposta pessoa.

Após as despedidas, exultei com o sucesso da empreitada. Tereza abraçava-me agradecendo a realização de um sonho, mas cobrando pormenores, tudo que Marlene me dissera, até mesmo o timbre de sua voz.

Não me lembro se minha transcrição foi correta, se exorbitei levada pela emoção. Por momentos as duas afugentáramos os limites da realidade, que tende a nos reduzir, impedindo o acesso à esfera da ilusão. Aconchegadas na casa, sentíamo-nos heroínas versadas em aventuras perigosas. Capazes, a partir daquele feito, de atravessar o Brasil a nado, de falsificar documentos, de trocar máscaras até com estrangeiros, ao termos como propósito o desejo de confundir o mundo e a nós mesmas.

Um jogo, sem dúvida, impulsionado pela inocência e que nos fazia bem. Arrastadas pelo convulso desejo de aproximarmo-nos do mistério da arte sem sairmos lanhadas, com cortes na carne. Talvez tendo em mira que a suposta nacionalidade brasileira, o próprio instinto da nacionalidade, como queria Machado de Assis, passava pela Rádio Nacional, que nos deixava ouvir no auditório e em casa o arfar de Emilinha e Marlene. Aquelas cantoras que por tantos anos enfeitaram o cotidiano de Tereza e dos ouvintes da célebre Rádio Nacional.

23

Sempre me prometeram que um dia eu haveria de conhecer a Espanha, de onde a família, materna e paterna, saíra para deitar raízes no solo brasileiro.

À distância, a península Ibérica era uma terra de magia e de histórias ilegítimas que não havia como avalizá-las. Todos nós, porém, membros da mesma família, gozávamos da liberdade de remover a gosto os personagens estendidos sobre o imenso tablado que constituía a mesa de jantar.

Os tios, os avós e os pais tinham histórias para contar. Ao ouvi-los, eu imergia em uma espécie de mistério que urgia elucidação e que dependia dos recursos alheios para entender a passagem dos dias.

Alguns dos personagens, mencionados durante as refeições, sofriam de estranha multiplicidade, como se as pessoas citadas se encarnassem em um só modelo. E eu não podia distingui-las por conta destas descrições nem sempre precisas. Mas acaso eu estava sendo exigente com estes modestos narradores? Ressentia-me com o fato de não mentirem com veracidade? Acaso a mentira valia mais que o relato apresentado em torno da mesa?

Foi-me, então, comunicado que embarcaria em breve para a Espanha. Mas que para tal viagem, de barco, e não de jangada, os preparativos consumiriam meses. Havia que abarrotar as malas do porão e da cabine com mercadorias tais como conservas, café, sabonetes, perfumes, sedas, objetos enfim não-perecíveis. E isto porque a Espanha, havendo sofrido uma guerra fratricida e mantendo-se ainda sob o jugo de Franco, atravessava sérias dificuldades econômicas.

A mãe era diligente. Seguia a lista traçada com sua letra que até hoje me comove quando examino os bilhetes que me foi deixando ao longo de uma vida de convívio. Ela tentava recordar o que poderia ser útil naquelas circunstâncias. Porque, se lhes prometiam tantos dissabores uma vez estando lá, melhor antecipar-se, prever o que nos aguardava naquela terra pobre, árida, plena de memórias dramáticas.

Ao ver a mãe acumular objetos, imaginei que, tão logo aqueles galegos entrassem em contacto com os produtos do outro lado do Atlântico, equivaleria para eles a conhecer o Brasil, saber exatamente quem éramos, que gosto cultivávamos, como era o feijão-preto. Qual seria o sabor do abacaxi produzido no litoral ou no interior. Assim, quando tragassem a fatia de goiabada-cascão que a mãe cortaria com parcimônia, a fim de render para toda a aldeia, eles sorririam de prazer sem suspeitar que semelhante maravilha saíra dos tachos das fazendas de Campos, no Estado do Rio de Janeiro. E que, por conta de produtos assim, receberiam nas narinas o impacto da luxúria, da maresia, do suor, da paisagem, contido em uma caixa de goiabada. O que lhes permitiria, na condição de partícipes da cultura brasileira, enxergar o mundo como autênticos mestiços americanos.

Conhecer o miolo do Atlântico, vencer o oceano em sentido contrário à viagem empreendida pelos avós, selaria minha sorte. Levava-me ao encontro das utopias que nos induziram no passado ao fracasso coletivo e individual, a crer que o retrato da pátria é uma paisagem caótica e dispersa.

Ao faltarem poucos dias para embarcar, examinava, curiosa, as malas de cabine que imitavam as caixas dos mágicos itinerantes. Aquelas gavetas abertas e os cabides coloridos destinados a receber os nossos trapos, tudo fazia parte de um cenário teatral.

Após as despedidas na praça Mauá, subimos as escadas do navio *Cabo de Hornos*. Aquele barco, que seguia as espumas do mar, bem podia pertencer à frota de Simbad, o mestre da mentira. Em verdade, o transatlântico pertencia a uma companhia sediada em Sevilha, de onde, por coincidência, partiram os primeiros navegantes, os desbravadores desta América salpicada de lama e esbagaçada como um gomo de laranja, e que ainda hoje despreza a sua horda de desdentados miseráveis.

24

O que seria a Espanha para mim aos 10 anos? Um país que inicialmente se resumia a uma terra chamada Galícia, povoada de lendas e seres inquietos, dispostos a partir em busca de novos territórios. Habitantes, no entanto, movidos pelo instinto da volta, alimentados pelo fervor da saudade. Tendo como desculpa a origem celta, indomáveis desbravadores do imaginário.

Galícia recebeu-me ao longo de dois anos. Uma travessia cumprida através do meu crescimento físico, das descobertas incessantes, das mudanças sazonais, da conquista de duas línguas aprendidas simultaneamente, o galego, com paladar montanhês, que se fundiu um dia com o português, e o castelhano, altivo e descampado. Ambas as línguas impregnaram-me a sensibilidade para o viver lingüístico de outros povos. Afinal, a língua abranda e acentua os sentimentos, precede ao ato de criar. Ou será a criação um ato tão autônomo que exige da língua uma expansão voluptuosa em consonância com as expectativas da arte?

Em Cotobade, onde vivíamos, não havia recanto proibido, eu estava autorizada a pisar o que os pés alcançassem. Ia sozinha aos montes, acompanhando o gado. Cercada de carvalhos e *toxo*, a vegetação rasteira salpicada de verde e amarelo típica de Cotobade, que haviam presenciado a vida a passar, eu desenvolvia uma vigília atenta. Para que besta e humanos não me atingissem.

Às vezes, acreditava ver uma sombra atrás das árvores, anunciando o perigo. Eram os lobos que, no inverno, perseguidos pelo vento norte, com escassez de alimento, acercavam-se sem fazer dano, só os caninos, de longe, brilhavam.

Antes de sair da casa da avó Isolina, a mãe preparava-me o lanche, de pão preto, presunto, queijo e frutas, além do canivete. Confiava que o alimento me traria ao anoitecer de volta a casa. E não seria difícil porque dominava a redondeza da Porta Carneira, a casa de pedra, de construção antiga.

Os detalhes, em geral, que eu ia assimilando, expressavam uma cultura que resistira às intempéries, enquanto assimilara a presença das hordas étnicas. A história, presente no cotidiano, emocionava-me de tal forma que ia para a cama arrastada, contra a vontade, resistindo a interromper a odisséia de cada dia. Minha expectativa era galgar no dia seguinte árvores, montanhas, animais, ouvir histórias intermináveis. Vivia em um estado febril, fazendo da memória uma máquina impedida de esquecer o que fosse. E saberia eu, nos anos seguintes, selecionar o que me faria falta no futuro?

A partir de agosto, com as festas de verão, a vida se intensificava. A cada domingo havia que se deslocar para a aldeia cujo calendário celebrava o seu santo, o padroeiro do local. A protetora de Borela era Nossa Senhora de "Dolores", cuja comemoração atraía amigos e curiosos. A festa começava com o leilão em que as famílias disputavam o privilégio de carregar sobre os ombros o andor com a santa em destaque. Após a missa, a praxe era a reunião no átrio, quando se dançava ao som dos gaiteiros contratados para esta finalidade.

No átrio, designavam-me a liderar os solos coreográficos que ditavam a pauta a ser copiada pelos demais membros do grupo, que não excederia uns dezesseis partícipes. A função, intitulada de "*sacar los puntos*", variava segundo a imaginação de quem comandava.

Ao almoço, a Porta Carneira abria-se para os convidados. A mesa abundava com o cozido, a melhor iguaria que a casa podia oferecer aos visitantes.

As festas, quase medievais, pertencentes à comunidade, enfeitavam-se com flores, guirlandas, bandeiras, e havia fogos de artifício. Também leilões, feiras, exibições, comidas típicas, sem falar nas gaitas de foles.

Chamada de "a brasileira", eu participava intensamente dos festejos. Lidava com o tesouro das lavouras galegas, com as práticas camponesas, intuindo que aquele povo, condenado ao pungente esforço de arrancar da terra milho, batata, nabiças, também sabia rir, contar histórias, fruir o tempo, conquistar a América. E ainda amava as vacas, os porcos louros, gigantes como Teseu. Alguns destes suínos atingindo a marca de trezentos quilos de carne e gordura. Tal circunstância não lhes prejudicando a elegância, quando seguiam andando em direção ao rio. Pois, ao contrário do que se acreditava, tinham índole limpa, amavam a água. Banhavam-se longamente à beira do rio, fazendo companhia às lavadeiras.

Em novembro, sob o vigor do inverno, fui convocada a testemunhar as imolações daqueles animais. Embora quisesse poupar os porcos da morte, eles foram levados ao holocausto. Ao lado deles, praticamente cerrando os olhos, derramei lágrimas que ainda hoje deslizam pela face.

A cerimônia do sacrifício, que ocorria no interior do moinho, ao lado do rio, a caminho da Gesteira, obedecia a um ritual minucioso e hierarquizado que assimilei inicialmente horrorizada, até compreender a sabedoria de toda a poupança. Com o aproveitamento total do animal, até mesmo do sangue que, ao jorrar devagar do pescoço perfurado pelo facão, longo e fino, servia para fazer panquecas com açúcar ou morcelas. Tais cautelas assassinas justificando-se para evitar derrames que conspurcariam a carne. Atos originários de uma cultura que, ao impedir qualquer desperdício, permitira àquela gente sobreviver ao longo dos séculos.

Estranhei a matança. A perda dos seres que me ensinaram a amar o grotesco. Era natural que eu reagisse, pois viera de uma terra em que plantando tudo se reproduz, de fartas colheitas trimestrais e de árvores com sessenta metros de altura.

Era comum sentar-me no final da tarde ao lado dos velhos à beira da morte, cobrando-lhes histórias que podiam ser de um bisavô, vizinho, bandoleiro, do repertório da guerra civil. Exigia deles lendas imortais, que eu transportasse comigo ao voltar ao Brasil. Cada velho adicionando às narrativas as próprias versões dos fatos, já que assim se reproduziam as histórias oriundas da boca faminta e maliciosa dos grandes rapsodos populares.

E, enquanto eles davam início a uma narrativa sem tempo certo para encerrar-se, fui aprendendo que só saberia narrá-las no futuro, e com relativa fidelidade, se me convertesse na escritora que, a pretexto de falar de mim, estivesse, de verdade, falando da coletividade, que é a única narrativa que merece subsistir.

25

A fotografia, ligeiramente sépia, fala da menina que fui entre os 10 e 12 anos. Leva meu nome, meus atributos, reflete minha história. Sei bem onde na foto eu estava quando alguém, com a câmera na mão, fixou a visita ao monte Pé da Múa, nas cercanias de Borela, aldeia de meu pai, Lino.

Naquele território mítico da infância galega, encontram-se as minhas pegadas, pedaços soberbos da minha imaginação. Em meio às pedras e ao *toxo*, há pigmentos meus, dores e alegrias. Também sobressaltos e alvoroços de um coração em formação, mas já pungente.

Olho-me na foto. O rosto ainda é meu, a despeito do semblante atual pouco guardar daquela menina. Tudo nele me traz o sentido da aventura vivida, celebra uma paixão que refulgia expulsando as sombras. A memória que hoje guardo reserva a avassaladora liberdade do passado, obriga-me a indagar que outra felicidade podia equiparar-se àquela, quando, sob o impulso de tantas quimeras, eu pulava da cama ansiosa por desbravar o universo galego a partir da casa da avó Isolina. Sempre em obediência ao brado interior que proclamava ser eu heroína de mim mesma. Capaz, portanto, de lançar-me à ação que me levasse à Índia ou mesmo ao centro da Terra, seguindo os desígnios de Júlio Verne. E isto porque qualquer peripécia, a mais temerária, estava ao meu alcance. E como não confiar na vitória se, sozinha, escudada pelo sentido histórico da sorte que, por sinal, torce em favor dos heróis, eu podia dissipar as forças do mal e abolir as noções do perigo?

A história da foto começa, de verdade, antes da viagem a Galícia, tão logo o pai nos comunicou a ida a Espanha, sua terra natal. Segundo ele, chegara o momento da filha aprender os ensinamentos das culturas brasileira e espanhola, e sair fortalecida desta difícil fusão. Também os avós Daniel e Amada, pais de minha mãe, nos acompanhariam mediante a promessa de que, em caso de algum infortúnio, seriam devolvidos ao Brasil para o enterro na terra onde haviam vivido como nativos.

Após a despedida da família, que acenava do porto até nos perdermos no tênue fio do horizonte, já embarcados no navio sevilhano que estivera atracado no píer da praça Mauá. Já no início da viagem, os oficiais crivaram os passageiros com regras e diversões, como que exigindo o ajuste nosso às marcas de sua civilização. E, ao atingirmos o alto-mar, deixando longe a baía de Guanabara, esquecia os detalhes prévios à viagem, como a ida ao Leblon com a mãe, onde ela encomendara os baús nos quais acomodaríamos os produtos a serem levados para uma Espanha empobrecida.

A bordo, o cotidiano mostrou-se intenso. Exaltada com as festas, a programação esportiva, os ruídos das línguas estrangeiras, rendi-me à comemoração da travessia do equador, quando, sob a regência de Netuno com coroa, bata longa, manto, espessas barbas brancas e tridente, ofertaram-nos o diploma de experientes marinheiros. Por tal motivo, organizaram a ceia de gala que, ao seu término, surpreendeu-nos com a entrada triunfal no salão dos garçons que traziam sobre a palma da mão erguida para o alto, em portentoso equilíbrio, uma bandeja de prata onde pousava, envolta em chamas, a deliciosa sobremesa *Baked Alaska*. Tal pompa tendo o propósito, quem sabe, de despertar a fantasia humana em geral encerrada na concha nacarada e fazê-la brilhar.

O *Cabo de Hornos* finalmente atracou em Vigo, já no coração de Galícia. O pai, do convés, indicou-nos a família que se agitava no cais com a fúria impulsionada pelos anos de separação e pela esperança de serem felizes com aqueles "brasileiros" que, após longos anos de exílio, regressavam a Galícia com algumas moedas no bolso.

Desci as escadas temendo ser tragada por aquela gente que, diversa do povo deixado no Brasil, impunha-me uma seqüência de atos e costumes de forma a que eu me rendesse a uma cultura disposta a alterar a minha vida para sempre.

O pai, por sua vez, colaborava em me fazer ditosa. Agia para eu jamais esquecer o cenário do seu presépio amoroso. Em consonância assim com o seu desejo, os parentes, vindos de Cotobade, abraçavam-me como se afinal houvessem recuperado um objeto perdido. Salientava-se neles a existência do tácito acordo de que, a partir daquele instante, a menina brasileira teria a alma inoculada pela memória galega.

Eu parecia perceber a que ímpeto arcaico a minha memória, jovem ainda, estava exposta. Intuía o perigo de sucumbir a tais ditames imperativos, aos ruídos da língua áspera e antiga, à tradição que ameaçava apagar o que eu havia aprendido no Brasil até aquela viagem.

O arrebato rústico daquela grei excedia às minhas expectativas. Eu registrava nas lágrimas deles, à minha espera, a primeira doçura daquela cultura. Mas, o que eles exigiam de mim? Sobretudo as mulheres, que, de trajes negros, pranteando algum morto recente, ostentavam um luto eterno. Pois, ao estarem na iminência de desvencilhar-se daquela espécie de mortalha, um novo falecido cobrava-lhes lamúrias, sacrifícios e os trajes escuros.

Chovia naquele novembro. Ao deixarmos Vigo, e a elegante e melancólica Pontevedra, para trás, o carro tomou o rumo da *Corredoira*, uma subida estreita cercada de pedras e do verde austero. A paisagem, exuberante, conquanto desolada, despertou-me a sensação de que, a qualquer descuido do motorista, rolaríamos ribanceira abaixo até chocar-nos contra o rio Almofrei, no fundo do vale.

À entrada de Borela, à direita da estrada, a lama impedia-nos de seguir adiante. Foi mister providenciar a charrete para nos levar à casa do pai, enquanto a bagagem era transportada pelos carros de bois. Para mim, sensível aos acontecimentos que empanavam o brilho do mundo, aquela Galícia, de triste aparência naquele inverno, fazia-me lamentar a própria sorte. O que estava eu a fazer em uma terra contrária à luminosidade brasileira?

Ao atravessarmos a pequena ponte de estilo românico que dava acesso a Borela, senti, de repente, que estava destinada a amar aquela terra. E que, graças ao mistério do amor, seria meu dever interpretá-la até o final dos meus dias. Nada teria o poder de me isolar daquela raça, que era a minha também. Diante de que circunstância fosse, eu encontraria uma desculpa para defender Galícia e sua gente. Seria brava no uso das palavras, no lirismo do meu amor por eles.

Próxima à ponte, a pequena capela chamou-me a atenção. Ambas pareciam existir mediante a vontade da outra. Impressionada com elas, senti que poderia me escorar no futuro em suas pedras, para não desmoronar.

A casa da família do pai, com mais de trezentos anos, era de pedra e tinha a alcunha de Porta Carneira. A avó Isolina, a aguardar-nos no pátio, pareceu-me uma porcelana de Tanagra, miúda e frágil, com a pele de uma transparência comovedora. Discreta, deslizava pelo assoalho da casa sem ruído, evitando chamar atenção. Os cabelos grisalhos contrastavam com a sobra de juventude concentrada nos olhos com um azul marítimo.

Da varanda da casa, eu enxergava além do horizonte. A paisagem, à minha frente, ora era luminosa, ora opaca, enigmática. Em certas horas, quase ao cair do sol, eu queria desembaraçar-me das cordas humanas e voar para longe, sem a promessa de retornar ao cativeiro do lar. Dar curso às aventuras que me aguardavam no bojo da terra.

Naquela aldeia, não havia entraves para mim. Enlaçava os rastros brasileiros e as pegadas galegas sem sofrer. E ainda que no início encontrasse dificuldade de repetir os nomes das aldeias de Cotobade, que eram treze, intuía que de cada localidade gotejava um sangue também meu.

O Pé da Múa, o monte que ladeava a aldeia ao norte, parecia-me inexpugnável observado de longe, como o Anapurna. À época, com 10 anos, a realidade tinha a medida do meu corpo. Portanto, os detalhes exteriores burlavam de mim, da imaginação, confundiam-me. Apesar de julgar o pico tão distante do meu sonho de galgá-lo, em breve provaria aos moradores de Borela que o Pé da Múa fazia parte de uma imponente cordilheira.

Tudo me parecia permitido naqueles quase dois anos longe do Brasil. Inexperiente como era, a vida não me inibia, nem aceitava obstáculos. Sentia-me capaz de montar um centauro especialmente contratado para me levar à Grécia ou a Nínive, e sem hora certa de me devolver a casa. Para tal excursão, o pai, belo e galante, certamente me faria a vontade. Ele era o escudeiro que me forjara com as águas do rio Tejo, adequadas para enrijecer as espadas de Toledo. Rija, então, eu desejava cumprir a odisséia que certa espécie de vida me propunha. E porque confiava no destemor da filha, no seu imaginário, o pai armou-me cavaleira na capela à entrada de Borela, que eu freqüentava. Inscreveu-me, às escondidas, em uma justa acertada entre ele e o destino.

Para retribuir aos seus cuidados, e dar-lhe prova de independência, pedi-lhe que me deixasse ir sozinha ao Pé da Múa. Uma viagem iniciática que dispensava testemunhas. Eu, e ninguém mais, indo ao encontro das forças vivas de Galícia. Como forma de tecer na imaginação o seu repertório de lendas.

Nenhum mal me adviria. Também eu receava bordejar um monte que ganhara dimensão mítica. Mas, caso errasse, por soberba, receberia como castigo perambular a esmo, sem encontrar o caminho de volta à Porta Carneira.

Pela manhã, o pai seguiu para Pontevedra e trazia, ao regressar, uma expressão de triunfo. Solene, como se estivera em um ato público, entregou-me o estojo onde encontrei dentro um canivete de lâmina afiada e com punho de madrepérola. Bela arma a proteger a filha dos perigos do mundo. Um gesto a insinuar estar eu livre para subir o Pé da Múa, a primeira conquista na temporada em Cotobade. Entregou-me ainda o mapa do concelho, feito à mão, para não me extraviar, e envolveu-me a cintura com o cinto de couro do qual pendia uma sacola para o farnel. Todos os sinais proclamando que chegara o momento de partir.

Queria tanto sair-me bem, desfrutar dos prazeres da modéstia da vida diária, como descascar frutas, fatiar o queijo, o pernil do presunto, aparar o galho do carvalho. Apoiar-me no cajado, sem perder de vista a faixa de terra atrás da qual se escondia o deus da minha fé.

A merenda, composta de pão de centeio, que substituía o trigo escasso na Espanha pós-guerra, de lâminas do presunto serrano, originárias dos pernis dependurados no teto da cozinha, de queijo *titilla*, com o pecaminoso formato de um seio, maçã e frutos secos, encontrados na própria casa. Ingredientes que me reportavam aos filmes de *cowboy* que me deslumbraram desde a infância.

Agasalhada contra o frio, lancei-me à aventura. Enfrentava o vento norte com seu poder de desnudar as árvores, de varrer a folhagem, de filtrar os ruídos ameaçadores que vinham de todas as partes. Entre feliz e sobressaltada, ia enveredando por uma zona desconhecida. E com a sensação de partir sem garantia de retorno, cruzei o rio Almofrei. Vencia o terreno íngreme como uma cabra que prende os pés nas pedras, esquivando-me do *toxo* que me espetava as pernas. Faltava-me o ar. Mas, enquanto subia a montanha, descortinava-se à minha frente uma paisagem que me integrava a um universo do qual não me podiam desalojar.

Havia poucas árvores em torno. Relativamente descampada, a área era conhecida pelas ruínas de antigo castro romano. Um amontoado de pedras sobre as quais, segundo crença comum, os romanos, em cumprimento de sua política expansionista, haviam acendido o fogo, assado o cordeiro galego.

De onde eu estava, vislumbrava de longe vestígios de casas, *veigas*, um animal ou outro pastando. Esforçava-me por identificar as aldeias, imaginando qual seria Carvalledo, onde semanalmente visitávamos os avós, Daniel e Amada, vindos conosco do Brasil.

Na contemplação do vale, eu perdia a noção do tempo. Nenhuma presença inimiga me ameaçava. A realidade, ora a meu favor, ensejava-me viajar com a imaginação e pousar a salvo no meu quarto. Mas, para comemorar tantos bons augúrios, lanchei com prazer. O canivete do pai era útil e teria me socorrido caso devesse estripar algum animal cuja carne se destinaria a salvar a tribo da miséria.

Acomodada sobre a relva, narrei para mim mesma, em voz alta, as histórias que recém-ouvira dos velhos galegos. Meu auditório era formado de insetos, pedregulhos, vacas que pastavam. Narrativas tão verossímeis que nem pareciam originárias da máquina da invenção.

Começara a escurecer. Desci a encosta pensando como retribuir a generosidade do pai. Ao entrar na Porta Carneira, ele me abraçou e eu quis-lhe dizer que tudo me seria dado se não temesse me soltar no mundo como uma pipa.

Sentia-me dona do Pé da Múa. Montava agora sem sela o garanhão que encontrara abandonado no monte. E enquanto ia-me familiarizando com o idioma galego e as tradições locais, a felicidade pautava-me a conduta naquele Cotobade constituído das treze aldeias que me cediam preciosos testemunhos.

Finalmente os pais decidiram conhecer de perto as maravilhas do Pé da Múa proclamadas pela filha. Seríamos poucos na excursão. E não recordo agora quem tirou a foto minha com calça culote, blusa e chapéu recém-comprados em Madrid. Orgulhava-me de ser a cicerone. Quem melhor conhecia as trilhas secretas e os arredores de Borela, a ponto de desviar, ao anoitecer, o fio de água nascido de algum manancial para as *veigas* da avó e beneficiar suas terras.

Os pais se assombravam com o conhecimento que eu demonstrava. Detalhava cada pedaço daquela terra, sedenta de cuidados, que produzia frutos mediante tanto esforço. Identificava hábitos, origens, nomes de árvores, fundia aleatoriamente o saber brasileiro com o galego, cumpria a previsão do pai, de que sairia incólume de tal mistura.

Lino e Carmen roubavam os meus olhos para observar o panorama. Eu lhes cedia o que me pedissem. Não haviam eles fomentado a minha liberdade?

Após a sessão fotográfica, da qual só restam hoje quatro fotos, despedimo-nos do Pé da Múa. A montanha mágica foi ficando para trás ao longo destes anos. Mas sempre que lá volto, já despojada da fantasia infantil, reverencio suas dimensões modestas.

Em uma foto, estou sozinha, mas, nas outras, pai, mãe e eu aparentamos ser eternos. Esta família, no entanto, já não existe, despediu-se para sempre. Sinto, no entanto, que Carmen e Lino respiram ao meu lado, tomam café comigo e que, em breve, nos encontraremos. Acaso no Hades, no purgatório agostiniano?

Sinto saudades deles e não sei traduzir os sentimentos. Consola-me pensar que, por onde eu ande, eles me fazem companhia.

26

No inverno, enfrentava os rigores do tempo sem tirar os sócos dos pés. Protegida pelas botas de couro, de sola de madeira com chapas, enfrentava poças e lama. Mas, como adoradora do sol brasileiro, as intempéries da chuva ou da neve não me abatiam. Tinha reserva de calor no corpo.

Ao despedir-me cedo da casa da avó Isolina, em Borela, aventurava-me pelo campo e os montes, pondo à prova os ensinamentos de Adelina, vizinha da Senra, e da minha idade. Mais apaziguada que eu, recriminava-me às vezes, sem eu me importar. Contava com a sua gentileza e constante amizade. À guisa de explicação, eu lhe dizia que, sendo brasileira, com limitado tempo de permanência em Cotobade, havia que aproveitar.

Saía a pé pela aldeia, indo até Almofrei e a Gesteira. Sentia-me uma camponesa integrada à natureza e à vida bucólica. Fora-me fácil respirar na cadência rural, assimilar suas práticas, entender as tradições que talvez remontassem ao medievo. E valorizar a liberdade ofertada pelos pais.

Com índole de bandoleira e aventureira, sem falso vínculo moral, percorria a terra sob o risco de deter-me nos Urais russos. Um lapso geográfico benfazejo para quem abolia fronteiras no seu imaginário. Ainda hoje, quando regresso a Borela, estou no epicentro da Terra. Nestas visitas, a memória reabastece-me. Lá está a casa de pedra da avó Isolina, que há muito morreu, agora tão abandonada. Toco com as mãos o passado tangível.

Há pouco, em rápida passagem pela aldeia, vinda de Santiago de Compostela, encontrei no caminho modesto camponês, de idade avançada, com traje negro e boina enterrada na cabeça. O cigarro, apagado, quase tombava da comissura dos lábios. Imóvel, ele parecia uma estátua. Observando-o, escavei a memória, jurava conhecê-lo. Mas quem seria ele para a menina que eu fora aos 10 anos?

Diante dele, eu imergia nas lembranças, perdia-me nelas. Até desconfiar tratar-se de um antigo morador da Graña, aldeia vizinha de Borela, cujo passado eu investigava, enquanto ia-lhe cancelando rugas, o aspecto envelhecido e apático, devolvendo-lhe a juventude da época de quando o conheci.

Esforcei-me por acertar:

— Acaso é Xesus, que trabalhou na Porta Carneira, com Isolina Muiños, minha avó?

Acenou com a cabeça, guardando silêncio. Nunca fora de muita fala, embora conservasse o mesmo sorriso astuto e irônico de outrora.

Ao certificar-me de que o identificara, rejuvenescendo-o após tantos anos, emocionei-me. O encontro levando-me a indagar se lograra este acerto graças à habilidade dos escritores de acrescentar e subtrair a matéria indispensável à vida dos seus personagens.

Sem dúvida, a memória nutre-se de sobras empilhadas nos cantos escuros do porão da minha casa. Estes restos, longe da vista, suplicam ficar a sós comigo, que eu lhes dê atenção. Afinal, a memória nem sempre fala, para isto é mister avivá-la com a invenção, a que recorro a fim de receber de volta pedaços do passado, como há pouco fiz com o caseiro Xesus.

Mas são a memória e a invenção que dizem quem sou. Impedem que me esqueça dos benefícios inerentes à dupla cultura que arrasto comigo, brasileira e galega. Uma circunstância biográfica que me prodigaliza com as duas faces de Juno. Uma multiplicidade mediante a qual me igualo à nostalgia dos povos antigos, transito pelo arguto coração de Dario, no exato instante em que o rei contracenava com os gregos.

Será que este acúmulo de culturas empilhadas na psique se deve às viagens feitas, às respostas obtidas por conta de acertos contemporâneos? Sei, porém, que pouco vale carimbar o passaporte, sair pelo mundo, freqüentar as galerias de arte onde o horror dos nossos tempos exibe-se em troca de cheques polpudos. Quando estimulante é sonhar com o amor, a carne, as emoções secretas, a que cheguei com a ajuda de Hesíodo, Safo, Virgílio. Graças ao poeta da *Eneida* bati à porta do Hades, solicitei a Sibila, a pretexto de conhecer Anchises, que me permitisse antever o significado dos Campos Elíseos para os que ali arriavam.

Uma dívida literária que se estende a tantos escritores. Monteiro Lobato, por exemplo, é um dos mestres da minha infância. Ele me deu Dona Benta, que, do Sítio do Picapau Amarelo, percorria o mundo e o Brasil. Ao narrar, ela trazia o minotauro e os ciclopes para a varanda do sítio, ofertando-me façanhas míticas. Tornei-me cúmplice feliz da falastrona Emília, adorável boneca, de Pedrinho, de Narizinho, netos da narradora, de Tia Anastácia, contraponto popular da sábia narradora, do pomposo Visconde de Sabugosa, que não passava de uma espiga de milho. As histórias de Dona Benta projetavam-me para qualquer lugar que quisesse conhecer.

Ao ser levada, no entanto, para Galícia, era natural que participasse de uma realidade tão válida quanto a ficcional, apreendida com Monteiro Lobato. Em contacto com a lavoura, que era também o Sítio do Picapau Amarelo, ou mesmo o Parque das Águas, de São Lourenço, eu simplesmente acrescentava uma outra espécie de fé ao coração. Aprendia que a arte de ouvir histórias, contadas pelos velhos aldeões, requeria paciência, a entrega da imaginação. Para ganhar em troca lendas e narrativas engendradas nas tabernas e nos lares, enquanto eles sorviam o vinho rubro do Ribeiro e amassavam com o garfo o toicinho com o miolo do pão de milho, recém-saído do forno que havia fora da casa. E estes homens dispunham de repertório tão vasto de mitos e mentiras que apurei meu instinto narrativo, já trazido do Brasil.

Borela e São Lourenço ampliaram-me na infância o gosto por ouvir histórias, como se eu mesma as contasse. Inexperiente, intuía que a arte, qual fosse sua expressão, não se iniciara comigo ou com algum outro narrador. Ninguém era inaugural. Porque com que direito se inventa uma história cujos personagens não guardam semelhanças com os mortais? Se os enredos literários, de fato, confundem-se com nossas vidas?

O mistério da sucessão, que se dá quando um escritor herda do outro o talento da escritura, ocorre também na família. Minha fatalidade era suceder a Lino e Carmen, enquanto eles sucederam aos seus avós. Não é possível romper a cadeia sucessória, o ato de depositar uma pedra sobre a outra em nome da civilização.

Conhecia cada recanto de Borela. Trilhava suas veredas outrora percorridas pela horda dos bárbaros que foram abandonando pegadas e memórias às margens do rio Almofrei, ou no alto do Pé da Múa, a fim de eu desenterrá-las no futuro. Às vezes, Adelina me acompanhava, ambas usuárias daquela cultura. Talvez nossos sangues, ao longo daquelas genealogias galegas, se cruzaram e nunca soubemos. No meu caso, as leis do mundo, que conceberam minha família, expulsaram-nos da Europa, fizeram-nos emigrar para as Américas.

Expandia-me ao percorrer Cotobade. Uma voz libertária anônima persistia em sussurrar que seria um dia escritora. Igual aos autores dos livros que lia, também eu contaria histórias, lidaria com os restos mortais dos humanos que relatavam suas vidas a fim de ter o nome atado a uma brochura que passava de mão em mão.

A literatura ia-se tornando assunto da minha arqueologia particular e coletiva. Surgia do meu lado andarilho, desenvolvido sob o resguardo do mistério. Esta literatura não comportava expurgos, quando a emoção simplesmente exige que se prossiga.

Também a mãe era parte deste mistério. Ao estar com ela no instante mesmo de sua morte, seu olhar, nobre, aflito, severo, sustentou o meu. A mirada era de quem estava prestes a morrer e sabia, e não protestava. Mas eu não a podia iludir. Limitei-me a dizer-lhe que precisava de sua vida, que fosse eterna, porque eu lhe devia tanto. Inclusive a honradez do texto, de não haver sido, contra sua vontade, uma pena mercenária que denegrisse o ato de criar.

Mas, quando eu a enterrei em certo novembro, como quem se despede de um bem insubstituível, sabia que ela me acompanharia sempre, para onde fosse, no que escrevesse. De fato, sua memória acompanha-me, mesmo ao café da manhã, não repousa. Enquanto que a minha memória é um terreno baldio no qual cabem sentimentos trânsfugos e a compaixão pelo mundo.

No entanto, o horizonte que diviso impede-me de alargar a realidade e os sonhos. Propõe-me que abandone o casulo original, apague o repertório das lembranças. Mas resisto. E porque sei que uma única vida é insuficiente, careço de adornar-me com máscaras, pois que cada qual corresponde a uma vida suplementar. E alivia-me saber que a memória está no papel e não em nós. É o texto que guarda o precioso silo que nos coabita.

E esta memória, de que ora lhes falo, requer um arcabouço inventivo que sirva de material evocativo. Só assim dá início à primeira frase de uma antologia de sentenças.

27

Deus é meu vizinho. Da avó amada também, que diariamente ia visitá-Lo na igreja de Santo Afonso. Vizinho ainda de Daniel, cujo repúdio ao clero não o impedia de participar de certas cerimônias religiosas, de cunho social, e a família de seguir a fé católica que lhes viera da Espanha. Uma intransigência a sua que me despertava a suspeita de haver ele feito, em surdina, uma aliança com Deus.

Tanto a fé da avó, a postura iconoclasta de Daniel, as lembranças do colégio Santo Amaro compunham o meu repertório religioso. Assim como a longa temporada passada na Espanha franquista, pobre e dilacerada, que me ensejou conviver com suas práticas religiosas centradas em Cotobade.

Borela, pertencente ao concelho de Cotobade, fantasiava também a realidade. Seus habitantes sobreviviam ao cotidiano acanhado aguardando o domingo que lhes aportava doses de ilusão. Neste dia, subiam a encosta até a igreja, na expectativa de encontrar amigos e inimigos. Uns, lavradores, e outros, donos de terra, eram todos atores que eventualmente exibiam traje novo comprado em Pontevedra e lustravam os sapatos para a ocasião.

No interior da pequena igreja, batida pelo vento, as mulheres persignavam-se, simulando temor a Deus. Com a cabeça coberta pelo véu negro, acendiam a vela comprada na taberna e acomodavam-se nos bancos de madeira, reservados às mulheres, em oposição aos lugares masculinos. Isolados, como na sinagoga, homens e mulheres observavam-se de soslaio, aguardando o desfecho da cerimônia. Dom Ventura, porém, que oficiava a missa, fazia do ato litúrgico um teatro. Era impossível prever o desfecho do serviço religioso sob o comando do polêmico sacerdote, cujos gestos e voz intimidavam os fiéis com o peso inconteste de sua autoridade.

Após o término da missa, os paroquianos, reunidos no átrio pavimentado de pedra lavrada pelos canteiros de Cotobade, que outrora trabalharam na construção de catedrais, participavam ativamente da encenação. Cada qual, com sua dose de intriga, adicionava às conversas pormenores referentes aos nascimentos, obituários, paixões secretas, disputas de terra.

O tema destes encontros centrava-se em geral nos animais. Quem comprara uma vaca para a lavoura, ou perdera um porco por negligência ou suspeita de envenenamento. Merecia igual atenção a casa que recebia naqueles dias a visita de um brasileiro portador de moedas e provisões. Cada ocorrência, porém, propiciando uma narrativa que só se esgotava quando um vizinho iniciava o próprio relato. Não sem antes alguém da roda acrescentar à história ouvida o detalhe que quiçá faltara para embelezá-la ou torná-la compreensível.

O verão prenunciava uma temporada festiva. Nos dias acalorados do solstício, a carne latejava e o crepúsculo estendia-se até a meia-noite. Mas, no mês de agosto, dom Ventura perambulava pela paróquia escolhendo a dedo que casa visitar. Com freqüência encaminhava-se à Porta Carneira, onde os filhos de Isolina, havendo chegado do Brasil, tinham reputação de prósperos.

Entrava na sala com postura de dono. Com a batina gasta, de um preto amarronzado, escolhia a cadeira na cabeceira da mesa. Ostentava para a família da avó seu poder, enquanto exibia os dentes de lobo. Um tipo sanguíneo, com rosto intumescido e pescoço com veias grossas, transmitia a sensação do sexo importar-lhe mais que a eucaristia.

A avó Isolina oferecia-lhe o *cognac* Fundador, abrindo a garrafa à sua frente. O cura sorvia os goles da bebida passando a língua pelas comissuras dos lábios, preocupado em não desperdiçar uma única gota. Agarrava-se à xícara do café brasileiro, torrado na hora, que lhe iam renovando ao esvaziá-la.

Ele controlava a conversa alardeando glórias que não tinha. Em troca, exigia que lhe cedessem informações julgadas úteis. Seus relatos pareciam-me recheados de falsidades. Como se mentisse para comprometer quem o ouvia. Testava a coragem dos homens da sala, ou do bar, esperando ser corrigido. Fingia igualmente cumplicidade com os paroquianos, aos quais se dizia ligado por um pacto de solidariedade.

O sacerdote me fascinava. Preferia permanecer ao seu lado que brincar no pátio. Um homem de Deus que, no entanto, me amedrontava. Sobre quem pesava a grave acusação de ter sido um delator durante a guerra civil, responsável pela morte de muitos homens de Cotobade que, suspeitos de vermelhos ou republicanos, foram entregues por ele à temível guarda civil.

Aqueles soldados com o chapéu de três bicos da música de Manuel de Falla.

Era comum à época vingar-se de um desafeto que lhe roubara a mulher, ou com quem se tinham pendências de terra, mediante a afirmativa de ser inimigo do regime de Franco. Acusação que praticamente equivalia a uma sentença de morte.

Dom Ventura expelia para o teto a fumaça do charuto trazido da Bahia, tentando formar anéis. Não dava mostras de arrependimento ou hesitação moral pelos desafetos que ia citando com visível rancor. À minha frente, aquele homem violento semeara filhos nas mulheres possuídas à força, ou seduzidas com sua incandescente sexualidade.

A lembrança deste sacerdote, que jamais esqueci, não perturbou meu diálogo com Deus. Seduzida pela liturgia católica, eu sabia que não se ganhava a salvação mediante rezas e rosários. E que Deus não tinha por que interferir na cena humana. Porque a visão que tinha do pecado traduzia-se como sendo uma cicatriz que cada qual levava no coração. Só se tornando sujeito ao arbítrio humano, e não de Deus, caso o pecado fosse um delito. A partir, sobretudo, de Dostoievski, tornei-me responsável pelo meu decálogo ético. Deus não me podia reprimir. Em especial porque, à ausência de um modelo exemplar, eu só podia contar comigo como referência. Assim, se minha função era evitar o pecado perverso, a Deus cabia reconhecer que existia em plenitude graças à tolerância, ao beneplácito da nossa humanidade.

A perplexidade crescia com os anos, mas a fé era imutável. Temia mais a crueldade que vira nos olhos de dom Ventura que a ira divina. O projeto que eu tinha de Deus concedia-lhe a perfeição que me faltava. Ofuscava minhas especulações, superava moralmente a sórdida ambição dos homens

A despeito de tantas injustiças morais, seguia acreditando que mergulhar na aventura de Deus propiciava acercar-me de um mistério que não me facultava circular pelas suas paragens.

28

O pai apoiava-me através de gestos que me assegurassem um futuro promissor. Infundia-me ânimo, não cerceava a possibilidade de eu errar. Não tinha o hábito de repetir à exaustão a frase que me corrigia. Apesar de intuí-lo imerso no próprio mistério, do qual a mãe e eu éramos, em certas ocasiões, excluídas, ele exalava delicadeza, pregava amor aos livros.

Em certo almoço de domingo, os pais decidiram que me deviam franquear a leitura. O livro que quisesse ler estaria ao meu alcance. A oferta significando que estaria livre para escolher. E isto dito, o pai dirigiu-se à livraria Freitas Bastos, situada no Tabuleiro da Baiana, do lado oposto ao convento de Santo Antônio, diante do qual se formavam filas de mulheres a pedirem a proteção ao padroeiro das causas difíceis, reputado também como avalista para se obter um namorado, amante ou marido.

O roteiro, freqüentado pelas mulheres da cidade, seduzidas pela possibilidade de serem felizes, também era conhecido da mãe e da Tiazinha que, levando-me pela mão, iam buscar o pão bento que se repartia entre necessitados e esperançosos.

Na loja, falando com o gerente, o pai propôs-lhe a abertura de uma conta a ser quitada no último dia útil do mês, mediante a qual a filha de 12 anos estaria autorizada a retirar os livros da sua escolha. Sabedora de seu acordo, tomei o bonde na rua Voluntários da Pátria, em direção ao terminal de passageiros do Tabuleiro da Baiana. Após cruzar a rua, tinha a livraria à minha direita.

Era a primeira vez no Brasil que visitava uma livraria importante, fora as que conhecera na Espanha e em Portugal. E observava timidamente as prateleiras, quando o Sr. Oliveira me atendeu. Originário do Ceará, fazia muito vivia na cidade, em meio aos livros. De extremada gentileza, socorreu-me vendo minha indecisão entre as duas brochuras que praticamente retinha contra o peito.

Aos poucos, tornou-se mentor e amigo. Ensinava-me a percorrer as prateleiras e o que podia encontrar nelas. Como considerar a procedência do livro e do autor, quantas vezes insinuando-me que certas literaturas luziam mais que outras, ao menos eram mais aplaudidas, chamavam a atenção internacional. Segundo ele, fazia diferença nascer na França, por exemplo, ou no universo saxão. Mas que selecionasse o livro julgado adequado ao meu sonho de leitora. Uma vez que desse posse a um volume, teria a chave do mundo, abriria portas, pularia cancelas, seria dona de intensas emoções.

Meus progressos não o deixaram indiferente. Registrava como eu, ao superar etapas, abandonava um autor em prol de outro, sem esquecer quem, em algum momento, merecera o meu interesse. E, sempre que coincidíamos na seleção de um título, ele sorria. Era-lhe grato esclarecer a menina sobre algum autor encarregado de levar-me, com sua imaginação, para o outro extremo da Terra. Sobretudo porque minha mirada brilhava quando ele me garantia prazer com determinada leitura.

Aprendera a cheirar as brochuras e acariciar o couro das encadernações, imantada pelas histórias que os livros guardavam em seu bojo. Cada livro animava-me a levá-lo para casa, que passaria a ser o seu lar também. Em casa, eu folhearia suas páginas, leria sua história, sentiria um prazer inesperado. E por que não, se os livros eram bruxos que, ao pregarem a verdade narrativa, tinham a obrigação de me encantar, de me tornar personagem embutido na história que contassem.

Sem pretender ser pedagogo, ou o oráculo que reparte enigmas só pelo gosto de decifrá-los, Oliveira orientava-me. Ao mesmo tempo, retirava a rede de proteção para eu escolher que bagagem me conviria no futuro. Não havia que asfixiar a imaginação oriunda das palavras impressas, ou cancelar a força centrífuga que emanava da capa colorida de um livro.

Ao retornar de São Lourenço, em certo verão, mencionei-lhe o nome de Balzac, que ouvira no Parque das Águas, de uma senhora com postura arrogante, esforçando-se em marcar a diferença cultural havida entre nós. Ao elogiar o autor francês, ela advertiu-me, diante da minha perplexidade, que tal leitura, além de imprópria para meninas, requeria solidez intelectual. Afinal, Balzac, sismógrafo da França, ocupara-se dos seres conturbados, interesseiros, que lançavam mão de qualquer recurso no seu afã de ascensão social.

Oliveira testou meu interesse. Enfatizou que o autor francês haveria de ser para mim um paradigma inaugural. E, com o desafio lançado, separou o que havia de Honoré de Balzac em tradução portuguesa ou espanhola, língua que eu lia sem dificuldade.

A transação entre nós, que tardou anos em dissolver-se, saía vitoriosa. Eu levava os livros para casa, relatava ao Sr. Oliveira que efeito me causaram, e o pai, indo ao balcão, quitava o débito no fim do mês. Um acordo feliz que me introduzia a um universo cujas portas iam-se escancarando à medida que eu avançava na caminhada.

29

Recordo o pai. Sua figura cresce nos últimos anos. Antes, obscurecido pela magnífica presença da mãe, que me acompanhou em todas estas décadas, até falecer aos 85 anos, ele ressurge agora exigindo que eu lhe dê espaço público, fale dele, justifique sua paternidade.

Assim, vejo-o na esquina da rua Almirante Barroso com a avenida Rio Branco, encostado no poste de luz, já tarde da noite, a ler, enquanto aguardava a filha que assistia à ópera no Teatro Municipal. Uma filha ávida, talvez mimada, e que, em vez de ir ao seu encontro após o término do espetáculo, corria para os bastidores, na ânsia de encontrar os artistas favoritos nos seus camarins, para lhes pedir autógrafos, conversar com eles, fazer-lhes perguntas, ingressar com rara intensidade no território das emoções arrebatadas, da inquietação da carne.

Ia alegre ao encontro do pai. Jamais temera que ele pudesse aparar as asas da sua fantasia e lhe fizesse ver que abusara da sua gentileza, deixando-o à espera por tanto tempo. Em troca, a filha contava-lhe parte do que vivera nas horas recentes, aquelas experiências capazes de ganhar a sua tradução verbal. Ele, porém, antes de ela dar início a uma narrativa que ameaçava prolongar-se até Botafogo e, posteriormente, ao Leblon, bairro para onde haviam se mudado instados pela mãe que sonhava com uma casa grande, o pai dizia, ainda com os óculos no rosto e o livro aberto, se gostara do espetáculo. A pergunta justificando-se como se estivesse a indagar se pudera ele assegurar-lhe a felicidade. Se ela fora feliz naquelas horas vividas no Teatro Municipal, intuindo, com sua percepção paterna, que talvez bastassem escassos minutos para a filha ampliar o seu repertório de sensações inesquecíveis. Para injetar nela emoção e fogo.

Pressentia as mudanças que a filha sofria. O corpo, em ebulição, antecipava a futura mulher. Sem falar na voragem da imaginação que ousava e transgredia, estimulava-a a pular a janela do quarto, a deixar a casa para trás. A embrenhar-se pelo campo e a urbe, ambos atraentes e traiçoeiros, a ir ao encontro de uma geografia afeita à alma conturbada.

Os sinais detectados permitiam ao pai avaliar o peso do universo na sua formação. Saber que em breve lhe caberia renunciar ao poder pátrio em prol da filha que via crescer frondosa e desafiante.

Habituara-se à cantilena da menina, que lhe repetia:

— Quando crescer, pai, vou ser escritora.

Nunca indagou com que propósito a filha defendia um ofício cuja trama desconhecia. Mesmo assim, proclamava aos amigos e patrícios seus do clube espanhol, de que era diretor, que a filha, iniciante nas manhas da escritura, era uma escritora em potencial. E animava-se, ao emitir um juízo de valor tão temerário.

Eu insistia com o pai, colado ao balcão do hotel, que ao preencher a ficha de hóspede destacasse minha condição de escritora, a despeito da tenra idade. O pai hesitou, a filha não fazia jus ao título. Ao mesmo tempo, sentiu-se responsável pela precocidade da filha. Fez-lhe, então, a vontade em nome do amor que lhe tinha. Um afeto especialmente surpreendente porque, ao lhe ser comunicado da iminente paternidade, cobrou da mãe um filho homem. Não aceitando a hipótese de lhes nascer uma menina. Uma tal obsessão pelo varão que prometeu à mãe, como se fora ela a única responsável pelo sexo do filho na barriga, um anel com pequeno brilhante, caso se confirmasse o menino.

A mãe quis saber a razão da insistência, até ele admitir que aspirava a ter um filho famoso. Um desejo que só um varão poderia atender. A menina, destinada ao lar, não daria realce ao sobrenome paterno.

— E se for menina, o que ganho? — contra-atacou a mãe.

Ao nascer a menina, vencida a desilusão inicial, enamorou-se de tal forma pela filha que presenteou a mãe com o anel inicialmente proposto para o filho varão, e que levo às vezes no dedo. E quando ia à rua, até mesmo à esquina, só ele levava a criança no colo. Pouco lhe importando que ela vomitasse em seus ternos.

Ao sairmos juntos, à aproximação de um conhecido, retirava do bolso os recortes com textos da filha adolescente, publicados nos jornais da colônia espanhola. E ainda que lhe pedisse contenção, de nada valia. Afinal, a filha era o seu talismã, o melhor da sua vida.

Enfatizava, ao mostrar os recortes:

— Ainda será uma grande escritora.

Eu crescia com a sensação de estar em débito com ele. Havia que compensá-lo, oferecer-lhe um futuro. Mas, apesar de sua ênfase exagerada envergonhar-me, sua fé ajudou-me a crer na pujança da minha vocação. A tornar-me uma escritora apta a viver a aventura nascida da palavra, da arte de inventar histórias. E que, mediante tal convicção, subiria montanhas, ancoraria em algum porto na presunção de que um estranho, em qualquer parte do mundo, estaria decidido a acolher minhas histórias.

Atraída pelas peripécias vividas na tela ou nas páginas literárias, empolgavam-me os heróis que salvavam os indefesos. Cavalgava com eles pela planície, levando comigo a montaria, a sela, o cobertor, a faca, escassos pertences. O farnel constituído de carne-seca, farinha, bule para o café. A despeito, porém, das adversidades, eu vislumbrava a felicidade de ser dona do meu fado.

O pai jamais argumentou ser a mulher talhada para a obediência conjugal, devendo resignar-se à vida do lar. Ou mencionou os obstáculos que encontraria no percurso de uma carreira. Só com os anos me dando conta de que não se era mulher impunemente. E que, a fim de ser bem-sucedida em um ofício, havia que refutar rótulos daninhos, desacatar os modelos tradicionais.

Certa tarde, ao fazer-lhe um pedido inocente, a reação do pai foi desproporcional ao que lhe fora solicitado. Inquietou-se, parecia olhar-me como se percebera apenas naquele momento haver a filha herdado o seu temperamento apaixonado, a atração sentida pelo próximo. Tentei esmiuçar o que passava em seu coração, mas falhei em interpretar os sinais simbólicos que ele tentava fixar à entrada do meu corpo com o empenho de protegê-lo.

Talvez tenha compreendido ser tarde para controlar-me. Aquela filha que, atraída pelo desejo que misteriosamente ocupa o corpo, cruzara a fronteira que nos leva para o lado secreto da vida. Uma ação a partir da qual o pai não seria capaz de alterar o rumo dos acontecimentos, impor uma disciplina que postergasse a revelação do sexo.

Uma faixa sombria ocupou-lhe a face. Mas, como ajudá-lo em troca do sacrifício das minhas venturas terrenas? Às vezes, em meio a estas evocações mal rastreadas, pergunto-me se terei cumprido, após tantos anos, as metas sonhadas por ele. Se o pai aprovaria a obstinação com que preservei a minha vida e a literatura. A ponto de cunhar a frase que me prevenia contra a benevolência do amor, a vocação extrativa da amizade, a repressão dos dias, a vertigem da ilusão, o sorriso que exalta, mas é tirânico: todos os dias alguém me bate à porta, convocando-me a desistir, e tenho que dizer não mil vezes.

A figura do pai, morto em 1958, surge quando menos espero. É um fantasma ativo que restauro através de memórias fragmentadas, de realidades vencidas. Olho-o e constato que não envelheceu. Em contraste com seu semblante jovem, meus rictos e rugas destacam-se, sou mais velha que ele. Mas apraz-me mantê-lo intacto, preservado da morte. Este é o pai que se funde às minhas lembranças. Ao trazê-lo à cena, no entanto, lamento não tê-lo tido ao meu lado em cerimônias nas quais seu sobrenome foi condignamente mencionado. Os meus modestos ganhos, credito à mãe e a ele.

Por longo tempo descuidei-me de sua memória. Como se me conviesse esquecê-lo, de tanto que me doera a sua morte. Quando fui obrigada, sozinha, a substituí-lo em tantos afazeres, a cuidar dos papéis, das finanças, dos detalhes cotidianos, enquanto aprendia a ser escritora. Em especial nos primeiros anos, empenhada em cuidar da mãe, inconformada com a sua morte.

Agora, o pai reaparece. Atlético e misterioso, cobre-me outra vez de amor, atento às gentilezas que constituíam doutrina. Com que gosto repartia afagos e benesses entre os amigos, um legado com valor moral.

Ao meu lado, agora, ele me interroga. Apraz-lhe saber se me terá ajudado com a escrita. Se eu intuíra, em certo domingo, que ele, da região onde estava, esboçara o gesto inútil de mandar-me rosas vermelhas. As mesmas que enviava aos domingos, a partir dos meus 15 anos, quando já morávamos no Leblon, na casa que a mãe e tia Maíta haviam construído. Um ramalhete rubro que ao me ser entregue pela primeira vez julguei não ser para mim. Além do mais, o cartão de visita, em branco, não trazia o nome do impulsivo pretendente. O autor de tal proeza galante.

Ao arrumar as flores no vaso de cristal da Fratelli Vita, bela e frustrada experiência da indústria brasileira, que tio Manolo nos presenteara, reconheci no envelope a letra do pai, de talhe firme, que identificaria de longe. Mas como não percebera antes que unicamente ele daria os primeiros passos a me ajudarem a ingressar no universo da sedução, a sofrer os efeitos da intensidade dos afetos?

Disse-lhe que sim, para ambos os casos. A escritura e as rosas, indissociáveis. E que não lhe emitira um sinal por não dispor de uma fórmula que nos aproximasse. Mas soubesse o pai que não o esquecera. E como haveria de esquivar-me das evocações que lhe restauravam o semblante, que me traziam as suas mãos de volta, estas mãos que dizem ser idênticas às minhas?

30

Também a família era feita de matéria perecível. Despedia-se dos vivos e morria como qualquer mortal. Mas eu não estava preparada para perdê-los. Ou saber para onde seguiriam após deixarem um bilhete de despedida. Nem que esparzissem em torno palavras gratas como consolo, a me convencerem de que convinha viver sem eles. Um fato consumado, só nos restando cuidar da herança, repartir os bens, dizer quem ficaria com papéis, fotos, objetos, o cheiro dos mortos abandonado nas peças de roupa outrora de sua propriedade. Mas, quem, entre primos, tios, irmãos, se habilitava a disputar tais despojos?

O avô Daniel partiu sem aviso prévio, não me preparou para a despedida. A trombeta que anunciou sua morte me desorientou com sua estridência. A dor que senti correspondeu a um pedaço meu que via partir sem saber para onde. Como ousava ele, a quem amava sem reservas, abandonar-me para sempre? Aquele homem que, além dos pais, representava a segurança, o futuro, o espírito altivo. E que me acostumara a ver desde o nascimento, como se eu dependera da sua vontade prepotente para vir ao mundo.

Ele fazia questão de buscar-me em casa, primeiro em Copacabana, depois em Botafogo, para passear com ele e a avó. Mesmo sem pretexto imediato, cumpria a rota do afeto, queria ver como eu crescia, se me afinava com ele.

Agradava-lhe passear pela cidade, sem roteiro fixo. Às vezes, íamos em direção à rodovia Rio-São Paulo, para passar algumas horas no Monumento Rodoviário erigido no quilômetro 73, perto da serra das Araras, de cujo promontório, após a subida íngreme no carro Mercury, dirigido pelo Sr. Tavares, apreciava-se a paisagem que, conquanto carioca, estendia-se além do Rio de Janeiro, para alcançar o estado de São Paulo.

Neste horizonte, o avô fixava longamente o olhar, enfeitiçado talvez por uma memória que não compartia com os presentes, e que, por doer-lhe, fazia-o refugiar-se no restaurante do primeiro andar, administrado por um espanhol e pertencente ao monumento tido como referência da região. E, enquanto tomava um chope, ou sorvia o chá com o doce *palmier* ou mil-folhas, esta mesma memória, de que fugira havia pouco, devolvia-lhe naquele instante brasileiro um pedaço da Cotobade que abandonara menino. Ainda que, em companhia da mulher, Amada, e da neta, parecesse liberto de tensões, senhor da soberania dos sentimentos intangíveis.

Em dezembro, em geral nos domingos, em seguida ao Natal, ou em qualquer outra data do ano, convocava-nos para a viagem de bonde até o Silvestre, no final de Santa Teresa, que o encantava. O cheiro, advindo da mata, quase floresta, restaurava-lhe as forças, e ríamos todos, levados pela leveza do afeto e da vida. Éramos inseparáveis, e estes laços, em breve, se dissolveriam para sempre.

Também seguíamos freqüentemente em direção ao Joá, parecendo estarmos de férias, quase esquecidos da realidade que o avô talvez desejasse apagar após tantos anos de trabalho e sacrifício, de um tempo que só ele saberia inventariar. Sentados os três na varanda do bar, localizado na esquina da curva que seguia para a Barra, na antiga estrada, vislumbrávamos a imensidão do mar que os avós trilharam na vinda para o Brasil. Cada um de nós expondo, naqueles encontros, o seu próprio estilo de sonhar, de equilibrar a chávena do chá entre os dedos. Tardes aquelas em que eu recebia pequenas lições de civilidade.

Não recordo a data em que o avô foi levado com intensas dores para a Beneficência Portuguesa. A diabete, avançada, ameaçava-lhe a perna, que os médicos queriam amputar. Uma mutilação que o remeteria ao passado, quando, muito jovem, perdera dois dedos da mão na máquina de serrar.

No corredor do hospital, reunidos em silêncio, os gritos lancinantes de dor, vindos do quarto do avô, golpeavam-nos, faziam-me cambalear. Eram dores tão intensas que o avô, em estado de fúria, a desafiar o que lhe restava de vida, exigiu um machado para ele mesmo abater a perna e livrar-se do sofrimento. Seu corpo, porém, falhou antes da amputação, a notícia da morte sendo-nos dada tarde da noite.

Nunca soube quem lhe segurou a mão no instante final, ou quem lhe vestiu o último traje. Lembro-me de que, menina ainda, fui ao enterro, reverenciar os rituais da despedida. Porque a morte não pode ser vista com simplicidade, limitando-se apenas a dar, a quem parte, um caixão decente, coberto de flores, e um velório. No caso do avô, havia que levá-lo com honra à cova rasa, tratá-lo como um herói. Um título que mereceu por nos ter deixado uma história inesquecível, a que sucedemos com nossa volúpia de viver.

O velório do avô foi na capela do cemitério São João Batista e atraiu amigos e coroas de flores. Após a prédica do sacerdote, que o avô teria censurado, seguimos, contritos, para o jazigo que ele próprio comprara para a família em uma aléia próxima ao portão da entrada principal, e que estreava para saber se, afinal, era o lugar adequado para a sua família.

Antes de cerrarem o ataúde, confirmei meu amor por ele. Prometi amá-lo para sempre, guardar a lembrança de seus olhos azuis a irradiarem força, ternura, indignação, agora cerrados, sem vida. Tenho deles uma lembrança tão intensa que ainda hoje busco, nos olhos azuis alheios, o azul do avô que tanto me faz falta.

Ah, todos amávamos Daniel, o chefe da matilha que amava a família, as pompas da vida.

31

Lia, com igual paixão, a Bíblia, Zevaco, Karl May, Dumas, Lobato, e *Romeu e Julieta*, de Shakespeare, deslumbrantes mentirosos. Nivelava-os como se constituíssem um único narrador com vozes diversas e altissonantes.

Ah, a Place des Vosges, de que falo tanto, amei-a antes de conhecê-la, de visitar Paris. No seu território, os intrépidos mosqueteiros do rei enfrentavam os verdugos do cardeal Richelieu com o propósito, entre outros, de depositarem aos pés ingênuos da rainha francesa o colar que lhe restituía a honra.

Atraía-me o supérfluo, que não se opunha necessariamente ao essencial. O que me viesse às mãos, fazendo-me crescer. A vida era o fermento de que eu carecia. A casa era toda minha para os livros empilhados segundo o ritmo voraz da leitura. Os livros, porém, dançavam, itinerantes, não tinham lugar fixo na prateleira. Ao devolvê-los ao lugar de origem, errava deliberadamente com o intuito de oferecer-lhes um novo vizinho, que podia ser o próprio Dumas. Enquanto sofria por vê-los partir, acomodados entre outras lombadas, temendo haver perdido para sempre as histórias encerradas em suas páginas.

Pois como confiar na memória, na capacidade de restaurar com fidelidade os enredos que saíram da pena alheia e de um papel que não era meu?

O mundo parecia-me encantatório e agigantava-se quando narrado pelos seres que, intitulados de escritores, invadiam as coisas inanimadas, a cama, a comida, grudavam-se às paredes dos casebres e dos palácios. Uma sucessão de narradores que, conquanto derrotados pela fadiga da escritura, pela batalha estética e pela própria morte, gradativamente iam sendo substituídos por outros com igual fervor e destino de narrar. Todos eles, porém, ao me fazerem crer na vida, transmitiam-me a noção básica de que convinha exceder-se a fim de concretizar o enlace humano, o difícil e desejado casamento entre o real e o imaginário, o céu e a terra.

A vida não era o que eu via e deixava-se tocar, o que me ensinavam. Seu arcabouço, ainda que incompleto, ultrapassava o meu saber, ia além do previsto, do alcançável a olho nu, ao simples tato, ao enlevo da imaginação. Mas a esperança, que também provinha do desconhecimento, reabilitava o meu amanhecer.

Desde cedo, a revelação do meu mundo passava pelo filtro dos heróis, como Nyoka que, sendo mulher, chamava-me a atenção. Como pudera surgir, em termos lendários, e sob o peso de tantos preconceitos, uma jovem tão libertária e destemida quanto ela na tela do cinema Ipanema, que eu freqüentava? Sem a mãe estranhar que Nyoka, cujo padrão de conduta opunha-se às regras então vigentes para as mulheres, pudesse dar solução a problemas de vida e morte.

Mas graças a tal variedade de personagens, alguns destituídos de sutileza, eu percorria a terra da ficção, aquelas regiões que, inicialmente insalubres, tornavam-se, no transcurso da história, um paraíso. A ponto de desfilarem à minha frente heróis clássicos, sob o amparo de uma épica inconteste, e personagens produzidos pela especulação recente de alguns narradores. Muitos viviam na selva africana, no prado americano, nas praças de Paris, nas florestas, albergados sob a Ponte do Suspiro, após terem sido proscritos pelos doges.

Chamada para o almoço, sofria em desprender-me das fantasias ficcionais. O retorno à periferia do cotidiano, representada pela casa, significava prescindir das peripécias que me tornavam uma menina incomum. Mas, logo que a mãe me liberava, voltava às pressas para as páginas delirantes dos livros. Eram eles que me permitiam dispor de vidas adicionais. Porque meu lugar fora sempre ao lado dos personagens que os autores criaram e eu endossei.

A realidade também me divertia. Gostava da escola, das colegas, dos vizinhos. De volta a casa, entregava-me à mãe. Confiava que me receberia de novo no mundo chefiado pelo seu talento. Era ela quem poria em ordem o meu caos interior. Tinha o dom de seduzir-me, de oferecer-me amor, gentileza, humor, além da comida bem temperada. Comer bem tornara-se uma pauta essencial. O gosto pela mesa, que devia ao avô, marcara-me, aprendera a combinar o paladar da vida e do pão.

A mãe se excedia no trato da casa. Diligenciava-se em deixar a marca da sua índole nos objetos trazidos de fora com o intuito de embelezar o lar. E protegia-me, agarrava-me pela mão. A vida encarregara-a de salvar-me, mesmo sem perigo à vista. Ultimamente impulsionava-me em ser escritora, ofício que cobrava sacrifícios. Mas não hesitou, anos depois, em pedir-me cautela, não havia que aceitar funções incompatíveis com a criação. E defendia-me ainda das injustiças literárias que julgava eu sofrer.

Na véspera de morrer, roçando-me a mão com delicado pudor, deixou-me como legado a confissão de eu lhe haver dado, como filha e escritora, mais que sonhara. Tais palavras significando que não me queria de luto após a sua partida, antes um carvalho que tarda em tombar ao chão.

Cerrei-lhe os olhos. A lição de sua vida não se esgotara. Estava em mim prosseguir consultando as páginas do seu coração, que se aprimorara com os augustos anos. E amá-la sempre.

32

Não fui estudante aplicada. Desdenhava as aulas enfadonhas e os livros didáticos. Eles nada me podiam acrescentar uma vez que havia muito mergulhara no mundo de Balzac, Dostoievski, desbravadores de um real intenso e sem limites. Para onde fosse, eu os levava comigo. Precoce na leitura, contava com a benevolência dos pais que, confiando nos meus critérios, permitiam-me desfrutar de certa licenciosidade literária.

Madre Elmara, mestra da classe, título que respondia pelo andamento da turma, zelava pelo seu rebanho. De cada aluna cobrava eficiência, honorabilidade e bom comportamento. Virtudes recompensadas com a distribuição da medalha com a efígie de São Bento que se levava no pescoço, à guisa de colar, como parte do uniforme. A mesma medalha, ao ser retirada das alunas recalcitrantes, ganhava um caráter punitivo.

Lembro-me de que, ao perder a medalha no primeiro ano do primário, justifiquei em casa o fracasso escolar por desrespeito à convenção do silêncio que proibia falar na sala de aula. Mas que os pais ficassem despreocupados, a punição não afetaria minhas notas. E arrematei dizendo: além do mais, não sou cachorro para levar coleira no pescoço.

Madre Elmara protegia-me. Desde o início intuíra que eu seria para ela uma Hermes encarregada pelo destino de levar-lhe notícias alojadas fora dos portões da escola. Porque até a porta de saída, e dentro dos recintos do colégio, ela era senhora. A partir dos muros, já na calçada da rua Dezenove de Fevereiro, em Botafogo, a investigação do mundo pertencia-me, cabia-me capitalizar os detalhes que mereciam ser levados à sua presença na manhã seguinte.

Tal responsabilidade impunha-me improvisação. Havia que lidar com enredos, engrossá-los com ingredientes fecundos, visando a seduzir a religiosa, e ainda manter o seu interesse pela minha narrativa. Não queria perder aquela ouvinte, que se visse ela obrigada a substituir-me por outra aluna mais capaz que eu.

À saída do Teatro Municipal, de freqüência semanal, o dever me vergava. Além de responder pelos próprios critérios estéticos, caso fora capaz de fazer a avaliação correta do espetáculo, devia acumular informações e apresentá-las a madre Elmara, ajudá-la, enfim, a forjar seu espírito.

Ela ouvia-me com atenção. Talvez exagerasse ao expressar o seu apreço pelo meu esforço, em pagar-me os serviços que lhe prestava. Mas, enquanto eu lhe falava, parecia distinguir qual parte da matéria cênica era de minha lavra, e qual transcrevia fielmente a representação a que eu acabara de assistir no Teatro Municipal.

O intercâmbio de experiências, em torno do universo da ilusão, enriquecia o diálogo. Em compensação, eu a forçava a abordar os gregos, em que era especialista, e que tanto me ajudara a amar.

Ao demonstrar-me seu afeto, esperava que eu correspondesse às expectativas intelectuais que tinha em mim. Confiante que minha imaginação, uma vez provocada, se incendiasse. Sua mirada dizia-me que, ao estar ela proibida de visitar o mundo lá fora, o claustro tornara-se o seu cativeiro, em oposição à minha vida, que prometia ser andarilha. Já então entregue à arte, em geral, que me atraía para o seu epicentro mágico e carnal. À mercê dos artistas da ribalta, cujos gestos, fala e mirada amedrontavam-me com a turbulência da revelação e do pecado. A noção da queda vinha-me em golfadas em meio aos acordes sublimes. A força do pecado da arte golpeava-me, associava os artistas aos primeiros tremores carnais.

Havia que municiar madre Elmara com as ocorrências do Teatro Municipal. Como a visita ao Brasil da companhia de *ballet* da Ópera de Paris, cujo repertório aliava clássicos e peças modernas. Exemplo era a encenação de *Fedra*, concebida por Jean Cocteau, representada por Tamara Toumanova e Serge Lifar, deuses da dança. Sobre o palco, por meio da cenografia ostensiva, lia-se em grego PAIAPA, equivalente a Fedra.

Ao se abrirem as cortinas, Hipólito, prestes a ser abatido pela insidiosa e desesperada Fedra, escrava da paixão pelo enteado, contracena com a mulher do pai. O *ballet*, conquanto peça autônoma, entrelaçava-se na minha percepção com a peça de Racine, lida anteriormente com a ajuda de madre Elmara, que tentara me privar de aspectos da tragédia ainda impróprios para o meu entendimento.

De minha parte, também eu escondera da religiosa a volúpia emanada do casal de bailarinos, que tanto me perturbara. Incapaz de conceber, no início da adolescência, que existisse entre as criaturas sentimento tão radical e insensato como o de Fedra, que provocara a ruína de Hipólito e Teseu.

Afinal, eu tinha desejo, mas a carne ainda não me martirizara. Claro que as emoções, provindas do cotidiano e da vida teatral, me perturbavam, faziam aflorar o instinto de bicho, impunham mudanças ao corpo, ensejavam a metamorfose inovadora e desestruturada.

Às vezes, madre Elmara pressentia minha ebulição, mas eu nada lhe dizia, entre nós não havia confidências. Não lhe falei do intimidante desabrochar do corpo que me concedia, no entanto, o delicioso fruir de uma emoção indescritível, ruborizava o rosto e aquecia o mais íntimo do meu ser.

Madre Elmara aceitou as lacunas do meu discurso, que eu lhe omitisse a verdade da pele. E se acaso suspeitou do saber recém-instalado em minha carne, nunca cheguei a descobrir.

33

Acordo e, já pela manhã, o prazer do dia emana também da fala, de algum gesto imperceptível, de misteriosa combustão. O mundo, porém, ao qual pertenço, confunde-me. Ocupo espaço nele, mas não o sei definir. Felizmente, os ruídos da casa ecoam em mim. Sou uma caixa acústica que repercute Mozart e Adelino Moreira ao mesmo tempo.

Neste domingo de março, abençoada pelos sentidos, não sou morna, alguém condenado pela Bíblia. Olho pela janela os seres caminhando, apressados, pela calçada da Lagoa. Seres e bichos empenhados em não morrer.

Outrora amei algumas destas criaturas, tinham nomes que repetia na penumbra da cama. Já deixei de amá-las, e esta lacuna escalda-me, compromete minha sobrevivência. O que fazer para ampliar minha noção de grandeza?

Ao meio-dia, após o cafezinho brasileiro, o meu ser transborda e aflijo-me. Nada sério, é minha linguagem que teima em ganhar significado simbólico. A pedra não é só a pedra, a razão não é só o substituto de Deus que os europeus apregoam, e o arroz, que comerei mais tarde, com o feijão, não é só arroz.

Assim, diante de tantas incertezas simbólicas, apalpo o meu centro. É acaso neste epicentro, de carne e sangue, que se aloja a Jerusalém sonhada por David?

A beleza da paisagem que diviso da casa, a substância do eternamente novo que a cidade andrajosa me oferta são comoventes. Aliás, sua matriz substantiva está em Machado de Assis, o mulato que interpretou o Brasil melhor que qualquer outro brasileiro.

Chamam-me para eu ir à rua passear com Gravetinho, e exercite este corpo tolo que se julga imortal. Mas, se ponho os pés na calçada, automaticamente renovo minhas esperanças de encontrar estranhos, de cobrar do cotidiano seus exaltados recursos. Afinal, ninguém abandona as paredes do lar para retornar a elas de mãos abanando, vazias de fé, sem alento. Sobretudo uma mulher como eu, que transborda com facilidade. Vale confessar que sou um tanque de água que basta abrir a torneira para despejar água para quem tem sede. Em compensação, qualquer aflição detectada na estrutura doméstica repercute em mim. Ainda que estas perplexidades sejam atenuadas por uma imaginação que me educa, até me disciplina.

Recuso o passeio com Gravetinho. Não quero interromper os gritos musicais de Manolo Caracol que me deseducam, lançam-me ao deserto da vida e da morte. Enquanto indago por que as lides da casa, impostas às mulheres, devam me causar mossa? Por que este destino feminino, sempre ingrato e injusto, quer aprisionar a minha imaginação feroz?

No passado, à medida que ascendia na minha escala de exigências, temi que me faltassem recursos para seguir os impulsos da imaginação. Com o tempo, abracei a imaginação como se fora o próprio amor. Ouvi seus conselhos amigos e sensatos. Afinal, ela é o único bem capaz de estimular jovens e velhos a subverter uma realidade acanhada e repressora.

Carmen e Lino, por exemplo, lutando pela sobrevivência, temeram que os sonhos da filha, saídos da fornalha, expressassem sintomas de um coração inquieto, dedicado ao inexeqüível. O pai, porém, mais distraído que a mãe, detinha os desvarios, que não ferissem a filha e a família. Intuía que, para cada projeto cancelado pela realidade, a filha inventaria outro.

A freqüência ao Teatro Municipal à época do pai intensificava-se. A cada ida, um mundo novo se descortinava. Já não podia desistir de um encantamento que me dava razão de viver. A arte, pois, em torno dos meus 15 anos, desempenhou um papel estabilizador. Eu servia a ela com desvelo, era um pajem medieval. Não perdia espetáculos, ensaios, aulas. E, quando proibiam o acesso aos camarins após as apresentações, eu vencia as escadas interiores do teatro, destinadas aos técnicos, verdadeiros labirintos, para chegar aos artistas. Sentia-me Ariadne conduzida pelo fio que eu puxava do próprio coração.

Nos bastidores, também a atmosfera era mágica. No camarim, desprendia-se dos artistas um mistério benéfico. Afinal, eu fazia parte da romaria que aguardava as bênçãos dadas por algum beato consagrado a Deus.

A mãe resumia minha paixão com a pergunta:

— E quando vai terminar esta agonia, filha?

Sempre sorri para a mãe, querendo preservá-la dos malefícios da vida e ela fazendo o mesmo comigo. Disse-lhe que nunca. E não foi sempre assim comigo?

Nada me parecia suficiente. E, como se não bastassem os livros comprados na livraria Freitas Bastos e a proclamada vocação de escritora, correspondia-me com coreógrafos, bailarinos, críticos internacionais. E, com o intuito de facilitar minha tarefa de admiradora, mandei imprimir em inglês um cartão de visita com letras vermelhas em relevo, de gosto duvidoso, no qual solicitava retrato autografado.

A coleção crescia, assim como as respostas de Ciryl Beaumont, Arnold Haskell, Maurice Seymour, e ainda grandes cantores de ópera. Iniciativas obrigando-me a descobrir onde aqueles artistas viviam, sobretudo os que haviam se afastado da cena, como foi o caso da Amelita Galli-Curci.

Lia os mestres da arte da dança, como Noverre, decorava coreografias. Sem jamais abandonar a leitura dos grandes narradores, em especial os da segunda metade do século XIX, como Dostoievski, Balzac, Flaubert, os ingleses todos.

No Brasil, formávamos um grupo apaixonado que discutia o *ballet* nos corredores do teatro e nas casas, onde nos reuníamos mensalmente. Em meio aos sanduíches, o guaraná, debatíamos a genealogia da dança, aspectos, técnicas, mitos. Estabelecera-se entre nós uma espécie de linhagem constituída de Vera Favilla, Fernando Mello Viana, Abi Detcher. Mais tarde, incorporaram-se ao nosso panteão o talento e o empenho indômito de Dalal Achcar, que iria revolucionar a dança nacional.

Eram devaneios intensos. Apaixonados, ríamos sem motivo. Faltava-nos a visão trágica do cotidiano. A arte reconciliava-nos com a vida que parecia nos dar tanto.

Os pais cuidavam que eu fosse feliz. Por meu intermédio, ambos ganhavam alento. Amavam-me e só isto importava. Ainda que eles esperassem que tanta devoção à arte um dia se arrefecesse. Pois que tal arrebato afetava o movimento da casa, os estudos convencionais, o próprio coração da filha. Reconheciam, no entanto, que, sendo ela uma leitora voraz, estava aparelhada para as exigências do curso.

O desejo dos pais, longe de cumprir-se, estendia-se em outros campos. Entre eles a teologia que me garantia ser a vida milenar, mítica, arqueológica, com memórias que não vivi pessoalmente, mas que me pertenciam, devia reivindicá-las.

34

A adolescência trouxe febre, mas não desespero. Ou a sensação de ser nova em um mundo que me recebia de braços cerrados. Não foi um período de estragos, depredações, nem significou uma ruptura com a realidade da casa ou repulsa às revelações que iam entrando porta adentro. Constituiu simplesmente a conquista de registros cujos volume e forma iam sendo enxertados ao cotidiano, ao espelho-d'água do meu corpo alvoroçado.

A matéria do mundo, chegada às primeiras horas do dia, estimulava-me a vasculhar o cotidiano, a anotar carências, a abandonar o que era cedo para cuidar ou merecer. Perturbava-me orquestrar tantos detalhes, esquivar-me das tentações, sobretudo porque os pais testemunhavam a minha vida. A cada momento obrigada a questionar o conceito de uma independência que se sujeitava à vontade dos pais. Mas, acaso, era mister contrariar a família, fugir do lar, sem saber para onde seguir? Quando tudo que pleiteava era o acesso à chave da casa, o direito de ir e vir ao meu bel-prazer, a cercania de qualquer realidade, o cumprimento das opções essenciais do meu ser, sem provocar ruptura com a família, sem fazer os pais sofrerem.

Carmen e Lino, diante das entradas e saídas da minha particular *commedia dell'arte*, resignavam-se. Aquela filha pertencia-lhes, a despeito da intensidade dos sentimentos que ela expunha. Uma filha que não denegria a casa e nem lhes trazia conflitos a que não desse ela mesma solução. E não fora a mãe, aliás, quem me advertira de só procurá-la em caso de enfrentar uma questão a que não sabia dar solução? Havendo aprendido que convinha poupar os pais de cenas muito mais compatíveis com o drama teatral do que com a quietude doméstica?

Os sinais típicos da adolescência, ao contrário do que ouvira falar, não me assustaram. Aceitara com naturalidade os indícios do seio despontando no peito, assim como outras manifestações próprias da condição feminina, que tinham o mérito de me equiparar à mãe. Embora começasse a me ressentir que, devido a estas características, passasse a pertencer a uma categoria social julgada inferior à dos primos. Circunstâncias que me forçaram a compreender as falsas prerrogativas existentes em torno da mulher.

Os pais, porém, eram libertários no que dizia respeito ao gênero feminino. Não desmereciam os méritos da menina que tinham em casa. O projeto inicial do pai, de sonhar com um varão, se eclipsara, e alegrava-se com a paternidade. A plataforma doméstica, sobre a qual me movia, garantia-me afeto, entronizava-me. Estava livre, ao menos no lar, dos preconceitos grosseiros que pretendessem atalhar os meus projetos. Pois se os pais, que pareciam ignorar o exato significado desta condição feminina, não cobravam provas públicas de minha submissão, como comportar-me como a menina que padece de agravos e humilhações?

Assim, subia nas árvores, jogava futebol, brincava de boneca, armava tenda no quintal, dizia-me escritora, conquanto desconhecesse o significado moral e estético deste ofício, lia, durante horas, ria, divertia-me, amava a tela cinematográfica, enamorava-me dos artistas, cultuava a fantasia, enfim, tinha a humanidade exposta, indiferente às vaias e aos aplausos.

Os pais não me diriam o que outras meninas ouviam dos pais, quanto à necessidade de manterem as pernas permanentemente cruzadas em lugares públicos, de modo a evitar que o cúpido olhar masculino se fixasse nas partes recônditas da mulher, abrigadas entre as coxas, como se elas fossem o próprio tesouro da ilha perdida do inglês Stevenson.

E nem lhes ocorreria criticar atitudes minhas a pretexto de eu estar ferindo de morte a moral espanhola, mais severa que a brasileira. O pai já teria observado que a filha, parecida a ele em tantos aspectos, precocemente cancelara o acesso alheio ao seu ser íntimo, mesmo tratando-se da família. E adotara, como hábito, evitar comentários sobre seus acertos e malogros, com isto lutando por conservar o dom da inviolabilidade.

Eu ia compreendendo que era possível identificar-se com o próprio eu através de um enredo com traços novelescos, no qual se fundem fantasia e realidade. Assim, começara a me narrar, a narrar certa história para mim mesma. Ainda que, por amor aos pais, cuidasse para que estes avanços narrativos, em direção ao meu centro, não rompessem os nexos familiares, não ferissem a tradição de que eu provinha. A propósito do que fosse, eu seguia sendo filha daquela grei. Não deixara de comer feijão, bacalhau, polvo, e tudo que dizia respeito à origem. Para onde me dirigisse, arrastava simbolicamente o álbum familiar, a memória, os hábitos, os valores, os livros, a literatura, a curiosidade. Sempre indagando de que pátria real ou imaginária procedera o avô Daniel. Ele e seu persistente hábito de fincar a metade de um palito na extremidade do charuto e molhá-lo no *cognac*, enquanto extraía generosas baforadas.

Aquele avô, cuja foto, exposta sobre a mesa da sala de visitas, entre outros pertences, emociona-me. Em seu rosto estampa-se a coragem de insurgir-se contra quem lhe ferisse a dignidade. Forte presença a confirmar que, antes de qualquer proclamada modernidade, a neta devia submeter-se à tradição. Uma adesão incondicional à comida, aos hábitos, aos sentimentos caseiros que ainda hoje me comovem e comprometem a minha arte.

Sou parte deste povo cujo sobrenome levo nos papéis e no coração. Vindos eles de longe, inventaram uma certa existência que lhes aguçara o paladar, a memória, a melancolia, as emoções.

Estes velhos da família, outrora jovens e valentes, encarnaram sempre um padrão que dizia respeito ao nosso transcurso civilizador. E eu os reverencio.

35

Já no colégio Santo Amaro, graças às madres beneditinas, intensifiquei a leitura dos livros sagrados. A Bíblia entretinha-me, embora sua eloqüência me assustasse. Mas a mania de ler a Bíblia levou-me a desconfiar de David, filho dileto de Jeová. A estranhar a freqüência com que ele insinua inocência em qualquer dos casos em que esteve envolvido. Como esgrimia palavras e atos, rigorosamente convencido de seduzir a Deus com sua alma pastoril. Uma compreensão que o eximia de culpas futuras.

Madre Elmara e eu passeávamos pelo jardim do colégio onde havia uma fonte cuja água cobria-se de plantas aquáticas. A mesma fonte que me atraiu quando, recém-chegada à classe, no primeiro ano do curso, convidei as colegas, mais crédulas que eu, a arrebentarem com os dedos os brotos das plantas, e assim provar-lhes que os bebês, mediante estranho acordo com a natureza, nasciam das plantas aquáticas.

Madre Elmara reprovava as críticas a David. Como censurar um rei de cuja linhagem Maria e Jesus sairiam séculos mais tarde? E que, em concordância com a noção que guardava da história, agia com notável imponência. Foi com tal espírito que ele apresentou aos líderes das doze tribos de Israel o projeto da construção do templo, a ser erguido em Jerusalém, com o intuito de enaltecer a Deus e agradecer as graças recebidas. E, empenhado em convencer a liderança religiosa assustada com os gastos, o rei exigiu o cumprimento da vontade do Senhor, pois o próprio Jeová concebera a arquitetura do templo, adornando-o com toda sorte de maravilhas. Um santuário mediante o qual Jeová, o primeiro deus da estirpe monoteísta, e profundo conhecedor da fragilidade humana, viria a ser adorado pelos carentes de seus favores.

Admiradora das virtudes de David, madre Elmara reagia como se estivesse de visita ao palácio, ouvindo David a dedilhar a harpa. Aquele rei que, na defesa de uma causa, não hesitava em demonstrar ao seu povo a intimidade que mantinha com o deus judaico. Sendo dele tão próximo que o podia convidar a participar de seus banquetes se não o soubesse atarefado com os assuntos humanos.

Embora de espírito temente a Deus, David, ao defender um pleito, não escondia a contrariedade. Afinal, era mister que considerassem sua palavra como a de rei e testemunha da vontade divina. Argüiu fortemente contra os opositores do faustoso projeto apresentado. Como haviam os filhos de Israel se esquecido de que Deus, além de perdoar-lhes as faltas, de condoer-se com a miséria humana, de assegurar grandeza às tribos de Israel, prometera-lhes até a face visível do paraíso?

Inexperiente nas questões do Antigo Testamento, eu não podia competir com a religiosa. Mas fiz-lhe ver, e em voz moderada, como David, nas entrelinhas, em qualquer dos episódios que lhe diziam respeito, envolvia a todos com seu halo de sedutor e estrategista. Assim, ao confessar-se favorito de Jeová, que lhe perdoara seguidas faltas, esperava encômios de seus súditos, que lhe pedissem para tocar a harpa, como o fizera no passado para o rei Saul, de quem mais tarde roubaria o cetro, embora tivesse chorado copiosamente pela morte de seu amado Jônatas, filho do rei. E que os seus súditos, ao ouvi-lo dedilhar a harpa, agissem como Deus que, ao lhe emprestar as próprias falanges, estabelecera, por meio deste instrumento bíblico, a interlocução perfeita com o humano.

Ao passearmos pelo jardim, ambas parecíamos concordar que a vaidade do rei com os anos se excedera. Esquecido do volume dos próprios pecados, ele induzia Deus a fazer o mesmo. Por acreditar talvez, enquanto se aturdia nos corredores do seu palácio, que a magnitude do pecado roubava de Deus a visão crítica, a capacidade, portanto, de punir. Em especial quando o pecador era objeto do amor de Jeová, como era o caso de David.

O rei, porém, sujeito à realidade do seu poder e da família, ia-se confrontando com a imaginação de Deus que superava sua luxúria e seus lamentos. A imaginação divina que, afinal, o pune, ao consentir que o filho Absalão, após estuprar a própria irmã, traia o pai. Mas de que outro modo haveria Deus de chamar-lhe a atenção, de avaliar as ações humanas?

Madre Elmara fornecia-me sugestões para as próximas leituras. Mas, exaurida com a crueldade bíblica, eu preferi distanciar-me dos profetas Jeremias, Ezequiel, do próprio João Batista. Na lista incluindo David que persistia na defesa de seus pecados, conquanto vigiado por Natan. O profeta havia-lhe condenado o adultério cometido com Betsabé, mulher de Urias, seu general, a quem enviara para morrer na frente de batalha, e de quem lhe nasce Salomão.

A despeito de seus erros, David tinha a astúcia de pecar e amar a Deus ao mesmo tempo, sem por isso ser forçado a pedir-lhe perdão ou privar-se de sua companhia. Como se houvesse entre Jeová e o rei o tácito acordo mediante o qual seus atos, relatados no livro de Samuel, o vidente, não seriam tidos como crime. Um entendimento graças ao qual Jeová ganhou o templo que Salomão, filho do pecado, construiu mais tarde, em sua honra, na mítica Jerusalém.

Madre Elmara entendeu a trégua proposta. Deu-me a ler *Fedra*, cujo drama me arrastou para o epicentro das incertezas.

36

Em certas manhãs, tinha preguiça. Ficara lendo no banheiro até de madrugada, às escondidas da mãe. Pedia-lhe que me deixasse ficar em casa. Desfrutaria mais do meu universo encerrada no quarto que na sala de aula, a olhar o quadro-negro, fingindo estar atenta ao que a professora falava. Mas, de verdade, eu rememorava, em detalhes, as páginas lidas no dia anterior, que haviam deixado em suspenso a vida dos personagens.

Às vezes, no remanso do dia, o corpo surpreendia-me com inesperada turbulência, agindo sem considerar a minha vontade. Não podia entender como um corpo, desenhado, até então, para ser mero partícipe das aventuras heróicas dos livros que lia, com seus personagens abrasivos, propensos a se apaixonarem, dera agora para se inquietar ao olhar os artistas do palco, ou simples estranhos, provocando-me um desejo perturbador. Acaso estes apelos traduziam a reclamação incontinente dos sentidos?

A mãe não cedia ao pedido de fazer gazeta. Limitava-se a me ajudar com a maleta e o uniforme, que não variara naqueles anos. Eu obedecia, seguindo para a escola contente, com a expectativa de ter naquele dia, como merenda, o sanduíche de ovo frito.

A verdade é que tinha prazer em viver, embora me confundisse a ambigüidade que intuía existir no cotidiano. Começara a precaver-me contra as práticas que enegreciam o coração humano. Os mistérios que roçavam o mal, determinantes para a prevalência da crueldade. Acaso eu não sofrera, em torno dos 13 anos, com a fúria de Raskolnikoff que matara a velha avarenta para experimentar o gosto de aniquilar a obra de Deus? E não fora Dostoievski responsável pelo que seria a gênese formal da minha consciência, ensinando-me, com seu romance, o peso do pecado a partir do crime sem justificativa?

Conquanto amasse a literatura, percebia que nem todas as ações humanas cabiam dentro do registro literário. Ao mesmo tempo observava que nem os proclamas do amor, ingênuos e genuínos, poderiam esclarecer, fora da arte, a precariedade humana. E isto porque, sem os recursos desta mesma arte, as palavras que cantamos, ou pronunciamos, facilmente perdem densidade.

Ia aos poucos superando a etapa inconseqüente das peripécias narrativas, ainda que seguisse atraída pelos deliciosos personagens infantis que alegraram os meus dias. A maturidade posterior tampouco me despojou da emocionante sensação que as aventuras ainda hoje me suscitam, atuando em mim como uma carta de alforria.

Afetada, porém, por um desejo que permeava simultaneamente o verbo e a carne, desenvolvia intensos devaneios narrativos no início da adolescência. Imaginava-me seqüestrada por um desconhecido que, sob a inspiração do rapto das sabinas, arrombava a porta da casa e, acatando meu pedido, levava-me a viver no deserto em uma tenda móvel, utilizando o camelo para superar a distância entre um oásis e outro. E não fora Rodolfo Valentino, da geração da mãe, quem me retirava do coxim, ao qual estivera atada com lençóis de seda, ou Tyrone Power, galã da minha adolescência? Não se tratava de um rosto reconhecível, que cumpria à risca esta tarefa, ou um bando a vociferar perante minha sorte. Os devaneios, que me perturbavam na casa e na escola, não sendo reducionistas, expandiam-se, proclamavam que a vida, tendo primazia, era ela que me devia seqüestrar, retirar-me do conforto da casa, a fim de não voltar a dormir uma segunda noite debaixo do mesmo teto.

Ao desejar ser, às vezes, um Simbad marinheiro, em vez da mulher condenada ao degredo do lar, eu simplesmente determinava o grau da minha intensidade interior. Passava a vigiar os estranhos com intenção de traçar-me um destino contrário aos meus interesses. Não suportava que me domassem mesmo com o chicote do amor. Ou me impusessem uma lista de falsas proezas, a pretexto de enfeitar e domesticar minha biografia oficial.

A vida, amontoado de enigmas, encarregara-me de concretizar, simbolicamente, sob as bênçãos de Júlio Verne, a viagem ao centro da Terra e ali encontrar refrigério. E, caso me enganasse com miríades de ilusões, tinha a vida inteira para corrigir. Afinal, ambicionava recolher frases, lendas, soçobrar em meio aos sargaços do coração. O resto era desvendar os segredos da existência.

Com os anos, embora o mundo em conflito também me atingisse, vivia o sortilégio dos afetos sólidos, com nome e rosto. Apaixonada, cedia corpo e desejo ao objeto do amor. Também conhecia os que me creditavam pedaços de sua história para eu narrar, a fim de ser um dia a escritora capaz de sondar sentimentos inquietantes.

Obstinava-me com o movimento sísmico da paixão, dos desacertos, dos disparates que regem as relações humanas. No afã de esclarecer meu ser, tudo se tornava uma questão moral. Mas, para emitir no futuro um juízo de valor, carecia viver mais, apreender a secreta lição da vida. Mas, ainda era cedo.

37

Minha mãe freqüentava a igreja de Santa Mônica, à época em que vivíamos no Leblon. Anos depois, por motivo que ignoro, deixou de freqüentar esta igreja, ou qualquer outra. Fez o caminho inverso de Amada, sua mãe, que, até o final, manteve-se fiel à missa a que assistia diariamente. Até certa sexta-feira quando, após o almoço, na nossa casa de Botafogo, seguiu para a igreja de Santo Inácio a fim de participar das celebrações da Semana Santa, e, à saída, enfeitiçada talvez pelo vigor da sua fé, não percebeu o veículo vindo em sua direção e que a atropelou.

A matriarca, ao ser levada para o hospital, mobilizou a família. Sobretudo o avô Daniel que, desesperado, dizia não poder viver sem a esposa, não querendo deixá-la no quarto sem ele. A ponto de uma tia, conquanto sofrida, temer o futuro, desejando que Deus fizesse o favor de levar o pai primeiro que a mãe.

Minha mãe amava Mônica, mais que ao filho, Agostinho. Talvez porque, sendo ele santo, distanciava-se dos interesses humanos. Pois que aos santos convém tratá-los com deferência, guardar distância do altar onde suas figuras descansam sobre o pedestal, como as pombas pousavam no pombal da casa da madrinha da mãe, Vó Mirinda, cujo marido, José, e ela mesma amaram tanto a minha mãe que pediram a Daniel, por misericórdia, após haverem perdido a única filha pequena tida, que deixassem Carmen, também pequena e afilhada, a viver com eles por algum tempo. E porque Daniel, afinal, lhes cedera a filha sob a promessa de ser por curto período de tempo, que afinal se prolongou por alguns anos, a mãe, Carmen, embora amasse os padrinhos e lhes agradecesse a devoção até o final das vidas deles, a ponto de Vó Mirinda viver e morrer conosco em seus últimos anos, jamais perdoou ao pai uma decisão tomada sem consultá-la. Mágoas difíceis de apagar, que nem sempre o tempo cura.

A mãe admirava o empenho de Mônica em corroer a luxúria do filho, recriminada por ela. E, para fazê-lo um dia santo e sábio, esta mãe devotada aprimorava as próprias virtudes para Agostinho tomá-la como exemplo. Tornou-se tão pia que sua morte criou severo constrangimento para a Igreja. Pois não se sabia onde encaminhá-la no plano celeste, uma vez que, sendo mulher, o céu não lhe era facultado. O mesmo céu que zelosamente guardava assento para o seu filho, quando de sua morte.

No entanto, ninguém fizera tanto pela Igreja naquele período inicial do cristianismo quanto Mônica. Era injusto que não a compensassem com a santidade, com o reconhecimento de seus méritos. Um absurdo que se agravava na medida em que outros cristãos, de piedade duvidosa, pleiteavam à vista de todos, antes mesmo de morrerem, uma futura entronização. Sem o valor de proclamarem, como o fizera Agostinho, amado filho de Mônica, às vésperas de alterar sua vida e da mãe: fazei-me puro, Senhor, mas não já.

Afinal, Mônica venceu sua pugna religiosa. É santa da Igreja e mãe de Agostinho. E o que seria de Roma sem a iluminada cabeça do Bispo de Hipona?

38

Falo demais da família. Excedo-me em seus méritos. Talvez exagere para me convencer de que eram como eu os desenho. Mas não importa. Aceito seus eventuais defeitos, fragilidades, a substância que confirma através deles quem sou.

Afinal, sou oriunda deste sangue que não sei como começou. Por onde esta gente terá andado para eu ser como sou? Até se reunirem no Brasil, precisamente no Rio de Janeiro, cidade a que estou atrelada para sempre.

Estes familiares refletem a minha história. Detecto em mim traços vindos de tia Celina, Tiazinha, e de lá sei quem mais. O sangue é um fardo e rivaliza-se com a memória, também narra. E, conquanto quase todos os parentes estejam mortos, cada qual me transferiu, ao longo da minha evolução, pedaços significativos de seus enredos. Estou certa de que só mediante seus testemunhos relaciono-me com a família humana.

Eles foram os primeiros modelos com os quais exercitei a imaginação, confrontei experiências, desacordos, surpreendi comportamentos ambíguos. Ao convocarem minha presença na sala ou no quintal, ainda que sem motivo, apenas pelo hábito de dizer o meu nome, sempre os atendi. Abandonava qualquer folguedo em troca de suas histórias. Queria ouvi-los, aspirar-lhes o cheiro do amor que me devotavam.

Sempre idealizei aquela família, em especial os membros do ramo materno. Tingia-os com um pó reluzente para transpô-los para a tela. Eles ajudavam-me a participar da trama alheia, relatando suas próprias histórias. Ao ouvi-los, eles antecipavam um enredo igual ao que eu viveria no futuro.

Neste período de formação, eu mal verbalizava a atração que exerciam sobre mim. Auscultava-os com o intuito de não ser esquecida, que me concedessem benesses. Como pedir-lhes que abrissem seus corações, familiarizando-me assim com as dores e as alegrias humanas? Eles apreciavam meus gestos. Em troca, davam-me revistas, brinquedos talhados na madeira, lembranças miúdas compradas na cidade. Aquela folia afetiva era interminável, mas eu lhes queria bem. Recusava regressar a casa, desprender-me deles, do cheiro da comida em Vila Isabel.

Havia ordem na casa dos avós, uma seqüência previsível. Às vezes, de repente, sentia-me desamparada, cercada de perigos, obrigada a recorrer ao afeto que emanava dos familiares. Desta forma, a salvo das adversidades, não temia os dias vindouros. Já ao lado dos pais, as aflições se abrandavam, enaltecia de novo os sentimentos da aventura. Esquecia aquelas entidades que circulavam pelos corredores, querendo me causar estragos, tolher-me a imaginação, dificultar o crescimento.

E quando a avó Amada, sempre discreta, referia-se a algum santo da Igreja, secundada pelos comentários das tias e pelos esconjuros do avô, parecia-me que o mistério, em nome do qual ela louvava a fé, nem sempre era benigno. Havia santos e deuses empenhados em nos arrastar para o mal. E estas impressões recrudesciam porque eu queria crescer, responder pela mesquinharia e pelas opções que elegera ou não como padrão.

Começara a crer que os sentimentos, além de nos prenderem à matéria da carne e da vergonha, tinham também o mérito de traduzir o mundo. Nem sempre a tradução era correta e correspondia ao nosso interesse. Mas, neste caso, o que sobraria da aventura de viver, da perenidade do prazer? Como sair vencedor sem ceder aos pactos impostos em nome de uma moral vigilante e restrita?

Os anos nos vão forjando a consciência e pergunto-me se a representação da maturidade não é a coragem de viver sucessivas vidas contidas em uma só. E não permitir que nenhuma delas seja destruída em nome de um princípio sagrado?

39

Os pecados mortais requerem penitência. Uma sentença que ouvi na infância passada em colégio religioso, após a primeira comunhão. Uma cerimônia que me fez sentir como os primeiros cristãos que, inebriados de fé, jogavam a vida na arena do Coliseu, indiferentes à sorte sua e dos leões. Um acontecimento celebrado no refeitório do colégio, junto com a família, quando provei uma torta inesquecível.

A frase, certamente outra, e dita a esmo na sala de aula do colégio Santo Amaro, guardei como advertência, uma espécie de relicário, até esquecê-la, dada a sua consistência maligna. Como não me desvencilhar de uma carga que me impedia respirar, confundindo meus propósitos, imergindo-me em incalculável lista de pecados, sem saber, ao final, quais eram os mortais, quais os venais e quais expressavam o meu impulso de liberdade?

Começava a compreender que a penitência, conquanto contraditória, a querer martirizar o cortejo dos seres, não devia, em hipótese alguma, obedecer às pautas eclesiásticas, mas nascer, simplesmente, da consciência individual.

O eco desta frase, emitida pela voz de madre Assumpta, ou repetida por dom Plácido, ilustre beneditino de estatura elevada que invariavelmente oficiava a missa do domingo na capela do colégio, ressoava em mim por muito tempo. O intuito, aliás, da dita sentença era prevenir-nos contra a tentação, e salvar a alma de alguma aluna desgarrada.

Dom Plácido vivia no mosteiro de São Bento, no planalto do centro histórico da cidade. Ao descer para a vala comum, surgia-nos satisfeito e delgado. Gesticulava com os dedos pontiagudos e ligeiramente amarelados, recordando-me a figura do escritor uruguaio Juan Carlos Onetti, cujas mãos, atraentes e doentias, empunhavam o cigarro como se fora um gesto de salvação. Parecia-me o autor desinteressado de que sua mão deslizasse paciente e amorosamente ao largo da pele alheia.

Dom Plácido ostentava elevada dose de otimismo. Sorria para as alunas na antevisão de ouvir em confissão, e com certa delícia, as alunas ajoelhadas diante do confessionário, relatando-lhe os pecados cometidos. O pecado, contudo, não devia ofendê-lo, porque ao escutá-las, e prescrever-lhes um conjunto de rezas, despachava as alunas com presteza. Como se o colégio alemão, a abrasileirar-se a cada dia, só contasse com alunas pias.

Às vezes, ele estendia o latim da missa até o refeitório para nova preleção, enquanto nos serviam o café da manhã, cujo pão canoa, torrado e embebido na manteiga, despertava-me a cobiça. Nenhum outro café era tão saboroso quanto o que as serventes de uniforme listrado nos serviam.

O latim, para dom Plácido, era uma matéria do cotidiano. Não via estranheza em nos falar às vezes em latim, que adotássemos uma língua fora de uso. Como se fôramos os índios brasileiros que o espanhol Anchieta, ao evangelizá-los em tupi-guarani, que bem dominava, introduzia-os aos mitos romanos, aos santos que outrora eram assados nas grelhas pagãs. Com sua narrativa, Anchieta provocava pungente emoção nos canibais que ainda tinham nos molares restos de carne humana recém-sacrificada.

O latim, para os mestres, era a língua do encantamento. Apontavam para as alunas o seu rigor e a sua simetria aplicados ao pensamento. Havia, pois, que se deixar seduzir pela língua que gerara as demais. Não era o português a última flor do Lácio? Mas distraíamo-nos, desatentos a um universo de difícil apreensão. Reagíamos às expressões que dificultassem o entendimento entre nós, intuindo que as frases, oriundas de Babel, não deviam isolar os seus usuários, mas, sim, ajudá-los a inventar novos recursos para servi-los.

Além de oficiar sua missa em latim, dom Plácido, enlevado, tocava o órgão do colégio como se já estivesse no céu, após haver saldado sua dívida com Deus. Algumas vezes, com os olhos cerrados, e dispensando a partitura, regalava-nos com algum *magnificat* de Bach, a dádiva da música que nos retirava da condição de pecadores para nos prometer o estado beatífico.

Madre Assumpta, austera e brilhante, soava cortante, talvez por conta do acento alemão. Sua lucidez atraía-me, mas ela não me inspirava confiança. Não a considerava amiga, antes alguém disposto a rechaçar meus desacertos inocentes. Incapaz de relevar o erro e renunciar ao exercício da autoridade.

De certa feita, levou-me à presença de madre Gonzaga, a superiora do colégio, também alemã, para me aplicar uma sanção compatível com a falta cometida. Sua indignação comigo devia-se a que eu ousara aparecer no colégio com o cabelo cortado rente, igual ao penteado de Ingrid Bergman, protagonista do filme *Joana d'Arc*, a que eu acabara de assistir. O gesto, tido como clara manifestação de rebeldia, não devia ficar impune. O castigo serviria de exemplo. Felizmente, madre Gonzaga, após refletir, dispensou-me com simples admoestação. Assim, ainda que por um tempo houvesse entre nós uma trégua após o incidente, éramos adversárias em potencial.

Madre Assumpta viera da Alemanha, certamente vizinha das águas geladas do mar do Norte, onde as noites seriam frias e ventosas. O seu semblante insinuava haver resistido à concupiscência das viandas da Baviera, tragadas com espumante cerveja. Sobressaía na madre a convicção luterana, presente na cultura germânica, como se ela, apesar de católica, não se afinasse com os excessos praticados pelos representantes da Igreja de Roma.

Ao se mencionar o pecado nos recintos do colégio, involuntariamente fazia-se a sua apologia. Curvava-se diante da fraqueza humana. O pecado adquirindo, para os mortais, uma repelente autonomia. Pecávamos sem pensar nos efeitos do julgamento da Igreja. Mesmo porque a confissão tinha o mérito de zerar o estado aflito do pecador. O pecado, que nos ensinavam a evitar, devia ter nome. Portanto, cada pecado, além de trazer o seu peso moral e ganhar uma qualificação, podia ser esmiuçado e definido. Diante, pois, do confessor, havia que inventariá-los, não podiam ser perdoados em conjunto. A pena mínima, em si um opróbrio, exigia a ampliação da sentença.

Ao submetermos a lista dos pecados ao confessor, dom Plácido remetia-nos a Deus para sermos julgados, embora, de fato, fosse ele responsável pela aplicação da pena. Mas acaso esta permuta vaga, entre Deus e o padre, facilitava que se pecasse sem pensar no arrependimento? Acaso a proposta teológica dos beneditinos consistia em afagar a cabeça do pecador e alentá-lo a esquadrinhar a natureza do pecado? Algo como se houvesse tanto prazer no pecador quanto deleite no confessor.

Dom Plácido era meu confessor. Diante dele, eu enfileirava os pecados sem ter a medida justa da sua gravidade. Ao mesmo tempo, despreocupava-me em saber que competia ao confessor remeter-me ao julgamento de Deus, a quem cabia formular a sentença.

De certa feita, madre Elmara, cuja versão tida da vida não me parecia particularmente punitiva, mencionou aqueles santos que, havendo pecado, ganharam ao final a compreensão de Deus. Pensei, então, que seria este o caso de David que, a despeito de emérito pecador, Jeová seguia amando.

A partir desta longa estância no colégio Santo Amaro, comecei a suspeitar que certos pecados, em escala desmedida, prescindem do julgamento humano. Eles integram a visão que o Senhor bíblico tem do inferno.

40

Sozinha, em casa, olho os objetos deixados pela mãe. Cuido deles com desvelo, não deixo as suas pegadas se apagarem. Amo o universo da casa que resiste ao tempo. Detalhes que consubstanciam o espírito do cotidiano. Mas, ao reagrupar os bens da sala, noto mudanças. Alguns objetos se rebelam, recusam a presença de outros, dificultam meu empenho em lidar com as memórias.

Ao perscrutar o mundo inanimado, investigo o abstrato e inatingível que sou. Torna-se um momento oportuno para questionar o meu legado, apalpar o caderno de receitas da mãe, redigidas por ela, com as páginas amareladas e capa rosa. Um bem com significado simbólico, que alimentou a família. Leio as receitas de sua preferência, provindas, quem sabe, de Helena Sangirardi, de Marcelino de Carvalho, de Myrthes Paranhos, de Dona Benta, que, em conjunto, impingiram doses civilizadoras ao espírito do país.

Ao conviver com tais receitas, urge descobrir de quem herdei temperamento, gosto, nostalgia, idiossincracias. Para tanto, forço a memória a trazer-me os nomes que se debruçaram sobre o meu berço, deixando flores aos meus pés e o beijo da fada generosa. O berço, vigiado pela mãe, que temia a vida me tumultuar precocemente.

Prossigo na indagação. Não se trata de descobrir segredos tangíveis, dos pais e dos avós. Seria desrespeitoso às suas memórias escrutinar suas vidas, eles que já se foram. Refiro-me aos laços pretéritos, aos antepassados que contrariaram reis e sacerdotes, havendo por isso sido entregues ao Santo Ofício que, além de aplicar-lhes inauditas torturas, exigiam que se ajoelhassem, pedindo clemência.

Na Espanha, folheei documentos, agora em frangalhos. Fui aos cemitérios de Cotobade, fiz perguntas aos mais velhos. Mas a tônica é o esquecimento. Ninguém se importa com o passado, não tem condições de retê-lo.

As porções significativas do meu sangue e cultura foram, no entanto, recalcitrantes, não deixaram vestígios. Se no momento lamentei, como se me tivessem apagado a poeira da história, pergunto-me agora: acaso importa? Se a realidade, como parte da fantasia, falsifica a história, adultera as genealogias. De que vale arrolar documentos comprobatórios para averiguar a espécie do barro de que sou feita, se o jarro espatifa-se a qualquer descuido?

Em público, ou em privado, reparto mistérios e fúrias com estranhos. Alguma matéria que me diz respeito, outras, transfiro para a literatura. E isto porque sou híbrida, como qualquer indivíduo. Muitas mulheres em uma só pessoa. Portanto, é inevitável palmilhar a falsa singularidade, que não deixa de ser um cárcere. Em geral, confundo-me com personagens livrescos e seres da vida, que freqüentam a casa, e por quem tenho estima. Suspeito que, na sua absoluta solidão, temem ter o mundo como sepulcro. Mas postergamos as aflições amparados pelo vago entendimento que temos das coisas, pelo movimento rítmico das batidas do coração.

Outra vez me questiono. Mas, ao ser capaz de repetir em voz alta os nomes dos avós, sei-me sucessora desta estirpe. Às manifestações miúdas da vida me asseguram que estou viva, resisto aos tormentos contemporâneos.

41

Aprendi as artes teológicas com o mundo protestante. Lutero marcou presença na minha formação. Já no ginásio, ainda com madre Elmara na função de mestra de classe, identifiquei os estragos que sua insurreição causou a Roma e aos alicerces imperialistas de Carlos V.

Atraída, porém, pelo sacerdote que outrora enamorou-se da Igreja, eximi-me de julgar Lutero, não lhe quis aplicar uma análise histórica que me faltava. Limitei-me a saber de sua vida, de como decorrera o seu cotidiano após a cisão definitiva com a doutrina. O quanto sua decisão fora afetada pelos atuantes feudos germânicos e pela carga mítica que impregnara sua terra, em geral propícia aos movimentos românticos, as narrativas que tinham no substrato a presença de uma Lorelei, por exemplo, e ademais um suprimento de caráter encantatório que se transformava, de repente, em alta especulação filosófica.

Madre Elmara reprovou o meu entusiasmo. Cuidava daquela ovelha que era eu com esmerado desvelo, e não a queria tresmalhada. Assim, diante da argumentação da aluna, a que faltava solidez intelectual, franziu o cenho, os olhos azuis criaram um contraponto perturbador. Mas eu não pretendia magoá-la, causar-lhe um desgosto com um entusiasmo prestes a se desvanecer. Naqueles anos, era comum esquecer prodígios e revelações, substituir qualquer matéria sedutora por outra a surgir no horizonte.

Mas, em quem acreditar no assunto protestante? Na minha incredulidade, ou nas palavras da madre que recriminava Lutero? Aqueles olhos azuis sempre condescendentes, que implantaram em minha memória uma presença tão vigorosa que, já adulta, tomei um trem em São Paulo com a finalidade de visitá-la em Sorocaba, para onde fora transferida anos atrás. No vagão, emocionava-me em cumprir finalmente, tantos anos depois, a promessa feita a mim mesma de vê-la, de expressar-lhe gratidão.

Em Sorocaba, já no colégio, fui informada de que madre Elmara havia sido trasladada recentemente para a cidade de Presidente Prudente, ainda no estado de São Paulo, muito distante dali. A notícia confundiu-me, o que fazer, acaso desistir? Seria capaz de tomar um outro trem, de empreender nova viagem, só para concretizar aquela aventura afetiva, a despeito dos obstáculos? E apenas com propósito de recolher em sua mirada a constatação do meu passado, do seu vaticínio quanto a minha inteireza e a devoção à arte?

Afinal, decidi viajar a noite inteira sentada em um assento de madeira até o dia clarear. Ao chegar à cidade, refresquei-me no modesto hotel da estação, preparando-me para o encontro. E quando, finalmente, abracei madre Elmara, visivelmente envelhecida, tive a sensação de abraçar a mim mesma. Buscava-me nela na ânsia de detectar-lhe qualquer frustração. Ela tomou-me a mão, fez-me as perguntas que nunca formulara anteriormente. Também eu lhe depositei no coração uma matéria inviolável, que também era sua, ela que me formara. E, quase na despedida, pronunciou as palavras que eu aguardava. Dizia-me que valera a pena apostar na menina e na adolescente que amara a arte, a literatura, a vida acima de tudo.

No pátio do colégio Santo Amaro, à hora do recreio, ainda falando de Lutero, perguntei-lhe se não era inevitável a uma alemã, como ela, compreender a austeridade de Lutero em detrimento da Igreja que, no afã de recolher fundos, vendia aos cristãos pobres, e de boa-fé, as indulgências que lhes assegurassem a salvação eterna.

Ela pareceu não tolerar ou compreender minhas intenções. Julguei prudente recuar. Como justificar meu atrevimento pelo que eu havia lido da literatura alemã, de como os lares germânicos tinham a mesa sóbria, sem vinho, mesmo sendo domingo. Uma moderação contrária à casa dos avós, e que se devia talvez ao universo protestante que ousara desalojar de seus altares os santos faustosos que Roma consagrara.

Discordou de meus méritos e não insisti. Ela fazia tanto por mim. Acolhia minhas palavras e meus desacertos, confiava na curiosidade que me movia, mesmo quando defendia Lutero. Decerto intuía que, sob que forma se apresentassem as tentações do mundo, eu me manteria fiel aos meus impulsos vitais. Madre Elmara confiava na minha salvação.

42

O português era a língua do bem-querer e da expressão doméstica. Meu pai abdicou de falar o galego ou o castelhano em casa comigo seguramente porque abdicara de muitas outras coisas quando elegeu o Brasil como nova pátria. Jamais hesitou em afirmar seu amor por este país. Até a sua morte, com menos de 55 anos, seu coração dividia-se em duas porções cortadas pelo oceano Atlântico.

Lino falava um português correto, sem sotaque. Cobria-me de livros, além daqueles que lia. Ainda hoje revejo sua inconfundível assinatura nos diversos livros que guardo na estante. A mesma assinatura aposta no bilhete encontrado após sua morte, no qual registrava, à guisa de anotação, sentir dores no peito e ter a mão esquerda ligeiramente inchada, motivo de haver sacado do anular, dias antes de falecer, a aliança de ouro, símbolo do seu casamento com minha mãe.

Também foi ele o primeiro a falar-me de Machado de Assis, autor brasileiro que, segundo julgava, haveria de ser um autor importante para mim.

Na casa dos avós também falávamos o português, entremeado de uma palavra ou outra galega e castelhana. Sem mencionar que circulavam à mesa, entre todos, expressões espanholas, lendas galegas, casos maçônicos, pelos quais o avô Daniel tinha especial admiração. Soube, aliás, muito mais tarde, que havia na região de Cotobade, precisamente nas aldeias de Rebordelo e Carvalledo, forte influência maçônica. E que tio Miguel, imponente figura que conheci em Galícia, quando menina, irmão de meu avô, fora maçônico, razão pela qual dispunha de razoável coleção de livros tratando sobre *logge* maçônicas. Mas que, em determinado momento político, precisou queimá-los para evitar o risco de ser perseguido ou preso.

Graças às palavras e aos suspiros que emanavam da família, eu ia reconstituindo a rota da viagem até a América, os percalços de uma travessia que os exaltava e os humilhava ao mesmo tempo, e que retrato, dentro da moldura ficcional, no romance *A república dos sonhos*. Quando eles, no convés do barco, ao olharem o mar, pensariam no outro mar que haviam deixado para trás em nome de um sonho talvez fadado ao fracasso. Porque não havia garantias de acertar nas escolhas que passariam a fazer. Como se conseguem o pão, o teto, o traje, a língua, os documentos, tudo que significa se estabelecer em um outro país para sempre?

Também eu lutava por interpretar que tipo de imaginação os imigrantes alimentavam para não desistir e lançar-se ao fundo do mar. Para seguir tendo fé em um país que não era o deles, diante do qual seriam eternamente estrangeiros.

Eu me sabia incapaz de acompanhar a jornada dos avós e do pai, na viagem até o Rio de Janeiro. De tomá-los contra o peito, para que não temessem o futuro, porque eu estaria ali, aguardando-os no cais, para lhes agradecer antecipadamente o sacrifício que faziam por mim, antes mesmo de eu nascer.

Sentimentos, enfim, que não estariam neles controlar e nem em mim filtrar ou perder de vista.

43

Li Camões de forma desumana. O poema servia simplesmente para infernizar nossas vidas no colégio Santo Amaro. À hora da merenda, que podia ser de queijo, presunto, ou mesmo de ovo frito, elaborávamos um plano que nos livrasse dos perigos da análise sintática. Mas nenhuma professora se apiedou de nós. Impunha-nos o poeta a pretexto de nos adentrarmos pelos mistérios da língua que diziam ser nossa.

À época, eu não sabia que se poderia amar uma língua como se ama a Deus, o outro, a família, a própria vida. Sabia apenas que havia por parte das madres beneditinas, recém-chegadas ao Brasil, ainda com Goethe no coração, o deliberado desejo de que aquelas meninas brasileiras odiassem os versos daquele poema que nos parecia inexpugnável. Uma épica forjada por um português que ao navegar pelo mundo naufragara, mas antes salvara a língua agarrando-a com as mãos.

Salvei-me, porém, do sacrilégio de odiar Camões quando decidi, também na hora do recreio que era o território da nossa rebeldia de meninas da classe média, devotar-me à compreensão da obra lusa caso quisesse ser um dia escritora. Mas só ao longo de penoso esforço, com o passar dos anos, em razoável escala progressiva, acerquei-me do âmago do poema, para intuir que nenhuma outra língua, senão aquela que Camões me oferecia, serviria à minha imaginação e às minhas quimeras criativas. Embora pensasse com os anos que, para amar a lírica e a épica camonianas, não era mister lê-las a cada Semana Santa, como Carlos Fuentes faz com o *Dom Quixote*, como penitência ou prova singular de amor. Afinal, o poeta de um olho só, quase um ciclope perdido no Índico, após naufragar, habitava-me o ano inteiro. Pois não se pode fazer da língua instrumento de pensar o mundo sem bater à porta da invenção do maior artífice do português.

Um Camões que abre as portas do inferno e do paraíso sem nos indagar qual delas nos convém. Pois pouco importa escolher uma e outra, desde que o inferno e o paraíso não nos deixem de fora, infelizes e solitários.

44

Eu sou minha mãe. Sou filha da mulher que me pariu. Reproduzo-lhe os gestos, as palavras, a longa aprendizagem do ser humano. Aquela aprendizagem que há muito vem sendo o espinho agudo cravado nos corações. Sou filha, sim, da mulher que me deu à luz, querendo dizer que ela me trouxe para o mundo dos lobos a fim de viver entre eles e saciar-me com a avidez, a aguda curiosidade.

Para onde quer que eu vá, sou também filha da minha espécie. Arrasto comigo o molde que se rompeu após a vinda ao mundo. A quem devo, senão à mãe e ao pai, a singularidade do meu nascimento? Este dom único de ser a única mulher a cruzar os umbrais da própria porta sem pedir consentimento. De fazer ressoar na madeira os arrancos dramáticos do meu temperamento. Sou eu quem escuta os latidos do meu peito e dobra os lençóis das mais inquietantes emoções.

Sou a única, assim como o vizinho é o único e o último do seu próprio ser. E esta constatação, longe de provocar orgulho, responde por uma agonia sem nome, que me persegue nos labirintos da noite. É com esta estranheza que atendo aos epítetos humanos.

Sou, portanto, filha de uma mãe, e a mãe é e será a filha do meu amor. Tal sucessão, que é a prisão de qualquer raça, se dá em mim sem trégua, remorsos e apelação. Daí cada criança obedecer ao ritual da herança, que é ser parida como fui. Sua originalidade obscurece a minha, cerca-me de sombra e luz, mas é a melhor razão para eu morrer por sua vida, por suas pegadas na terra.

Falo-lhes desta mulher que é a minha mãe porque ela para mim é eterna. Morreu longeva, com augustos e nobres anos, dilapidados pelo tempo, pela memória que não me permite reclamar de volta alguns destes anos. Só para vivermos juntas, de novo, um outro ciclo de vida com o mesmo ímpeto de uma primavera que outrora cegou nossas vidas com fervorosa esperança.

Mesmo debilitada nos últimos anos, sua inteligência cintilava. Trazia no corpo a pele da antiga juventude. A pele que foi amada pelo meu pai. Meu pai que, havendo se despedido de repente, deixou a mulher junto ao amor da única filha.

Mas que labirinto de sentimentos é este que me enreda como uma rede de cipó? Que ligação de prata e estanho faz reluzir o meu estertor amoroso? Sou filha, pois, da mulher que é eterna. Graças a ela, que se tornou a minha Scherezade, ouvi as primeiras histórias. Quando, por conta do meu capricho infantil, que julgaria o cotidiano insípido e escasso, costurava os lábios, recusando a comida que ela preparara como um ato a mais do seu repertório amoroso.

Foi quando ela, diante da minha recusa, e na ânsia de fortalecer-me, recorreu à artimanha de contar-me histórias em troca de abrir-lhe a boca e aceitar a colher de sopa. Um acordo que ocorria nesta seqüência até o término da refeição. E ao seguir-me pelo jardim, emendando um enredo no outro, ela desenrolava o fio da sua meada narrativa, transformando-se na minha narradora oficial. Pois convinha, segundo sua intuição materna, abrir para a filha as trilhas do mundo com a garfada da esperança, com o sal da imaginação, com o enigma do amor que sempre me devotou.

Ao deixar ela a casa para sempre, em novembro de 1998, cumpriu, airosa e digna, o roteiro da sua vida, a via-crúcis do homem na terra. E onde esteja agora, simula estar ainda sentada na poltrona da sala de televisão, com a memória alerta. A mãe sabe que, enquanto eu viver, ela será senhora intransigente de sua alma.

45

Minha mãe era delicada, meu pai também. Nasci de uma estirpe gentil, empenhada em embelezar o cotidiano. Dona Avelina, de apelido Neína, que trabalhou na casa por mais de vinte anos, neta de escravos africanos, era uma dama. Cada gesto seu refinava a realidade, fazia-a menos grosseira.

Também delicados são tantos. Tive sorte de encontrá-los, de ser abraçada por eles. Eles me ofertaram o que a humanidade produziu de melhor: o cotidiano repetidamente civilizado. Isto é, a preservação de hábitos consagrados pelo uso.

A estas princesas e príncipes, como Romildo, meu faxineiro, agradeço que me levem a trilhar as pautas musicais que despertam o dia e adormecem a noite. Deponho em favor de suas figuras inesquecíveis. Mas se me pedirem, a partir deles, e de outros desconhecidos, que defina a delicadeza, custo a encontrar termos justos. Sei que para alguns a delicadeza é uma louvação à vida. Para outros, esta mesma delicadeza é um embuste, um malogro, uma sucessão de desacertos. Nem sempre, pois, a delicadeza acerta o alvo inicial, sintoniza-se com os sentimentos profundos.

Quem sabe falta-lhe às vezes a sabedoria que filtra as emoções desajeitadas, poupa-nos de certa vergonha moral. Não é capaz de dizer a palavra que aquece o coração e acaricia o necessitado. Como se nestas horas, agindo sem cuidados, ela negligenciasse o mundo. Tem em mira apenas possuir alguém carente de afeto, jogar sobre a mesa um pedaço de queijo-de-minas em vez de ofertar uma braçada de miosótis. Como se qualquer gesto delicado cobrasse de alguém o que não quer ceder a um outro. Quando, então, falha, confunde-se com o lado obscuro da vida.

Quanto a mim, estremeço de gozo diante de um gesto delicado. As cordas do meu ser afinam-se de imediato com o som perfeito dos sentimentos humanos. E o seu mistério, presente em um simples ato, leva-me a confiar na civilização dos homens, a crer que cada um de nós merece sobreviver.

Ao surpreender gestos assim, retribuo a generosidade que me ofertaram sem cobrar nada em troca. Assinalo nas tábuas do amor a minha fé na bondade gratuita que brota da mesma região que inventou Deus. Há instantes, no entanto, que a delicadeza me parece submissa, e, originada das entranhas alheias, quer-me comprar a um preço vil. Ai, reajo. Meu impulso é alertar quem seja, dizer-lhe: cuidado, conheço suas intenções. Afinal, já não há na minha vida lugar para atos falsos, para quem me ludibrie. Além do mais, não quero mais ser enganada como no passado e comprar gato por lebre, ou será lebre por gato?

Será possível, nestes casos, que a delicadeza, longe de ser um atributo, represente uma punição, pronta a assassinar o outro, a maltratar a nós mesmos? E tudo porque, ao pisarmos já na infância o chão da existência, mutilamos os pés, convertemos a caminhada para o futuro em um verdadeiro inferno?

Amo, porém, a delicadeza que me atinge como uma flecha. Parecida à moeda que outrora, em Bagdad, se punha entre os dentes para avaliar se era ouro maciço. Uma delicadeza que os pais, mediante exemplos de constância, transmitiam aos filhos à guisa de noções que se opunham à barbárie. Progenitores que ambicionavam ver os vizinhos do bairro aplaudindo uma família que por excesso de delicadeza quase perdera a vida. Igual ao poeta Rimbaud que, após registrar na sua portentosa poesia haver perdido a vida por delicadeza, acabou na África como traficante de armas.

Particularmente celebro a delicadeza que me arranca lágrimas sem me debilitar ou extrair pedaços do corpo. Uma delicadeza que confessa em voz alta suas intenções e que, mesmo quando tardo em identificá-la, não me recrimina ou deixa-me indefesa. Uma delicadeza que me recorda o embalo materno, as provas ardentes do amor, e que me faz feliz enquanto sorvo o vinho branco gelado no verão de fevereiro. Uma delicadeza que me faz falta pela manhã, junto ao café, e que me abasteça até o momento de dormir. Acaso ressinto-me daquele gesto que me obriga a enaltecer uma humanidade que até o último sábado mal me cumprimentava no elevador? Ou de uma gentileza que, sob a forma de um galanteio apressado, de um bilhete amarfanhado, de um chocolate, leva-me, de repente, ao céu? Delicadezas que as pessoas me oferecem quando pressentem que careço de ajuda, custo a galgar a montanha, quase naufrago nas águas do Atlântico, mal enxergo a tênue linha do horizonte?

Ah, meus amigos, mas o que exijo mesmo é a delicadeza que meu instinto de vida reconhece existir no outro. E que, oriunda da misericórdia alheia, arremato na bacia do destino. Aquela espécie de legado que faz luzir, em qualquer época, a secreta e afortunada face de Deus.

46

A família da mãe era o centro das atenções. Cada semana, mesmo durante o período escolar, íamos a Vila Isabel em busca do prêmio que era conviver com a tribo. O afeto pautava o cotidiano, razão pela qual a mãe falava diariamente com os pais, enquanto viveram, e com as irmãs e o irmão, Antônio. Em geral, assuntos moderados, sem intrigas proeminentes. Seguiam a regra da família de zelar pela discrição, evitando confidências que confundem a interpretação da realidade.

Eram cinco irmãos: Amada, de apelido Maíta, mas que eu chamava de Tiazinha, Avelina, Celina, Antônio, e a mãe Carmen, mas registrada como Olívia Carmen. Cada irmão era o melhor amigo do outro e respeitavam esta consigna afetiva. Uma união que talvez se devesse ao fato de serem filhos da atormentada imigração, com acentuada piedade de cada qual pela própria grei, dispostos a travar batalhas que amparassem quem estivesse carente.

Os brasileiros que vinham de visita eram bem-vindos. E os que entraram na família mais tarde, por meio de alianças matrimoniais, fizeram-se amados, mas os avós, os tios e os netos seguiam sendo o referencial intocável, o amor que dispensava explicações e declarações públicas.

Sem a família materna, não havia dezembro. À margem do que aprendi da natureza inóspita das coisas, eu celebrava o Natal por haver aprendido que sem ele não seríamos os mesmos. Razão de enfeitarmos, em cada dezembro, a noite do dia 24, com esperanças e nozes. Cuidando da comida como se preparássemos o presépio para o próprio Menino Jesus nascer. Cada palha do berço era um talher polido, uma travessa esmerada, o vinho português ou espanhol que esplendia nos cristais. Nunca faltavam o polvo, vindo da Espanha, e o bacalhau, com o nome Porto, designação de origem. As outras iguarias que surgiam iam fazendo os olhos brilhar. E fazíamos brindes, enquanto as crianças participavam dos festejos. Cada membro da família renunciara aos fracassos eventuais para simular que havia razões esplêndidas de comemorar uma data plena de promessas.

E foi esta a herança que levei para a Lagoa anos depois, após enterrar meus mortos e seguir reverenciando-os. Já vivendo sozinha, dona das horas do meu dia, festejo certas datas com uma outra tribo eleita ao longo da vida. Na casa que ora ocupo, os enfeites e os retratos abandonaram o porão das lembranças e distribuem-se pela sala, de onde vejo o espelho da Lagoa. Sobre a mesa, repousam as iguarias sagradas. Pelo restante do apartamento, há sinais do passado e dos erros cometidos. Serão pecados? Pelos recantos transitam os restos do intenso horizonte familiar. Cabe-me, então, festejar os mortos. O pai, que faleceu no início dos meus 20 anos, e a mãe que se despediu há dez anos. E ao saber que serei a próxima a despedir-me, quem há de cuidar das minhas exéquias?

Mas qual pode ser o significado deste dezembro no meu calendário secreto? Para mim, que sou anfitriã, quem importa de fato na minha vida? Este é um mês que, sob o jugo das festas, imprime pegadas novas na memória, recupera aquelas que ficaram para trás, rega caprichos oriundos da fornalha dos enigmas. Este dezembro, contudo, incita a perdoar quem somos, a esquecer a rota que nos trouxe até onde nos encontramos agora. E o que mais nos regala, a fim de termos a sensação de podermos um dia recomeçar a vida?

Se outrora amei dezembro, fui deixando de amá-lo após a morte dos seres amados e do catálogo das desilusões. A despeito, porém, das perdas, este mês alardeia intimidade com o que convencionamos chamar de sagrado e profano. Como se, por meio desta falsa divisão de valores, dezembro anunciasse a chegada de aturdidas saturnais e de presépios ungidos pela credulidade de todos. Assim, ao som de trombetas e alvíssaras, o imaginário popular propaga ao mesmo tempo o advento de um ciclo favorável e o ocaso do que já passou. Uma forma de insinuar a agônica noção que temos de um tempo cruel e imperceptível.

Sob os auspícios dos dias ilusórios, meu dezembro atrela-se à roda da fortuna e da sorte. Aos desatinos da paixão e do fastio, aos furtivos amantes que rodopiam pelos salões à espera de outros casais que, corroídos pela fadiga do cotidiano, bailam aos acordes da valsa antiga.

Olho os amigos. É provável que cada qual, empenhado em refazer o caminho da fé, ingresse por breves horas no provisório círculo da fantasia. Ah, sem dúvida, dezembro tem fome de quimeras. Incluindo as minhas.

47

Há mistérios na casa sob forma que não descrevo, mas intuo. Sob a aparência, por exemplo, da jarra de prata que os padrinhos Tereza e Ceferino nos regalaram antes do regresso definitivo à Espanha, após longa vida no Brasil. Mistérios que falam ao coração e estampam-se nos rostos que jantam comigo nesta sexta-feira, enquanto discutimos o sal defumado procedente do Mediterrâneo que uso no salmão.

Acomodados em torno da mesa, os amigos falam, disputam entre eles a palavra.Um não escuta o que o outro diz, como é de praxe. Guardam o mistério oriundo da cama e do pensamento. Do sexo deles, nada sei. Ninguém, presente no jantar, se confidencia comigo. E nem eu com eles. Mantemos todos a nossa zona secreta cerrada a sete chaves.

Afinal, os ingredientes da vida se expressam por meio de cerimônias comoventes, mas que não se vinculam à verdade. O mistério é a noção essencial que guardamos de Deus. Aceito, pois, que os amigos, a despeito da confraternização geral, simulem a felicidade, mantenham distância entre eles.

Porque, ao contrário do que se pensa, a intimidade empobrece o amor e o cotidiano. É o mistério que pauta os gestos de Salomé e deu-lhe notoriedade, quando ela, ao dar início à dança, deixa tombar o primeiro dos sete véus destinados a provocar a luxúria de Herodes. Com sentido do espetáculo, a jovem exige, como recompensa, a cabeça de João Batista. E deixa-me saber, milhares de anos mais tarde, que não há amor na masmorra e nos salões frios do palácio.

A cabeça de João, que nos chega sobre a bandeja de cobre, não é uma parábola, é uma anunciação. E o que significa? Acaso a banalização do amor provém de Herodes que jamais se enamorou? Ou de Salomé, que envenena o desejo provocado pelo profeta?

Mas, se falo no mistério, convoco o amor, que é o seu simulacro. E, ao mencionar o sentimento, meu corpo se fecha, em obediência à linguagem do candomblé. Aliás, adolescente, hóspede na casa dos tios Manolo e Hermosinda, na Bahia, participei de comoventes cerimônias religiosas, de origem africana. E no Rio, já adulta, em visita a um terreiro, local sagrado para a execução do culto, assisti ao sacrifício de um animal, acompanhada de mulheres de escol que, imersas na tentação daquela liturgia, renunciaram, por algumas horas, às prerrogativas da razão.

Mas, de volta à substância do amor, não lhe traduzo as fímbrias. A consciência do sagrado perturba-me, ainda que, por sua intermediação, observe o firmamento, consulte as palavras que, de algum modo, a partir do seu fulcro, deram fundamento à humanidade. Cada verbo conclamado acentuando o assombro que nos assola ao crepúsculo, na hora do lobo. Um temor que se alastra pelas casas com a força de um movimento revolucionário contra o qual não há antídoto.

Não me olho muito ao espelho, mas me sei feita de carne, de suor, do barro da origem. Os meus suspiros não me previnem dos perigos, e meu egoísmo se antepõe aos interesses da coletividade. Quando, imersa em atos que retardam o meu aperfeiçoamento moral, a réstia de luz que rompe quarto adentro anuncia equivocadamente a chegada do Menino Jesus.

Educada no mistério, revelo-me sensível aos mitos e aos deuses, portanto sou panteísta. Sob a vigília de Zeus e do Deus das religiões do livro, precariamente vigio o meu lar, para tal contando com a astúcia originária do olho único do ciclope e do chifre na testa do unicórnio. Fracasso, porém, na vã tentativa de conciliar os mistérios da terra, de fundi-los em um só, com versão facilitada.

Alimenta-me, porém, o vínculo dos afetos. E a imaginação, benfazeja, acerca-me dos mitos gregos e celtas, ouço o que me dizem. É um momento que me emociona tanto quanto ouvir Villa-Lobos, na sua intensa brasilidade.

Lamento não haver vivido nos séculos que se seguiram ao nascimento do cristianismo, enquanto havia ainda sobras da presença dos deuses pagãos. O momento único em que ocorreu a fascinante aliança entre o mundo panteísta, há milhares de anos na psique humana, e o cristianismo, que se batia por um Deus abstrato, exigente, cuja moralidade ansiosa expulsava os opositores do seu credo. Instante singular que permitiu à humanidade dispor das vantagens de ambos os poderes, ainda que por breve duração, de viver em memorável regime de liberdade.

Essa é a minha nostalgia, o meu mistério.

48

Terminei a primeira versão do romance *Guia-Mapa de Gabriel Arcanjo* em torno de 1954, nos arredores de Friburgo. Aproveitei as férias escolares, que se prolongavam até o início de março, para escrever o primeiro livro.

Cercada da família, eu madrugava. O cheiro de café que vinha da cozinha me dava alento para sentar-me à máquina. Não havendo um quarto que servisse de escritório, instalei a mesa da varanda no jardim, debaixo da árvore. Sentada diante do vazio, ou melhor, do papel em branco, dei início ao trabalho. Lembro-me de que sofria, mas sem medo de dedicar-me à tarefa. Circunscrita ao limite que selecionara, eu trabalhava o dia inteiro, só me detendo para o almoço e quando escurecia.

A família respeitava o meu isolamento, embora certos ruídos me chegassem como fundo de música dodecafônica. O único a estranhar a minha conduta foi tio Jorge, marido de tia Maíta, a quem eu chamava de Tiazinha. Parecia não se conformar que a sobrinha, de férias, em nenhum instante abandonasse a máquina de escrever, sua pequena Hermes. Certamente temia pelos meus excessos, mas nada me disse. Só reservou seus comentários para a mãe e a tia, com a esperança de elas me dissuadirem a voltar para as brincadeiras com os primos. Atribuía esta paixão pela escrita a uma espécie de aflição que a sobrinha sofria sem saber como desabafar.

Só muito depois, ao saber de sua preocupação, lamentei não lhe ter dito o quanto me deslumbrava uma operação verbal como a vivida em Friburgo, a ensejar-me o ingresso em um mundo que me fora vedado até então. A oportunidade de conviver com personagens que se igualavam à minha carne, com sangue idêntico ao do vizinho.

A experiência de escrever o primeiro livro é indescritível, em especial quando, mal saída da adolescência, não se conta com recursos, a linguagem nos falha e a imaginação, que transborda, é praticamente epifânica. Naquela temporada, eu tinha a vida nos dedos, tudo pulsava por vias inesperadas, até o sexo escrevia. Não cessava de injetar plasma ao verbo que ia despejando sobre a toalha branca que era o papel a ser preenchido.

À noite, após o jantar, debaixo de outra árvore do quintal, ouvia as histórias de Linita, prima da mãe, mulher de rara beleza, com o dom de contar histórias intermináveis, algumas transcorridas em Espanha, sua terra natal.

Seu ritmo era lento, sem pressa, tinha a seu favor a boa vontade do ouvinte. A arte de contar, para ela, residia na aliança estabelecida entre quem contava e o receptor do jorro verbal. De modo que o desenrolar da história constituísse um deleite para contador e ouvinte.

Sua voz, quase imperceptível, obrigava-me a acercar-me da sua cadeira de vime, onde reinava. Mas, à medida que me via imantada pela narrativa, ela ia aos poucos adicionando ingredientes novos, com o nítido propósito de revitalizar a matéria na iminência de desfalecer.

Seus relatos, de natureza multiplicadora, bem podiam ser transplantados para o Oriente Médio, fazendo de Linita uma Scherezade rediviva. Também se ajustaria a algum outro rincão do planeta, de preferência a um lugarejo de fácil aprovação. Razão pela qual, desde o início, ela aprisionara minha imaginação e podia agora prosseguir.

Só que ao mencionar Galícia, onde nascera, o rosto iluminava-se. Passava, de imediato, a ser outra, sem abandonar a antiga Linita. Ambas a estranharem o mundo que não se fizera à sua medida.

A versão que tinha da terra de origem coincidia às vezes com as lembranças que também eu armazenara, desde menina, e renovadas em viagem recente. Eu cotejava a minha Galícia com a sua, de tempos distintos, mas pejadas de fantasias.

Discreta, com linguajar elegante, Linita tendia a camuflar o realismo excessivo, incompatível com seus devaneios. Ao banir o feio da sua paisagem, obrigava-se a enfeitar a realidade e as pessoas para seguir viva dentro de moldura tão estreita. Ao cobrir, porém, a guerra civil espanhola, de que sua família participara afetivamente, pormenorizou-me certo amor vivido nesta época, sem mencionar detalhes íntimos.

Em uma de suas temporadas em Espanha, enamorou-se de um jovem da burguesia catalã. Olhava-o de longe, na expectativa de captar seu incandescente olhar. A irradiação amorosa, que decorria destas miradas, era imperceptível. Desconfio mesmo que mal trocaram palavras nestes encontros. Era o coração de Linita que falava, ditava-lhe o grau da paixão.

Convocado para a guerra, o jovem despediu-se sem qualquer promessa. E ignoro se aderiu à República ou ao bando de Franco. Linita via o amado partir sem ao menos guardar a lembrança de um arrebatado e furtivo encontro ocorrido em um quarto de pensão em Pontevedra. Ou de haver retido sua mão na despedida, o tempo suficiente para seus corpos tremerem de emoção e desejo.

Após a despedida, Linita se pôs a rezar. E como o terço, naquelas circunstâncias, parecia-lhe insuficiente, fazia suas preces ajoelhada, com os braços abertos, sob forma de cruz, cuidando para não cair. Penoso sacrifício que ela ofertava a Deus na esperança de conservar a vida do amado. Um pedido que Deus, misericordioso, levaria em consideração.

Suas histórias acumulavam-se a ponto de eu precisar reparti-las em diferentes escaninhos mentais. E, porque eram atraentes, obrigavam-me a encerrar meu expediente ficcional mais cedo, terminando por prejudicar o romance que escrevia, cuja extensão estava prevista para ser outra. Mas, o que fazer se, naquelas semanas, confrontava-me ao mesmo tempo com a paixão da escrita e com o erotismo subjacente na ligeireza narrativa de Linita.

Assim, recolhia, emocionada, as peripécias do meu livro e as de Linita, que iam além das histórias galegas e brasileiras. O talento de narrar da prima de mamãe, e tão querida ao longo de tantos anos, aligeirava a realidade, dava-me asas para voar em sua companhia. Afinal, era tudo de que eu precisava naquele verão em Friburgo, estando a ponto de terminar meu primeiro livro.

49

A minha vida, como a de todo escritor, está possivelmente embutida no meu texto, ali cravada como uma lança. Sobre esta vida, e este texto, só posso referir-me com absoluta relatividade.

Foi com o avô Daniel, desembarcado na praça Mauá, Rio de Janeiro, há mais de cem anos, originário de Cotobade, em Galícia, que aprendi, quem sabe, os primeiros passos da arte de narrar. E foi ele quem iniciou, em meu nome, antes do meu nascimento, antes de ofertar-me esta terra singular chamada Brasil, esta viagem a ser prosseguida pela neta.

Igualmente aprendi, menina ainda, que Simbad, admirável mito volátil, de fato não viajara com o intuito de narrar em cada porto as histórias que havia vivido no capítulo anterior. E isto porque, antes de abandonar a terra firme, ele fora abonado com a invenção e a mentira, ambos os ingredientes avesso e reflexo da verdade.

De posse desta intuição, de que se viaja e vive-se também pelos arquipélagos da língua, compreendi que a simples apropriação do enredo coletivo autorizava-me a fazer parte dele. A pleitear uma existência mais rica e aventureira.

Certamente a vida real, com atos discretos, confunde-se com a vida sonhada, mais retumbante e sonora. Oscilo, pois, entre o que a realidade me obriga e o que a imaginação sugere. Mas não posso fugir dos anseios impostos por uma imaginação recalcitrante, insatisfeita. Aliás, foi este mundo sensível e desordenado que presidiu algumas das minhas decisões existenciais. Ainda hoje, é a imaginação que ordena que viaje, saia de casa, visite o mundo. Cobra-me viagens nem sempre necessárias, experiências, o impulso de desbravar o conhecimento. Graças a esta imaginação voraz, o cotidiano recheia-se de episódios enriquecedores.

Ultimamente, já não celebro os feitos intensos e movediços. Prefiro permanecer na caserna lendo, ouvindo música, cozinhando, mexendo em papéis, dando-me conta da rede de intrigas que o humano elabora. De tudo que se desenrola nas conversas de esquina, de bar, de cama. Aquele discurso diário que se exacerba e ganha sentido explosivo e ambíguo. Capaz, no entanto, de tornar o banal um capital inexplicável e transcendente, de garantir a função de refletir sobre os atos limites do nosso ser.

Em certas noites, a neblina da Lagoa transporta-me para uma imaginária charneca inglesa, tendo como vizinhas as irmãs Brontë. Sorvo, então, o chá perfumado e sigo para longe. Agradeço a minha vida comum, a trivialidade que me rouba a eloqüência dos lábios. Vou aprendendo que de nada vale trabalhar em favor da grandeza, a despeito das cerimônias solenes.

Mas, antes de cair no sono nesta segunda-feira tranqüila, convenço-me de que o banal, menosprezado pelos bem-pensantes, acerca-nos dos sentimentos comoventes.

50

Há noites especiais. Nelas, recebo família, amigos, amores. Converto a casa em presépio. Neste cenário, espalho o feno e os animais que repartem leite e calor. Com a esperança de ser feliz, imito gestos reluzentes e fáceis. Não me descuido, a vida merece que trave a batalha para conservar o arrebato de outrora.

Nestas ocasiões, não me acanho de pleitear porções de felicidade que vou extorquindo de onde seja. Mesmo de um hotel em Paris onde vivi dias intensos, de onde trouxe, à guisa de símbolo, um cinzeiro abrasonado.

Há muito ordenho a vaca do cotidiano com o intuito de converter o banal em ato de presença no mundo. Estas reuniões, por exemplo, pertencem a uma zona de felicidade coletiva que envolve a todos. Delas cobro hábitos e reminiscências incrustados no coração.

Fiel aos desígnios da hospitalidade, que os pais semearam nas reuniões familiares, com o intuito de mantermo-nos alegres e coesos, acato os sobressaltos das emoções, que me fazem bem. E penso que um fato, rigorosamente inesperado, pode alterar minha vida. Protejo-me contra este prognóstico ciente de que é mister bater à porta dos sentidos para ter acesso à senha da felicidade. Abraçar os gestos que transcendem, que trazem o genuíno gosto de mel. Afinal, sob a aparência da modéstia jazem os sinais da humanidade que mastigamos no café da manhã.

A noite natalina emociona. Impõe-me uma ordem de grandeza que consolida rituais que encerram em si comovente mensagem. Agasalhada por seus símbolos, o estertor do meu corpo confunde-se com a felicidade. Um sentimento que, nascido da maturidade, venho limando há anos, instala-se em meu coração.

Agora somos poucos em torno da mesa enfeitada. O mistério, no entanto, advindo desta noite, anuncia que, a despeito dos vivos que carecem de cuidados, convém evocar os que já se despediram. Mencionar as vezes em que, reunidos na casa dos avós, empenhávamo-nos em vangloriar a vida, ríamos, dizíamo-nos palavras amorosas.

Não faz falta pronunciar em voz alta os nomes amados. Falo de cada um com unção, há rictos no meu rosto. Afinal, dependo dos afetos para desfrutar dos grãos de felicidade. São eles que edificam ou despedaçam quem sou.

Mas, quando um deles se afasta, ou despede-se para sempre, retiro, discreta, seu lugar da mesa, privo-o do vinho e das iguarias. Em lugar dos objetos inanimados, pratos e talheres, perduram sua memória e a brisa vinda da Lagoa, o bairro que é meu lar.

Ungida por estes sentimentos, preparo-me para o festim. A mesa, conquanto farta, não é mais a mesma. Falta-lhe o extravagante polvo vindo de Espanha, de estética assimétrica, cujas pernas, múltiplas e nervosas, fortaleciam a imaginação infantil. Impressionava-me, à época, que surrassem o bicho contra a pedra do tanque a pretexto de suavizar-lhe a carne.

Um esforço manual que não ofendia o monstro, mas fez-me cedo compreender que a possibilidade de ser feliz um dia repousava na aceitação de uma criatura pré-histórica a arrastar-se pelo fundo do mar, enquanto semeava pânico entre os peixes entorpecidos pela escuridão oceânica.

Apesar do brilho de qualquer noite vivida com os amigos, pranteio as mudanças que afetaram a cultura familiar, destruíram as paredes da antiga casa dos avós Daniel e Amada, dividindo o tronco familiar, a pretexto de criar novas tribos. Sinto-me vítima de uma civilização que, para igualar, desrespeita as diferenças, obriga-nos a esquecer valores que estão na base do seu transcurso.

Meus contemporâneos e eu demos as costas às tradições que fotografam a alma em cor sépia. Constato este fato enquanto o polvo e o bacalhau — protagonistas de tantas ceias —, ao deslocarem-se do epicentro afetivo, provocaram a dor sentida pelo espinho da memória fincada no peito.

Estarei sendo ingrata, desisti da alegria e da inocência? Ou as celebrações do passado desvaneceram-se comigo e com um Brasil que não reconheço mais? Ou, por haver perdido algum critério fundamental, também perdi as ilusões, a falsa modernidade macula a minha morada?

Mas, reajo. Espero salvar-me a tempo, oferecendo como garantia o coração que goteja sangue e risos. Afugenta o que impede o bem-estar dos dias felizes. Esta noite é um presépio e aguardo a vinda dos reis magos. A qual dos três amar? Qual deles se bate por mim e não o esquecerei?

Apresso-me em levar os assados à mesa, galardoados de frutas e fios-de-ovos. A farofa, de miúdos e azeitonas, é complemento para o espírito. E, junto aos que me ensinam a amar, celebro o estranho gosto de ser feliz.

51

A mãe insinua existirem fora de casa as delícias de uma outra, sem definir a que morada se referia. Mas, graças aos doces nas compoteiras de cristal, aos afagos que distribui, e às reprimendas que me chegam a conta-gotas, ou sem disfarce, sob o ímpeto de uma seta que atinge o coração filial, fazia-me crer que cabia à filha arrancar à força das mãos maternas as chaves que aprisionam os que estão sob o regime do amor.

Quem sabe a filha consome anos presa à ilusão de fugir de casa. E não se move, mantém as janelas cerradas. Olha a vida pelo vidro embaçado, distante da realidade. Contudo, ao olhar para a mãe, esta filha sabe que ela lhe passa a senha da fuga, da obrigação de ser aventureira. E pede-lhe, só pelo olhar, que não se apiede do amor que ela lhe devota e que é tudo que a mãe possui.

52

Sou brasileira recente, declarei no início do discurso de posse na Academia Brasileira de Letras em 1990. Uma frase que esclarece meu sentimento diante do país e da instituição que me acolhia. Mas, a despeito de insinuar ser alguém recém-chegada ao território brasileiro, afirmava também não haver outro lugar para nascer senão em meio à Floresta Amazônica e os trópicos desabridos.

Não me esqueço de que, graças à decisão da família de instalar-se no Rio de Janeiro, sou cristã-nova. Inaugural no Brasil, em um mundo ao qual me habituo a estar. Ao buscar razões, no entanto, para uma espécie de alheamento, uma não-pertinência, sinto a alma antiga, ajudei Jason a procurar o velocino de ouro. Em mim reverberam, portanto, memórias superiores a cinco mil anos.

Minha antiguidade observa este planeta como se o destino do vizinho do prédio dependesse da minha piedade e comiseração. E isto porque, em defesa do meu próprio fado, sigo atenta às mil faces da realidade que me instam a misturar sentimentos e sombras. Desta viagem secreta, que atravessa a urbe mas também a minha alma, aprendo a ir além do que invento como escritora. Para tanto, recorro à língua lusa que uso desde o berço, enquanto sugava o leite das tetas generosas da mãe até os dois anos.

Esta língua, bastarda e poética, dá contínuas provas da minha existência. É assim que, infiltrada de saberes, de toda sorte de fortúnios e infortúnios, incorporo o seu léxico ao meu ser. Em especial as palavras que se vinculam à agonia humana e levam-me às lágrimas. Pois na solidão da vida, choro, solidarizo-me, blasfemo contra um fado que semeia rastros de dor e júbilo sem explicação. Daí indagar como suporto que o aleijado se arraste pelo túnel sem ter quem cuide de suas escaras? Ah, não posso, de modo algum, desocupar-me do mundo.

Sou eu, pois, que, em meio a infindáveis incongruências, arrasto o fardo da própria biografia. Esta espécie de carapaça de tartaruga em que me converti e da qual não me desprendo. Um mosaico que reflete minha associação com o Brasil, a família, até mesmo com a minha carteira de identidade. De verdade, benefícios biográficos que terminam favorecendo santos, assassinos, sobretudo os vendilhões da pátria. Ao longo de tal percurso, no entanto, nos reconhecemos miseráveis, seres sem escrúpulos. E, confrontados com os descalabros coletivos, temos medo. Dito assim, não sei mais o que me falta viver. Se tenho muitos outros deveres a cumprir, além de pagar impostos. Afinal, a pátria é exigente, cobra-me o que nunca me deu, e força-me a alienar a paixão que ainda me resta.

Apesar do Brasil, indago por que escolhi a literatura. Acaso tento, por meio dela, romper o casulo do mistério? E que o xadrez da minha imaginação denuncie as contrafações brasileiras? E que só por haver cruzado o país de um extremo a outro, contrário a Machado de Assis que não saiu do território fluminense, visitei o inferno? Mas por que sou obrigada a fundir as civilizações de que sou herdeira forçada? Acaso devo, por conta da literatura, atrair para a ribalta a plenitude luminosa, dramática e dolorida do Brasil?

Para qualquer função, tenho a vida conspurcada pelas histórias que os povos me foram acrescentando. Cada um me dava a versão própria do Antigo Testamento. Assim, como a mulher de Lot, olho para trás e, antes de ser convertida em estátua de sal, averiguo o grau da minha contemporaneidade. E, sem mesmo saber o que pensava esta mulher de Lot antes de ser vítima do arbítrio de Deus, repudio o presente e confirmo-me arcaica.

Graças a tal empenho, os gregos comem comigo à mesa. E a estética da Macedônia equivale à estética de Madureira, aonde há muito não vou. Mas gregos e cariocas são do meu sangue. Por intermédio deles questiono a precisão dos tempos imemoriais que me querem expulsar. E por que, se o próprio Cronos toma café comigo, sugere que não o leve a sério. Afinal, ainda Machado de Assis dizia que o tempo era um roedor. Quando, conversando com Mnemósines, irmã de Cronos, assegurei-me que a memória é invenção. Sem elas, como visitar o Hades e o Paraíso?

53

Quisera passear de novo por Lucerna que conheci aos 20 anos, na companhia de tia Maíta e da mãe, Carmen. Olhar as montanhas, tão diferentes das brasileiras, e reverenciar a placidez do lago. À época, acreditei que se escondiam no fundo das águas tesouros perturbadores e corpos abatidos em nome de uma paixão que não dera vazão paulatina aos sentimentos. A ponto de deflagrar uma fúria quando já não havia caminho de volta.

Recordei Lucerna por conta da expedição *Kon-tiki*, nome da jangada que, após cruzar a terra com bravos navegantes, estava exposta ao público na cidade. Pensei, ao visitá-la, nas jangadas nordestinas que, conquanto não houvessem atravessado o Atlântico, de um continente a outro, e nem feito viagem de circunavegação pela Terra, percorreram o litoral brasileiro em meio a procelas, até finalmente ancorar no Rio de Janeiro. Uma proeza que Orson Welles filmou na década de quarenta. As mesmas jangadas que Jorge Amado, em seus romances, elegeu praticamente como símbolo da épica baiana.

À nossa frente, a exótica *Kon-tiki* fascinava o público europeu. Também eles invejavam a aventura que recordava os argonautas em busca do velocino de ouro. Eu, porém, me tranqüilizei. Sabia das bandeiras brasileiras, da Coluna Prestes, da Guerra de Canudos. Outras ocorrências que forjavam nossos mitos. O Brasil, tão distante da Europa, podia jactar-se de dispor de um repertório de lendas. De expor, diante de quem fosse, a épica secreta originária de seu povo. De acreditar que suas regras, mesmo algumas malditas, vis, eloqüentes, generosas, burlescas, carnavalescas, jubilosas, apresentam uma feição civilizadora. E que, povoado de sentimentos contraditórios, o país me exalta, comparo-o à cena em que a família, no banquete da vida, usa as mãos para comer, a despeito dos talheres de prata oferecidos pelos algozes sociais, no afã de humilhá-la.

Mas, por que me exaspero na defesa desta civilização tropical, constituída de embusteiros, artistas, seres farsantes, generosos, ambíguos e risonhos? Não seria prazeroso vivermos em consonância com o que somos, pôr o dedo na ferida e rasgá-la até o intestino? Ou, de tanto conviver com a ficção, é-me natural renunciar a pedaços meus essenciais, desistir da geografia espiritual do mundo onde talvez não caibamos, e do cobre, da prata, do ouro, de que somos feitos. E indago se há em nós algum veio aurífero? Ou estes dias triviais instam-me a abdicar de Machado de Assis, de Villa-Lobos, dos construtores da nação, para incensarmos em troca os produtos da moda, do esporte, de tudo que nos sobra, em detrimento do que nos falta?

À saída da exposição que crispa a imaginação dos visitantes, transidas de frio, entramos as três no restaurante e pedimos a *raclette* suíça que iríamos comer pela primeira vez.

54

Transito pelo mundo com o coração poroso. Atraída pelas ilhas, istmos, continentes, cidades, pelo campo. Parto em debandada como o falso pássaro que sou. Como conseqüência, arfo, penso, vejo, imagino, memorizo, em ordem desigual, pendente dos efeitos da minha condição de mortal. Mas, para criar e amar, submeto-me a atributos nem sempre essenciais.

Sou adepta das aventuras, como se apresentem. Reais, imaginárias, cinematográficas, representadas ou não pelo Indiana Jones ou John Wayne. As peripécias têm o dom de me levar para longe, fazer de mim uma pessoa melhor, mais imaginativa, que sorri à toa. Após cada aventura vivida, lida, ou vista na tela, não volto a casa do jeito com que a deixei. Esta disponibilidade traz-me lucros, vantagens, uma aposta que ganho.

Nos sonhos, sou atrevida, nas decisões, sou cautelosa. Cada definição me pesa, com ela posso ferir os da minha grei. Além do mais, quando o caos da cidade me invade, reajo mal ao vandalismo que predomina em nossos dias. Constato que a vida espalha estilhaços que recolho e com eles componho o mosaico romano que vi em Sagunto, perto de Valencia, onde estive com a mãe em 1971, e fomos felizes.

Sagunto pareceu-me um cenário refratário à limpidez, talvez devido à reverberação das águas do Mediterrâneo. Com a mãe ao lado, cuidando dela como uma jóia, lutei para que a realidade não burlasse dos meus sentidos. Em especial porque a vinda da mãe a Espanha me emocionara, após longo ano sem nos vermos.

Eu tivera razões para me afastar do país, desgostosa com o regime militar que afetara cruelmente meu coração, o ânimo de criar. A literatura, à época, mostrava-se estéril, perdera a razão de ser, eu me sentia sem prumo. Havia que impedir o contágio da doença moral que se alastrava, refugiar-me no exterior, de preferência na Europa. Fixei-me, finalmente, em Barcelona, cidade ideal para as minhas circunstâncias, onde pensava permanecer por alguns anos. Em especial, devido à Carmen Balcells, amiga e agente literária, e ainda pelos amigos que fazia na cidade.

Fui receber a mãe em Madrid e, ao abraçá-la, recuperei o ninho, acolchoei-me na palha da sua carne, do seu verbo, da sua esperança. Repassei as matrizes da infância e da maturidade associadas a ela, a quem devia tanto, que tudo fez para eu não fraquejar, ser fiel às minhas obsessões, altiva, delicada como o cristal Baccarat, cujas vibrações ressoam diretamente na alma.

Em Barcelona, instaladas no apartamento alugado na rua Capitán Arenas, no bairro de Sarriá, onde moravam Carmen e Lluis, os Gabos, os Vargas Llosa, eu lhe ofertava a cidade que amava. E, para fazer a mãe feliz, contava com Carmen, que não economizava gestos, palavras, signos da sua habitual generosidade. E, naquele dezembro tão especial para mim, ela fez chegar a casa uma cesta com regalos e delícias natalinas. Colaborava para eu reviver as tradições espanholas que tinha frescas na memória a partir da infância vivida neste país. Entre elas a prática de celebrar a passagem do ano com uvas brancas. Aquelas doze uvas vindas na bela embalagem de plástico, carimbada com o selo de Semon, a loja catalã especializada em delicadezas que nos animam a apreciar as benesses do mundo.

Horas antes de romper o ano, retirei as uvas da geladeira, e à meia-noite, ao ouvirmos repicar as doze badaladas do sino da igreja, a mãe e eu, com o *champagne*, tragamos as uvas. Cumpríamos às pressas o ciclo da sorte. Com uma alegria que se estendeu ao longo dos dois meses de permanência da mãe em Espanha. Quando passeávamos à noite, após eu encerrar o expediente literário.

Recordo o contentamento da mãe ao visitarmos no hospital o bebê Morgana Ximena, recém-nascido. Uma criança linda que exibia uns brincos de ouro nas orelhas furadas por ordem do pai, ainda que eu protestasse com ânimo, à época, feminista. O bebê, com olhos vivazes, podia ser admirado nos braços da mãe, Patricia, sob o olhar de Mario, o pai orgulhoso.

Ao chegar o momento de partir, levei a mãe a Madrid para as despedidas. Havíamos vivido momentos tão significativos em nossa relação que a mãe, dias antes de morrer, vinte e sete anos depois, confessou-me que a viagem a Espanha fora um dos momentos mais felizes de sua vida.

Ainda agora, ao provar das uvas de dezembro, ergo a taça, penso na mãe, e não faço qualquer pedido. A vida já me regalou o suficiente.Tenho o coração pleno.

55

Há muito o pai se foi e sonho com que amigos e estranhos tragam-me, como símbolo de bem-querer, os pastéis da infância comprados nas estações onde o trem, em direção a São Lourenço, ia se detendo para apanhar passageiros. Eles significam a garantia dos encontros de amor, dos gestos generosos, do socorro que recebia nas horas de necessidade. Também a representação de um apetite pela vida que nem sempre sei como atender.

Aliás, na página de abertura do primeiro romance, *Guia-Mapa de Gabriel Arcanjo*, publicado em 1961, a heroína, Mariela, diz a frase que antecipou o meu percurso:

— Tenho apetite de almas.

Filiada a semelhante mote, excedo-me. Aceito encargos como se apostasse na imortalidade. Como se, ao não conhecer meu rumo, ignorasse a razão de sair de casa. Assim, já não sei se me empenho por motivo da glória literária, das contas mensais, da presença assegurada nos banquetes altissonantes. Termino dando cursos, entrevistas, conferências, preparo artigos, livros, discursos, participo de atos para os quais não fui inicialmente adestrada. E falo, mas para quem? Serei o papagaio da ilustração? Quando só quis ser escriba da vida e da morte?

Diante do público, sou mais veraz que na intimidade. Desvelo aspectos inusitados para mim mesma, insinuo segredos que me surpreendem, enquanto falo. Embora não confesse o que é exclusivo da minha seara. Dispenso, pois, perguntas inoportunas às quais reajo na medida dos meus direitos. Assim, excluindo a metafísica, a visão da arte, os ditames e os deveres da minha cidadania, as paixões comuns a todos, sou afásica.

Reconheço, contudo, que as palavras, nascidas de corrente vulcânica, corrompem a vontade do interlocutor. De repente, sem percebermos, elas são fatais, envenenam e salvam. Elas confidenciam o que guardávamos, colocam nossa vida em risco. Quem me escuta, então, regressa a casa com mais do que eu pensava dar. A partir da matéria que lhe dou, ele adultera. E o que fazer? Se, fora a honra, a minha exegese é brilhante e catastrófica ao mesmo tempo. Pois assim seja.

Admito ser exuberante no verbo. Vivo enamorada das palavras. Mas, como controlar-me, se a literatura é a minha carne exposta às vicissitudes? É o que sei e o que não sei. Diz o que eu não ouso, revela minhas entranhas. E não me trai e nem eu a ela. Aliás, como ludibriar a irmã da sílaba e das lágrimas? Se a arte traduz a vida e provoca que a alma exista? E equivale à *Missa em si menor*, de Bach, cuja perfeição, provinda da agonia mortal, atende aos apelos emitidos em meio ao júbilo e o pranto.

A literatura atraca-se ao ser e salva-o.

56

Fui tão feliz em Santiago de Compostela. O coração alvoroçava-se a qualquer pretexto. Cada pedra da deslumbrante cidade medieval emitia-me mensagens. Falava-me da sua história, das emoções e penúrias do passado. Na praça do Obradouro, moldura perfeita da Catedral, eu pensava: seja louvado o Deus que inspirou os homens a construir catedrais, monumentos à fé que então invadia o aflito homem do medievo. Um ser que embora imerso em tantas incertezas apostava na eternidade.

Fui tão feliz, repito, até a madrugada de sexta-feira, quando alguns amigos e escritores galegos deixaram-me à porta do Hostal dos Reis Católicos, após noite de suculento repasto, de deliciosa tertúlia. Logo, no quarto, o telefone soou trazendo o aviso dramático. Minha mãe sofrera grave acidente no Rio de Janeiro. Fora mais uma vítima da violência do tráfego, da insensatez humana, que mal sabe administrar o conteúdo secreto de suas paixões. Seria operada, em regime de urgência, na manhã seguinte.

Deus sabe como venci aquela madrugada, o dia de sábado, as viagens de Santiago a Madrid e Rio de Janeiro. Sempre buscando as cabines públicas, ansiosa por notícias. No Rio, após constatar o extravio de uma mala, justo a que trazia o queijo de ovelha com que presentearia minha mãe, segui para a clínica. Rezava para que o reencontro com a mãe, no CTI, inevitavelmente intenso, não lhe causasse danos. Afinal, o seu coração já não ostentava a juventude de outrora. E a emoção, ao aflorar, é sempre inesperada, percorre labirintos, bate em portas equivocadas, esconde-se nos porões, hesita em expressar-se, em revelar o que sente, sobretudo ao vizinho de vida.

Lá estava a mãe deitada, o rosto pálido. Eu, que faria qualquer sacrifício para poupá-la do sofrimento, não pudera protegê-la, evitar-lhe as adversidades que padecia desde o desastre. Seu rosto iluminou-se ao ver-me. Sempre recebi dela as mais esplendorosas provas de amor. Outra vez mais seu olhar falava-me da sua devoção. Também ela sacrificava-se por mim. Por isso opusera-se, desde o início, a que eu soubesse do acidente antes do meu retorno ao Brasil. Não devia sofrer no caminho de volta a casa.

Enquanto eu lhe acariciava os dedos delicados, tão macerados, conversamos no ritmo de sempre. Sem exaltações e lamúrias, aprontávamos para dar o bom combate. Estóica, minha mãe educou-me a sobreviver com sorriso natural às agruras do cotidiano. A vida tinha mil facetas e, fortuita, repartia-se entre porções malignas e generosas. Mas esta mesma existência procedia da aventura de viver.

A vida, no hospital, é de rotina implacável. Os fatos se sucedem em ordem prevista. Às seis da manhã, alguém se adentra no quarto obedecendo a tarefas precisas. Seguindo este ritmo, deixo o catre ansiosa por livrar-me do espaço exíguo. Neste quarto, de tom róseo, de número 227, onde minha mãe vive sua agonia, estamos instaladas. O tempo custa a passar. Cada gesto seu é um sobressalto, uma dor no meu peito.

Nos primeiros dias, ciente da fragilidade de qualquer vida, um sistema de veias e anseios, território de espantos e perplexidades, perguntava-me se ela resistiria. À noite, sobretudo, sem os recursos da luz, da leitura, ou da televisão, invadida por sonhos desconexos, sem linguagem, sem interpretação ao meu alcance, observava-lhe o rosto, ouvia sua respiração. Fiscalizava-lhe a vida, zelava por ela, como outrora ela terá velado por mim. Queria manifestar-lhe em surdina as expressões do meu amor.

O amanhecer é uma provisão de gestos de esperança. A luz é a garantia de novo dia. Traz o regalo do café da manhã, do pão, quem sabe recém-saído do forno. Pequenas festas que celebram a vida circunscrita a quatro paredes.

Depois, o banho, os remédios, a visita dos médicos que salvam. São sempre bem-vindos. Olho para eles, comovida, e eles fazem-me às vezes sorrir.

Também eu tomo um café reforçado. Esta é a vida singela que tenho vivido nestes longos dias. Tudo mais se ausenta, eclipsa-se, como se perdesse dimensão, realidade. O tempo parece suspenso. Segunda-feira deixa de ser o primeiro dia de semana para confundir-se com sábado. E que importa!

Quantas prioridades cedem posições! Cancelo a viagem ao México, assim como outros compromissos. Nesta clínica apraz-me respirar por breves instantes o ar puro que advém da floresta vizinha. Tenho a consciência porosa, a emoção inadvertida. Sigo atenta, de forma apaixonada, a batalha de minha mãe, Carmen, que é a minha luta também, de afugentar a dor, de livrarmo-nos do mal, amém.

Cada dia vencido credencia-nos ao próximo. Assim ultrapassamos a lenta e espinhosa espera. Às vezes, assistindo às imagens fugazes da televisão que me trazem notícias vindas de longe. Nem sempre alvissareiras, antes vergonhosas. Em geral, o Brasil é palco de atos que atingem minha cidadania. Tento esquecer a melancolia do mundo para concentrar-me em minha mãe. Eis uma mulher admirável. E não é ela também o Brasil que eu amo?

57

O fogo, que neste ano de 2006 queima Cotobade, alastra-se pelo meu corpo. Não há alívio para a dor que sinto. Do Rio de Janeiro, distante de Galícia, padeço e sou inoperante. Quem sou diante das chamas que se expandem como se o inferno teológico se situasse agora em Cotobade, centro sagrado das treze aldeias mágicas que me povoaram a infância?

Repasso na memória a paisagem de Cotobade. As casas de pedra, as veigas, os caminhos ásperos. O universo que preservo nas gavetas secretas do amor. Nestas horas desconsoladas, a memória reforça a matéria concreta e transcendente de Cotobade que repousa no coração. A retina guarda o equivalente às fotos, aos filmes, aos documentos. Nenhum incêndio rouba pedaço que seja da terra amada. Ou convence-nos de que é indolor ver este território subjugado pelas labaredas.

As chamas, cruéis e brilhantes, avançam sem piedade. Envolvem Borela, terra do pai, Carvalledo, terra dos avós, já não sei mais por onde andam. As notícias chegam-me pelo telefone. O fogo é veloz, sistemático, implacável, indiferente aos lamentos coletivos. E, enquanto se apressa, irradia uma luz exaltada que nos cega. Só que suas labaredas, desrespeitando distâncias, cruzaram o Atlântico e já se encontram à beira da minha casa, de onde contemplo as águas da Lagoa. Estas águas cariocas que não salvam Cotobade da catástrofe.

Na mesa, onde ora escrevo, observo o quadro que retrata a ponte e a capelinha de Borela, ambas motivo inicial do meu amor por Galícia. Bastou-me vê-las naquele novembro frio e chuvoso da infância para enamorar-me de cada detalhe, embora desconhecesse, então, o significado de estar naquela Galícia de onde nos havíamos originado. Senti instantaneamente o fardo de um amor ao qual jamais renunciaria. Pois que, havendo Galícia invadido vísceras e imaginação, tornou-se mito, utopia, quimera para a minha narrativa. A terra da promissão que o fogo propõe eliminar da minha alma, como se eu lhe tivesse concedido o poder de extorquir da minha memória matéria tão essencial.

O quadro, à minha direita, com capela e ponte em esmalte, escolhido por Maria Jesus, foi-me oferecido em 2005, quando Cotobade, em bela cerimônia, honrou-me com o título de Filha Adotiva. Homenagem tão emotiva, para mim e meus mortos, que senti receber este prêmio diretamente das mãos de um deus disposto a repartir benesses entre os humanos a pretexto de torná-los compassivos e generosos. Para que todos aconchegassem no peito o sentimento de vitória oriundo da honra e do mérito.

Este Cotobade, a que me refiro, tem o destino atado ao fogo, arde. O próprio Pé da Múa, que cantei nos livros, nos discursos, em certas reflexões, está prestes a desaparecer. Aquele monte que na infância comparei ao Anapurna. Quantas vezes, vencendo suas trilhas, iludia-me de estar dando início a uma aventura inesquecível.

Hoje, acordei com a notícia do incêndio. E ainda não sei a quem pedir socorro. O fogo avança, traz o desassossego. A tragédia assombra. Mas suas chamas, que nos desafiam, esperam que eu me esqueça da terra onde fui tão feliz. E que, entregue à dor, me descuide de Cotobade. Como se o seu abatido povo, que no passado despejou seus filhos no continente americano, confiante em seu retorno, incapaz de reagir, aceitasse a ação do fogo na iminência de eliminar Cotobade do mapa. Do mapa da história, da memória, do coração.

Os galegos, porém, preparam-se para restaurar a paisagem. Travam todas as batalhas, não nos hão de faltar esperança, amor, o repertório das lendas e das narrativas. O substrato alojado no espírito humano.

O fogo não passará, Galícia há de resistir.

58

A mãe ensinou-me o caminho para a velhice. Não havia atalhos, só linha reta. Austera, ela detalhava os milagres do corpo na época germinal, quando o amor floresce e vive-se sem esforço, pouco importando que os dias se escoem, se eles nos pertencem. Em seguida, ainda com o mesmo tom de voz, a expressão inalterável, de quando falava dos arroubos da paixão, ela apontava quais eram os primeiros sinais inevitáveis da decadência.

No entanto, apesar de sua visão pessimista, a mãe tratava-se bem, sem exageros. Decidira não se submeter a operação plástica, nunca pretendera rejuvenescer. Mas, ao vê-la encolher-se com os anos, observei que se aproximava o dia da partida. Um fato que me abatia, porque perdê-la teria significado que também eu, em breve, a seguiria. Ela sempre foi quem mantinha os braços abertos, igual ao Cristo Redentor na montanha vizinha à minha casa, para impedir que a morte viesse buscar-me antes dela, ou obstruía a passagem do tempo em meu corpo. Sem ela presente, resoluta na minha defesa, a velhice, com seu estranho fausto, viria à minha casa, precedida pelo anúncio do seu arauto.

Após a morte da mãe, confrontada com a precariedade da minha condição, observo-me ao espelho e mal aceito o embate que se trava com o intuito de conservar os últimos vestígios da beleza. Serena, contudo, com o tempo que devasta amigos e inimigos, dou combate a quem insinua, a pretexto da amizade, que, a despeito dos anos, guardo as feições do passado. Um cínico querendo dizer que ainda estou equipada para seduzir algum coração relativamente combalido, envolvê-lo com papel amarfanhado pela fria paixão e, incontinente, lançá-lo à falsa volúpia da cama.

Mas não pretendo pedir perdão a quem seja, quando estou nos logradouros públicos. E isto porque não tenho como corresponder à fantasia alheia que me cobra a perfeição física que já não tenho. Ou porque me julgaram mais jovem, quando as rugas já não mentem.

Pouco me importa. Basta o meu acervo pessoal para me apresentar digna e confiante perante os espetáculos da vida. E se solicito, mentalmente, a indulgência do outro, e que sorria, ou se compadeça das causas injustas, não é por minha conta. Mas para aprimorar o humanismo de que somos todos responsáveis.

Empenho-me, porém, em manter o brilho dos olhos que faz jus ao meu entusiasmo. Pois como viver sem a íris que arde no esforço de derramar luz em torno? Acaso é a esperança de amar que me torna gentil com meus anos e sonhos?

Eis que os dias oxidados precipitam os sinais da velhice. Não há como fugir da minha aparência, mais valendo aceitar quem sou agora e aquela que virei a ser nos anos vindouros. Apesar de tal convicção honrosa, nem por conta da minha miséria abraço a morte antes do tempo. Sou obrigada a acolher o seu advento, mas a morte é adversária. Sei-me mortal, mas não me rendo. E, ao despertar, o primeiro que faço é beber com a cobiça dos olhos as águas da Lagoa. Elas saíram da fonte de Ponce de Leon, na Flórida, encarregada de rejuvenescer a quem recorre a ela. Graças a este espírito, a Lagoa prorroga a minha permanência entre os vivos.

Em seguida, tomo um bom café, escuto música, leio os jornais, converso com os "da casa", faço a lista dos afazeres, dos pagamentos, dos cardápios culinários. Que tema é tão aguerrido quanto a temperatura do fogão em que se cozinha o repasto do dia?

Após reverenciar o cotidiano, iludo-me de vir a ser aquele um dia bem vivido. Tomo Gravetinho no colo, mostro-lhe a paisagem, como os corredores na calçada se exercitam em torno da lagoa. Em seguida ao rebuliço, encerro-me no escritório por muitas horas. Só retorno às lides prazerosas em geral à noite. Tenho, então, a respiração equilibrada, despisto a morte, que é matreira. Com um dia a mais no bolso, talvez supere o ano entrante, afugente a fantasia da morte a serviço do mal. Poderei, então, projetar o romance já engatinhado. Mas, se ganhar, de verdade, estes dois anos mais, juro aproveitar este tempo. Juro fazer dele um tempo intemporal.

Tento envelhecer com naturalidade. Vencer a corrida dos quatrocentos metros, cônscia de que certos gestos e certos amores já não se repetem. Tal crença não significa renunciar aos atavios da existência e nem antecipar o advento da velhice. Enquanto não morrer, as rugas, as crises do corpo, representam o prêmio previsto para os mortais.

Não chego ao extremo de me apalpar como se eu fora uma outra que me examina e sugere reformas radicais. Mas observo como a idade afeta o trato que me concedem. A mirada alheia empenha-se em recordar como fui outrora. É um diagnóstico que analisa com indiferença as minhas falhas estéticas. Aliás, há alguns anos, ao fazer um *check-up* nos Estados Unidos, o clínico reclamou do peso ganho ultimamente. Ouvi-o, limitando-me a comentar, para sua surpresa:

— Mereci engordar, doutor. Comi maravilhas, tive prazeres únicos, não tenho de que me arrepender ou reclamar.

Só não aprecio mencionar a idade, que desfavorece a mulher. Aprendi com a mãe que não há que confiar na sociedade a preparar as garras com que alijá-la do mercado profissional e afetivo. Ficou-me, pois, o cacoete histórico de não mencionar a idade, mas a ela me sujeitei ao não haver feito plástica, ao comportar-me segundo o peso da minha cronologia.

Sigo pleiteando os atos do cotidiano sem o uso de artifícios. Pensando que Deus é uma pauta de conduta e que sua admissão ajuda mais que atrapalha. Além do mais, junto a Ele sou dona de mim. Livre para sonhar e fracassar. Sou uma quimera que fenece.

59

A morte é simplesmente deixar a sopa esfriar na mesa, cruzar a porta do jardim sem olhar para trás ao menos para dizer adeus a quem fica e tomar um caminho que não sabe por onde o leva e do qual nunca mais se retorna.

É a sensação que me deixaram os seres que vi morrer. Vó Mirinda, o bebê de Nelita e Milburgens, meu pai, Clarice, Otávio de Faria, minha mãe. Segurei-lhes as mãos, beijei-os na fronte e não pude socorrê-los. Não lhes ofereci a palavra de alento ou de ilusão capaz de convencê-los. Nem lhes manifestei a convicção de que talvez a vida do outro lado seja benfazeja, melhor que a conhecida entre homens e feras. Não lhes pedi que ficassem um pouco mais entre nós, que agarrávamos suas mãos com firmeza, alegando que a vida dependia também da vontade de mantê-la intacta entre os vivos, esta legião entre os quais eu me incluía.

Chorei por eles, sim, na calada da noite e também sob o fulgor do sol. Hoje e sempre.

60

Para onde viajo, levo a chave da casa. Antes da mãe morrer, deixava-a com ela, como penhor do meu retorno ao ninho. O gesto a simbolizar que meus bens terrestres lhe pertenciam. Ainda que eu me soubesse proibida de morrer para não deixá-la sozinha, não lhe causar irreparável dor. Um assunto que me afligia tanto que ao morrer ela em novembro de 1998, uma perda que me causou indizível sofrimento, senti também certo alívio. Como se a partir de agora pudesse aventurar-me pela selva, pelo Everest, naufragar em um mar de procela, arriscar a vida. Já não devendo satisfações a ninguém pelas imprudências que acarretassem minha morte. Porque, embora inspire afetos que chorem por mim, sou dona da própria morte, já não sou obrigada a viver.

Levo atualmente a chave na bolsa. Um hábito que devo ao povo judeu que, de partida para o exílio, incluía, entre os haveres, a chave da casa recém-abandonada. Um cuidado que, nascido da própria tragédia, tornou-se tradição milenar. O gesto a significar que, por onde andassem, seguindo as trilhas impostas pela diáspora, não esqueceriam o lar para o qual esperavam um dia regressar.

Ressuscito agora esses sentimentos a fim de enaltecer um objeto que, conquanto sujeito à oxidação dos dias e do esquecimento, mantém em aberto a casa simbólica de Jerusalém, na expectativa de ali chegar um dia. De modo que, ao entrar na sala, eu encontre à espera o que me resta.

Mas, em madrugada recente, de retorno ao Brasil, tangida por sobressaltos e memórias, passei o cadeado no próprio coração, sem medir a extensão do gesto. Como se afirmasse para mim mesma que me cansara do amor e de deixar-me amar. Pois que, se o amor exalta, o fracasso esgota. Deus sabe que preço paguei pelas contas do rosário que rezei e pelo atrevimento de existir de forma aventureira.

E, ainda que em noites subseqüentes tenha experimentado de novo as volutas do amor, estou ciente de que certos prazeres não se repetem. Eu mesma não me repito. A cada ação sou outra. A cada carícia, que é o desafogo humano, cresço ou medro. Dou a medida da minha outra face. Resta-me, então, o consolo de viver noites futuras que frutifiquem independentes das minhas tolices humanas, do vigor com que me equivoco.

Santa Fé e outras aldeias

61

Estou em Santa Fé, vinda da América. Do pátio da casa de Carmen, contemplo os imperadores Adriano e Trajano, ambos ilustres espanhóis romanizados. Ali estão inermes, enviados para a casa de campo de Carmen por Ana Maria Moix. Belo presente desta fina escritora catalã que os herdou de seu irmão, Terenci Foix, recém-falecido. Pareceu-lhe que mereciam estar ao ar livre naquela bela aldeia de Lérida.

Diante destes imperadores, pergunto-me se lhes posso falar. Se convém dirigir-me a estas figuras pétreas, cristalizadas pelo tempo. E, caso tal diálogo nos seduza, como proceder, a qual deles dirigir-me primeiro, em obediência ao protocolo. Bem sei que está faltando o outro imperador, de igual origem, e que forma com eles o trio de Hispania. Esqueço-me de seu nome agora. São tantos os imperadores que dominaram o mundo então existente.

Adriano e Trajano repousam sobre o pedestal de mármore. Da cadeira, onde me sento, não consigo ler os dizeres gravados na pedra. Eles, contudo, com ar indiferente, não se solidarizam com a minha época e raça. Não choram e nem riem, não se deixam adivinhar por uma pobre mortal. Apáticos à passagem dos séculos, sou, para eles, uma arrivista. Uma mulher pertencente a um período que consome sal e açúcar em excesso, que é trivial como os demais contemporâneos. E que não merece pertencer aos anais romanos, pois, enquanto eles se acomodaram à história dos povos, não passo de uma mera brasileira sem recursos para enfrentar a grandeza que ainda hoje eles encarnam. Comparada aos imperadores, faltam-me recursos, genealogia nobre. E de nada valeria invocar-lhes a condição de escritora originária de um país que tarda em ganhar o alvará, ou o habite-se, exigência básica para que as casas, recém-construídas, sejam honrosamente habitadas.

Mas, se é assim, por que insisto que estes heráldicos imperadores repartam comigo suas experiências, o valor do império e como operavam suas consciências romanas? Será que, levada pela vaidade, me julgo merecedora de conhecer o enredo privado de suas tormentosas vidas, de saber como, no extenso império, que à época formava o mundo conhecido, vivia quem não era cidadão romano?

Os rostos são indevassáveis, jazem apáticos sob o metal. Mas sobressai neles um autoritarismo que me emudece, como se assegurassem que pouco lhes importava a presença de uma mulher, sobretudo nascida no Brasil. Alguém que deambula pela terra sem desequilibrar a ordem natural das coisas. Uma passageira para quem a medida do mundo renova-se a cada aferição. E que se atreve a endereçar-se aos imperadores com tão escassas credenciais.

O imperador Adriano pertence, de fato, ao repertório de Marguerite Yourcenar. Foi sua imaginação que perscrutou por longos anos o mistério deste homem poderoso, até provar-nos o quanto Adriano amou Antínoo e chorara ao lhe trazerem seu corpo morto, afogado nas águas egípcias. De nada servindo o seu poder para lhe devolver a vida, fazê-lo ressuscitar. Naquele Nilo eterno estilhaçou-se o amor como se fora de seu destino pulverizar-se na fugacidade e na cópula desfeita.

Mas o Adriano a que refiro é outro. Simplesmente aquele que tem a aparência do meu projeto. E que, situado próximo a Trajano, ambos os imperadores guardam entre eles a distância de uns três metros. No jardim de Carmen, estão expostos às flores, ao verde que viceja, aos excrementos dos pássaros.

As plantas, à minha vista, crescem gloriosas, indiferentes à miséria da minha escritura. Neste jardim, de que Antonio, marido de Lola, cuida com sabedoria, há o toque de Carmen. Também ela planta, embora sentada na cadeira branca, cor da sua preferência. Senhora da casa, e da freguesia em geral, chama-se Carmen, mais conhecida como Balcells.

62

Acordei cedo para ouvir os ruídos dos pássaros. Nas gaiolas, eles seguem Antonio, que os aloja na varanda segundo a hora do dia. Emociono-me com os gestos, entre delicados e firmes. Nascido na Andaluzia, Antonio, ora aposentado, é um profundo conhecedor dos recursos secretos da natureza e não se descuida das suas criaturas aladas. Parece amá-las intensamente.

Também eu, sob o anteparo destes cuidados amorosos, evoco os meus seres, alojados no outro lado do planeta. Afinal, a amizade nutre-se de palavras e recordações. Também de sonhos nunca vividos, sem tempo de partilhá-los. Penso ver de repente, além da horta de Carmen, a silhueta de Natália Corrêa, a exuberante portuguesa que amestrara a poesia e a vida. Sua figura, que a morte quer esmaecer, fala-me e respondo-lhe com igual naturalidade. Sem esforço, retomo um diálogo que, enquanto ela viveu em Lisboa, distante da ilha de São Miguel, seu presépio, foi vivaz e temeroso ao mesmo tempo.

Luto por retê-la ao meu lado, agora que se foi para sempre. Uma morte que me causou incredulidade, como poderia desaparecer aquela mulher indomável, que mastigava com força, cujas mandíbulas em ação eram um espetáculo do júbilo humano.

Esforço-me por lembrar se em alguma ocasião lhe confessei que sua benfazeja presença depositava em mim pegadas de que só me dei conta quando ela já não estava mais entre nós. Se lhe terei confessado, ao cearmos no bairro do Alto, em singelo restaurante que exalava azeite e alho, que sua natureza açoriana, bélica e atlântica ajudou-me a mergulhar no subsolo das minhas raízes ibéricas, a empreender a viagem da qual não se quer emergir para não correr o risco de se tornar mero figurante do duvidoso espetáculo contemporâneo.

Ao nos abraçarmos em Lisboa no final da noite, e que veio a ser uma despedida, expressei-lhe pena por tardar em revê-la, pois quando nos encontrássemos de novo já não seríamos as mesmas. Sorriu, comprazida, e, para lisonjear-me, como o fazia sempre, chamou-me de Dama de Elche, repetiu que meus olhos, em oposição à minha aparência celta, que julgava de origem transcendente, eram um capricho étnico.

Quem mais, senão Natália, para falar com a linguagem que aquece o coração? Recordo-a, mas a memória não a devolve inteira. Entrego-me a infrutíferos exercícios de imaginação no esforço de conceder-lhe a dimensão que merece. Esta mestra, porém, de surpreendentes turbulências, supera as minhas forças narrativas. Sou fiel, no entanto, a cenas cravadas em mim como uma espada. Como na visita à União Soviética, onde ambas, após sermos apresentadas ao presidente Gorbachov no palácio do Kremlin, em Moscou, aproveitando o intervalo das longas sessões do primeiro congresso a realizar-se sob o regime da *perestroika*, apressamo-nos em atravessar o salão São George para desfrutarmos do caviar servido com o chá no samovar.

Junto a Adriano Botelho, jovem poeta e cônsul de Angola que nos acompanhava, lá estava ela a reclamar daquela sociedade que, para salvar os que se excediam no álcool, privava-nos de acompanhar as deliciosas ovas do esturjão com a vodca gelada. Falava com o garçom, e os parceiros de mesa, da sua inconformidade de nos servirem o mísero chá.

Dias depois, já instalados em São Petersburgo, de visita a um de seus museus, ela auscultava com mirada vigilante cada quadro. Sua cultura exigia uma contemplação analógica que a remetesse a outros períodos, a outros tempos. Súbito, entusiasmada com as linhas sinuosas e berrantes de determinado quadro russo do século XIX, apontou o detalhe revelador com a caneta Bic, ansiosa por me chamar a atenção. O gesto, temerário, irradiava-se sobre a superfície da pintura.

A funcionária, surgida de repente, ao prever os perigos que a tela corria, gritou em direção a Natália, ameaçando-a com gestos, tratando-a como uma criança. Natália, ao ver-se sujeita a esta truculência, contra-atracou-a, mas antes, com o olhar, cobrou minha solidariedade. Obediente, coloquei-me ao seu lado, disposta a sucumbir por um ideário sem nome. Ambas as escritoras, agrupadas, defendíamos um princípio cujo escopo eu não sabia definir, mas que nos levaria a esgrimir como Puchkin duelara antes de falecer.

E quanto mais a burocrata articulava em russo o que soava a impropérios, tentamos a defesa primeiro em francês, logo em inglês, espanhol, português. Até que Natália, ao constatar que não surtia efeito socorrer-se das línguas consagradas no Ocidente cristão, passou a vociferar, desviando a linha da sua defesa. Reclamava agora com que direito aquela mulher a recriminava se não sabia ao menos uma palavra em outra língua que não a sua.

E repetia, indignada, à exaustão:

— Ao menos uma língua latina.

Se no início eu estava disposta a padecer em defesa de sua honra, os seus últimos argumentos me transformaram. Como manter-me séria diante de Natália a exigir que a modesta funcionária assumisse o estatuto de poliglota, pronta a admirar a harmonia das línguas latinas.

Engolfada no riso que me assomava violento, eu já não conseguia me controlar. Aquelas duas mulheres, cada qual a defender em estilo próprio as suas respectivas culturas, eram esplêndidas e singelas ao mesmo tempo. Afinal, o que elas pretendiam? A perenidade do quadro, a integridade física ameaçada por uma portuguesa com vocação desbravadora, ou as duas se estranhavam porque não tinham uma língua em comum que as fizesse ir para casa e repartir entre elas uma sopa de beterraba com creme amargo?

Certa vez, em jantar que lhe oferecia na casa da Barra, onde então eu morava, Natália lançou-se à aventura de proclamar as excelências do amor cego de Pedro e Inês de Castro, tomando como modelo o poema de Camões. Mas, ao exceder-se em descrever o universo que o Poeta maior traduzira, ela envolveu também a lírica galaico-portuguesa, cujas entranhas dominava com exaltado fervor.

Naqueles instantes, Natália não era apenas a senhora do cotidiano português a explicar as circunstâncias daquela tragédia. Mas quem me delegava um saber confiante em que eu, com igual alma lusa, não estranharia a psique portuguesa, a sua verve e entrelinhas. Diante de Natália, eu me fazia tão portuguesa quanto ela. Cada qual assumindo o amor de Pedro e de Inês como se respondêssemos pelos desvarios que inundam o espírito humano.

Regado a delícias, a vinho e a afeto, o recato que surpreendi em seu rosto, naquela noite carioca, iluminava sua beleza outonal. Cada atitude confirmando, em sua totalidade, o estofo genial que a acudia com uma golfada de vida e respingava-me.

Hoje, em Santa Fé, apego-me à compreensão desta península Ibérica que me impregna. Nenhum oceano separa-me dos mitos que forjaram Natália. Também o Brasil é feito de maravilhas e desassossegos. A poeta e eu originamo-nos de tempos ora inóspitos, ora auspiciosos. Talvez por isso, onde quer que esta mulher esteja, habita o meu horizonte, visita-me periodicamente. E, sempre que retorno a Portugal, parece-me vê-la pelas ruas de Lisboa, com a cabeça erguida, ostentando uma dimensão imortal. E sinto-me de novo a mesma aprendiz que, em São Paulo, quando a conheci em 1983, aventurava-me a enaltecer a língua lusa que ambas amávamos. A mesma língua que, ao nos ocupar por inteiro, faculta-me hoje a restaurar sua memória.

63

Elogio o jeito de Carmen se afinar com os objetos da casa. Toca-lhes a epiderme como se cada qual fosse um ser da sua estima. E, quando lhe enalteço a rapidez com que organiza a vida e os inanimados, Carmen diz que não é veloz, mas simplesmente impaciente.

Concordo que sua impaciência pretenda retificar a rota da Terra, rejeitar as imperfeições que nos engolfam, afugentar dos seus autores os desperdícios inúteis, eles que são seus cúmplices. Outras tarefas suas poderia enfileirar, na vã tentativa de apresentar-lhes o complexo espírito. Ainda que tente, hei de falhar na composição da notável figura humana.

Balcells, como a chamo às vezes, tem vocação para a beleza que emana dos amigos imperfeitos, que somos nós, da arte que a emociona e com a qual convive a cada dia, das coisas que cisma em colecionar, que é o mundo inteiro. Aos humanos, cerca de expressiva e transbordante generosidade. Manifesta com eles um padrão desmedido, é exagerada, mas sempre em favor dos interesses alheios. Os objetos, que em seu poder ganham alma, ela agrupa sem rigorosa classificação nas casas de Barcelona e

Santa Fé. Suspeito de seus critérios, que vão além da estética, apóiam-se em motivos sentimentais. Daí apreciar a tartaruga de cerâmica trazida da feira de Caruaru, em Pernambuco, a imagem de Nossa Senhora de Guadalupe, que lhe chegou do México.

Apesar da amizade pelos que a rodeiam, não interrompe os afazeres, ou o ritmo do pensamento, que é um turbilhão, para discorrer sobre estes objetos que em suas casas ganhavam vida e turbulência. Reabilitados, pois, com toque amoroso, ela ensejava-nos desvendar sua outra estética. De forma a eu concluir que Carmen amava tanto a sua casa quanto eu podia amar a minha.

A casa que tenho na Lagoa, ao pé do Cristo, e não longe de Ipanema, é o meu ninho de águia, o meu galinheiro, o meu abrigo. O recanto onde alma e ossos se juntam e lamuriam-se, fortalecem-se, orgulham-se da condição de mulher e de brasileirinha, como me auto-intitulo às vezes. Um corpo que ao dar guarida aos pecados e aos sonhos é o melhor lugar que conheço para ser feliz, para festejar a memória imortal dos meus mortos.

Nesta casa, também cercada de objetos e da paisagem aquática, chama-me a atenção o universo de que dependo para estar bem. Nestes meses, apresento este território a Gravetinho, o novo morador, que me segue com olhos negros e avassaladores. E até onde me levará o afeto que já lhe dedico?

Cada caixa chinesa, cada porcelana francesa vinda de Sarreguemines, tem o dom de definir sua natureza, de despertar a memória que devo guardar deles. Eles falam-me, insistem em seus relatos, assumem milagrosamente as vozes dos que já partiram. Da mãe, do pai, dos familiares, dos amores havidos e dos que talvez floresçam. Trazem-me, em conjunto, a brisa do passado, a melancolia do presente que se esvai em sangue e perplexidade. E, como se não bastasse, revelam-me o que se situa no limbo da memória e do esquecimento. Pouco lhes importa que eu me tenha convertido em uma mulher corrompida pelas malhas de um presente abarcador e sem sutileza.

Talvez estes objetos me pensem frívola. Disposta a desfazer-me deles às vésperas de morrer, por não saber a quem deixá-los. Mas ainda que lhes queira provar ser uma criatura moral, estes objetos, de cristal ou cobre, me atribuem uma distração que, de fato, expressa o desejo de ser ouvida fora das paredes da casa.

64

Choveu nesta madrugada. Ainda acordada, li um livro sobre a arte de Vermeer, pintor que amo. Um homem discreto que nasceu em Delft, sem jamais haver deixado sua cidade. O horizonte do mundo concentrava-se em sua retina. Igual a Machado de Assis que, nascido no Rio de Janeiro, não ultrapassou os limites de Friburgo, cidade a menos de 200 quilômetros do seu feudo, no Cosme Velho. Ambos olharam a paisagem cientes da finitude humana.

Senti a urgência de escancarar a janela e aspirar os olores que renovam a alegria de estar só e dispor de algumas horas a meu favor. E, como conseqüência deste discreto gesto de liberdade, fui invadida por uma emoção indômita, atrevida. Como se rasgara o certificado que me legitima e pedisse licença aos céus para recomeçar de novo. Mas, desta vez, com um nome simples, como Maria, a despeito da sua carga mítica.

Respirei emocionada os perfumes da noite, da terra molhada. Apurei o ouvido na tentativa de saber se a coruja do jardim que a cada madrugada emite uns ruídos que fazem parte da estranha aliança estabelecida entre nós estaria a sofrer dos rigores da chuva, não podendo contar com o meu socorro. Ou seria o seu silêncio motivado pelo desamparo em que se encontrava, sozinha no mundo, como qualquer humano pode estar.

A precariedade dos seres, incluindo os animais, atingiu-me de golpe. Ali estava eu em Santa Fé, na aldeia catalã, vítima outra vez da minha sensibilidade. Ciente de que a misericórdia que sinto pelo próximo me aniquila, embora igualmente me salve. Nestas horas, o corpo sente uma espécie de febre só porque o outro existe e nada posso fazer em seu benefício.

De certa feita, em Lisboa, declarei a um jornal que a construção literária era para os fortes. E, conquanto tenha provocado reações com esta crença, sigo pensando que é mister valentia para suportar o mistério violento da arte e dar andamento a ela. Convicção, no entanto, que não invalida a sensibilidade atuante em mim. É raro, pois, o dia em que não choro por dentro, tocada pela graça da piedade.

Pergunto-me de quem herdei este sentir que ameaça me acompanhar sempre? Um sentimento que me enseja inquirir por que me preocupar com os indigentes que somos nós? Ou com uma simples coruja a que não fui sequer apresentada?

O fato é que por ser filha única, sem descendentes, sou a última dos moicanos. Ninguém mais, depois de mim, terá o sangue que o pai e a mãe fundiram através do casamento. O meu sentir, pois, torna-se singular e único, embora desperte-me temor. Preocupa-me ser a última a sobreviver aos meus afetos. De ser a que se veja obrigada a regar o túmulo dos meus amores para que a grama cresça no canteiro. De mandar rezar missa por eles, sobretudo nos dias de seus aniversários. De sentar-me na sala e ouvir a *Missa solemnis* de Beethoven, enquanto sorvo o chá servido na chávena de borda dourada, pertencente ao aparelho que a mãe comprou especialmente para recepcionar na casa do Leblon a bailarina Tamara Toumanova e sua mãe, madame Eugenia, de quem me fiz amiga nos anos subseqüentes. Sabedora, nesta tarde cinzenta da Lagoa, que serei a próxima a partir, embora desconheça qual pedra lançada da funda do Senhor há de golpear-me a cabeça, como se o próprio David me aguardasse na outra margem do rio Estige.

Sob a expectativa de retomar o diálogo com a coruja, acendi as luzes. Com a cabeça exposta na janela, tornava-me um alvo fácil para quem quisesse me abater com uma escopeta de caça.

A resposta da coruja não tardou. Em segundos, o pássaro me saudava com grito fino, de cantora de coloratura. Pretendia serenar-me, provar que estava bem e, caso eu a necessitasse, contasse com sua presença. A vida ainda não a ferira. Estava ao abrigo dos arbustos, ao pé das alfaces vistas naquela tarde na horta de Carmen, e cujas folhas, abertas, teriam condições de proteger um ser da noite, como ela, espécie de rainha da *Flauta mágica*, de Mozart.

Aquela madrugada exala um perfume que me traz o Brasil de volta. Estou na Segarra, a região que abrange Santa Fé, e me dói a ausência do país que me ensinou a amar a chuva. Sobrecarregada de lembranças, indago se há, além do meu corpo, um lugar onde alojar os sentimentos contraditórios.

Às pressas, fecho a janela sem me despedir da coruja. Temi a chuva que molhava suas asas, irrigava a terra e o meu coração ao mesmo tempo.

65

A exaltação me assombra. Ignoro o exato cenário da emoção que me transborda enquanto olho a paisagem ajardinada. Acaso Paris, a fronteira espanhola, perto de Port Bou? Esta cidade onde Walter Benjamin, na expectativa de obter licença para se refugiar na Espanha, decidiu matar-se ao lhe recusarem a única salvação diante do avanço nazista.

A vida, nesta aldeia, desperta-me a sensibilidade. Os poros abrem-se para que as lembranças e as falsas irradiações me penetrem. Há um veneno no ar que me contamina. Acaso me ameaça o retorno de um amor que julguei superado, como se a dádiva amorosa me batesse à porta de novo, sem aviso, pensando em testar-me, deixar-me inválida?

Mas será que ambicionei este amor de volta, se sofri em superá-lo, se há muito escolhi a aventura como padrão de excelência e recuso qualquer vínculo que impeça de mover-me para onde queira, sem pedir licença? Se me ofende quem, a pretexto de me amar, restringe minha voz? Ou é o coração que faculta tal dispêndio de emoções só para me ter prisioneira?

Um assombro que se origina do desejo de experimentar uma vez mais um estado integrado a uma ordem superior, como se o próprio Deus me acenasse com falsas promessas e adotasse o sobressalto humano como instrumento de conquista?

Não sei o que dizer, exceto que, a despeito de extrair as farpas que me doem, não me furto aos afetos. Não me privo de quem partilha comigo o pão de centeio, carícias, o mel de seus lábios. Não quero o peito inóspito, sem irrigação, sob o risco de tornar-me rarefeita, quando, de fato, me fortaleço com o recurso da emoção ao meu alcance. Graças à qual, a cada despertar, radiografo a rota do amor, moldo o desejo como se fora uma escultura, coleto retratos fugazes, acerco-me de quem sou hoje.

Sentada no pátio, diante dos bustos de Adriano e Trajano, reproduzo instantâneos do império romano e da minha vida. Festejo a memória, que é o meu alicerce. Componho aos poucos o perfil dos entes que já partiram e dos que, postados ao meu lado, ofertam-me uma fresta de luz.

Escureceu, e mal percebi. Senti, sim, nesta sexta-feira, que a realidade assumiu rara intensidade. E sugeriu-me que em algum lugar existe um paraíso assombroso, que se desvanece à aproximação de estranhos. Assim, de novo sob o regime de carência, não vejo razão de desistir. Se as emoções nem sempre podem ser faustosas, aprecio as que me trazem serenidade. Valorizo o pão ligeiramente torrado no qual esfregaram tomate e alho, banhado com um fio de azeite. Resta-me cobrir este tradicional *pan tomaka* com fatias de presunto serrano.

Longe da vista, a terra parece obscura, não há uma luz no horizonte. Peço ao interlocutor invisível que projete luz nos meus desvãos, para eu transigir com a carga do meu mistério. Mas, por favor, que nada me passe despercebido, em especial os afetos intensos.

Sei que um dia encontrarei os seres amados. Mas onde, então, estará posto o meu pensamento?

66

Outra vez em Santa Fé, vinda da América. O tempo passa e registro as horas que não são minhas, mas requisitadas pelo jogo da sorte. Elas me advertem que envelhecer é uma fatalidade. E que, a despeito desta pequena catástrofe, o corpo é o único bem disponível.

Fico horas no terraço, livre de compromissos. O futuro, escondido na horta, entre os legumes, parece não existir. Que maravilha. O sol me cega e dispenso a leitura. Temo herdar a cegueira de Borges ou de Homero, sem ganhar em troca igual talento. Em compensação, bebo o *bitter kass* que Lola, mulher de mente atilada, gentilmente me traz.

Santa Fé, na província de Lérida, transcende a modesta geografia. A aldeia é mencionada como sendo de Carmen, dona das lendas que se criam em torno. Uma aldeia que merece a bandeira que ela própria concebeu e mandou confeccionar, fazendo-a içar no mastro fincado na casa secular, vizinha à sua, em cerimônia na qual se realçou a importância das Américas nestas plagas.

A aldeia de Carmen é imutável e, ao contrário da minha pessoa, não parece envelhecer. Menos mal para seus escassos habitantes que não podem abandonar suas moradias. Quem viria substituí-los? No horizonte, à esquerda, na solidão do descampado, onde germinam cereais, há a casa de Juan, seu irmão. Ela e as demais moradas mantêm-se invictas como os irmãos Segalá, que são quatro, com predomínio masculino. Carmen é a única mulher, mas emite ordens e os ama profundamente. Quando se unem, falam todos ao mesmo tempo. Hesitam entre o que querem dizer e o que desejam escutar do outro. A vida, de cada irmão, é a própria vida do outro. São, entre eles, amorosos e contundentes. Diante da visitante, eles ostentam um tal vigor que é impossível considerar a hipótese de que possam um dia despedir-se de Santa Fé, ou da vida comum dos mortais. E, porque se amam tanto, um interfere na vida do outro sem sentimento de culpa. Alivia-os pensar que, ao serem da mesma grei, cuidar da vida do irmão é organizar a própria.

Há muito freqüento-lhes as casas. Participo desta aliança fraterna, comovente e inseparável. Tenho a sensação de haver nascido aqui, quando me sento em torno de suas mesas. Talvez porque Santa Fé me recorda Cotobade, o concelho galego constituído de aldeias tão miúdas e modestas quanto a comunidade de Lérida. Nestas terras não há idealizações bucólicas. Como em qualquer outra, concentram-se em suas dependências paixões, fúrias clandestinas, ânsias assassinas.

O jardim, da propriedade de Carmen, é grande. Na aléia principal, as árvores crescem após transplante recente. Foram trazidas, já crescidas, da Catalunha e Andaluzia, e logo se adaptaram ao solo. Cada qual tem afixada no tronco uma placa com o nome do doador. A idéia foi de Carmen, que pedia uma árvore a quem a quisesse presentear por motivo da nova casa. Aquela casa situada na sua Ítaca, onde nascera, e à qual retornava após cinqüenta anos aventurando-se pela terra.

A visão que tenho é de uma paisagem despovoada. Sei-me, porém, cercada de aldeias. Estarrás, Sant Román, Sant Guim. Cada qual com seus enredos e especulações. Quantos, de sua raça, amaram com loucura, mataram sem piedade, esconderam o corpo do adversário no porão, ao lado dos tonéis de vinho e dos pernis dependurados nos tetos. E quantos, ainda, ao saírem da aldeia para Cuba, acreditaram haver encerrado para sempre uma experiência pessoal marcada por indescritível tragédia. Enquanto outros, conduzidos pela ambição que os fazia sonhar com veios auríferos, ou com o palco de um teatro que encenava a história da cobiça e do fracasso, lá se foram da Catalunha sabendo, de antemão, que não resistiriam a uma longa ausência.

O relógio me dita o tempo, mas não esclarece o nome de quem tem casa em Santa Fé, dentro dos limites de uma localidade que terá no máximo trinta habitantes e vinte casas, incluindo a de Carmen e Lluis. A deles construída com zelo, para não desfigurar a simetria que impera no local.

Suspeito dos vivos de Santa Fé, mas não os comparo com os moradores de Comala, de Pedro Páramo, de Juan Rulfo, povoada de mortos. Sobretudo de mulheres que retornam do Hades envoltas em *rebozos* molhados de lágrimas e melancolia. Na condição de fantasmas, elas caminhavam pelas ruas desertas, ostentando falsos indícios de que ainda viviam.

Ao passear pelas trilhas de Santa Fé, à guisa de rua, embora não assista às minhas próprias exéquias, quase não vejo um morador a quem cumprimentar ou pedir-lhe ajuda em caso de perigo. Os que subsistem a esta atmosfera límpida dedicam-se à leitura, envelhecem, limam os dentes, defendem a propriedade. E estranham quando alguém, como eu, declarando-se um forasteiro, não tem a intenção de aqui ficar para sempre. E isto porque a terra, longe de ser para eles um desafeto, é uma entidade que serve ao homem sem deixar de ser seu mestre.

67

A aldeia é pequena como o mundo. Por onde caminho, a partir da casa de pedra de Carmen, não largo o papel e a caneta que Lluis me trouxe de Sant Guim, junto às morcelas delicadas, próprias para as bocas sem dentes.

Sinto-me desamparada quando me faltam caneta e papel para registrar impressões, o cotidiano imperceptível. Embora instrumentos de trabalho, eles são o próprio texto que ainda não nasceu, mas que ameaça surgir tão logo eu dobre uma esquina e encante-me com certa árvore, ou, em Paris, com a igreja de Saint-Julien le Pauvre, de cuja tribuna discursaram brilhantes teólogos.

Neste afã, mal seleciono o que merece sobreviver. Sou vítima do inesperado. Mas o que anoto torna-se a escritura, que é uma sombra desapiedada. Para onde esta sombra vá, que sou eu, vou junto. Sua turbulenta trajetória cobre-me de emoção e fé. Esta sombra vigia-me enquanto me devora.

O sol começa a se pôr, escurece rapidamente neste outono comovente. A brisa, conhecida como marítima, abraça-me, descongestiona meu cérebro, provoca-me a mesma alegria que senti quando, em Olímpia, sentada no chão, debaixo da árvore, bafejada pelo ar rarefeito, entendi a razão dos gregos, a despeito do calor, pensarem com tanta leveza, de não haver obstáculo entre o pensamento e a sua formulação.

Sob o teto de uma ilusão que é carne, voa, fenece, ausculto o instinto narrativo e vigio o meu próprio fogo. Enquanto o cotidiano crispa, confio que a ficção, a morada de todos os séculos, aloja misérias e paixões. Porque tudo que emana do humano arde, consome-se. Como conseqüência, meus personagens, acaso vítimas dos meus equívocos, não podem ficar ao desabrigo da narrativa. Que dor seria pô-los no papel e fracassar.

No território da criação, por onde me movo, nada tem lugar certo. Ao escrever, cumpre-me construir casas, bichos, plantas, engendrar recantos e esconderijos, invadir o porão. Em meio ao ruidoso trânsito destas vidas fictícias, escuto as palavras que os personagens emitem quando me querem ofender. Seu verbo é tão contundente que não lhes sofreio o ímpeto. Ao contrário, protegidos pela descontrolada fantasia, cada personagem, seja Maria ou Pedro, no afã de projetar a luz incisiva do inventário da arte, arranca da gaveta sentimentos que recendem a jasmim.

Apresso os passos para vencer a distância entre a igreja e a casa de Carmen. E não é por medo que aspiro a chegar ao coração do calor, que é a casa de que sou hóspede. Careço de um recanto onde sentir o látego de uma paixão que arfa em mim e que não defino. Assim, ao avançar em direção a este futuro imediato, comovo-me de forma quase grotesca, sem saber o que fazer com tudo que sou.

Do meu quarto, no segundo andar, olho a paisagem, que me torna cúmplice dos séculos vencidos, e espero abrandar este ser que ora leva meu nome.

68

Sou cronista. Anoto em um caderno que levo na bolsa o que me chama a atenção, sem me preocupar em guardar o que seja como um tesouro. Quase tudo está fadado ao esquecimento.

E como transito por um cotidiano perecível, insisto em testar a carga poética de qualquer matéria, sabendo que as ocorrências de hoje tornam-se em breve passado. Uma prática frutífera, mediante a qual tento exercitar a memória e a mirada antes que feneçam. Para este fim, recuso distrações, sigo certa rotina. Agora, por exemplo, agarrada ao caderno que Lluis me trouxe de Sant Guim, observo, do pátio, o horizonte de Santa Fé. A visão que tenho é familiar, e não porque a contemple diariamente, mas por suspeitar que aqui estive séculos atrás, enredada pelo seu mistério.

Lola oferece-me um refresco. Uma pausa benfazeja. Gosto de estar nesta casa, de entregar-me aos afetos. A realidade do campo, que afugenta o caos urbano, foi construída à minha medida. Sinto-me serena. Não quero pensar que, de repente, como representação do mundo real, um bando de bárbaros, montado em belos corcéis, avance pelos jardins de Carmen destruindo as roseiras, os pés de couve, os tomateiros, os sinais refinados da casa.

As nuvens são cambiantes, ameaçam trazer chuva, que é bem-vinda. Sigo lendo impassível, esticada na *chaise-longue*. O vento ruge e encolho-me no meu casulo, que é segurança e martírio. Apiedo-me de mim, consolo-me com o abstrato, de que sou feita também. Mas não quero sinais de comiseração, conformo-me com a miséria inerente à minha raça. Consciente de que, caso elegesse a santidade, jamais me privaria dos prazeres da carne. Como será viver sem os estremecimentos da paixão, e como Agostinho suportou o fardo da santidade? Consagrou-se ele a Deus, sim, mas a que custo?

A memória viaja. Por conta desta sofrida carne, evoco padre Sérgio, notável personagem de Tolstoi, raramente mencionado. Li a novela na adolescência e levei tempo para me refazer do susto. Senti que a minha vida não seria a mesma a partir do instante em que Sérgio, anacoreta por vontade própria, decepa com o machado seu dedo para fugir da tentação da carne, encarnada na mulher que lhe invadiu o casebre.

O entendimento que tinha do corpo na adolescência, quando li quase toda a obra de Tolstoi, jamais deixou de considerar a intensidade daquela mutilação. Igual perplexidade provocaram-me os padres do deserto como Paulo de Tebas, Pacômio de Tebaida, santo Antão que, no século III, com o intuito de perseguir a santidade e assumir a culpa do mundo, privavam-se de qualquer matéria significando bem-estar ou plenitude. Só Deus era o pão daqueles anacoretas e cenobitas que, escondidos nas covas escuras, temiam a figura ímpia da mulher. Como se o mistério da carne de tal modo os convulsionasse que terminavam submetendo o espírito à genitália imperativa. Fui descobrindo que o aperfeiçoamento moral passava pelo confronto com o mal radical e que as dores da mutilação superavam o desejo.

A chuva não cai e ganho tempo para observar os detalhes em torno. Apreciaria disciplinar a existência segundo os ditames de uma orquestra desafinada. Sei que não é assim. Escrever, porém, me apazigua, como se absorvesse o recato proveniente da paisagem Não desejo que a terra se enfeite com falsas guirlandas em nome de uma estética escapista. E que ceda legumes, bichos, ovos a esta culinária contemporânea cheia de caprichos vãos. Esta cozinha frívola que disputa com a arte o caráter de encenação. *Chefs* que agem como cenógrafos e tumultuam as panelas, as facas, a tradição, na ânsia de compatibilizar ingredientes antagônicos entre si.

A casa de Santa Fé é sóbria, feita de pedras imutáveis. Se a tempestade desabar, estaremos preparados. Há muito a vida se desmorona e nos regeneramos outra vez, como a lagartixa. Consolo-me com as linhas do horizonte que me concedem uma visão restauradora.

No final da tarde, vou com Lluis a Sant Román. O núcleo antigo da pequena vila, com uma única via principal, espécie de cardo romano, não excede a quatrocentos habitantes. Modesta, a urbe contrasta com o casaco de couro que comprei na loja vizinha ao bar, onde nos instalamos. Lluis pede um gim-tônica e eu o *bitter kass* sem álcool, com rodela de limão. O pedido de sempre, quando a temperatura sobe. No verão, mais abrasivo, aprecio um clarete como se fora uma inglesa da década de trinta, refugiada em Fiesole, nos arredores de Florença.

Esta espécie de simulação recorda-me o passado. Adolescente, divertia-me em carregar às costas um sem-número de personagens, saídos todos de um só molde. Fantasiava em ser quem não era. Sob tal estímulo, queria acompanhar a rotação da Terra, acercar-me do presumível centro da existência. E confiava que tal transação não podia me lesar, trazer conseqüências.

Atribuo este desassossego à imaginação. Ela não repousa, é insaciável, exige que renove continuamente o estoque de aventura e devaneio. Uma condição vinda talvez da infância, dos personagens inquietos de Monteiro Lobato, de um frívolo d'Artagnan, a arriscar a vida em qualquer localidade da França. Aliás, a sombra do célebre espadachim ainda hoje me persegue. Ao chegar a Paris, visito a pequena praça de Fürstenberg, de cujo epicentro observo o estúdio de Delacroix, na expectativa do pintor acenar-me da janela do segundo andar, convidando-me a vê-lo enfrentar os desmedidos volumes que ocupam a sua tela. Sigo, em seguida, para a Place des Vosges.

Aconchegada ali, escuto o brandir das espadas dos mosqueteiros do rei contra a guarda do cardeal que, por desprezar os homens, povoava os cômodos da própria casa com gatos. Compensava sua frieza roçando os pêlos sedosos dos felinos com dedos assassinos. O único sentir que lhe foi dado experimentar.

Preocupava-o tanto atender aos seus gatos que lhes deixou, em testamento, substancial fortuna. Só não previu a crueldade dos seus guardas que, em noite de libações, mataram os bichos, borrando-se assim a última memória viva do diabólico cardeal.

Mas por que motivo este francês atravessa os séculos e chega a mim? Será porque, intoxicada de leituras, não sei distinguir a fronteira que isola o sonho da realidade? Sempre sob o risco de assumir como minhas as vicissitudes alheias?

Um perigo que advém da própria arte de anotar ou de narrar. De uma escrita que, ao não prescindir do cotidiano, instável e mentiroso, descreve a urbe e o campo sem estabelecer escala de valor. De modo que o mundo se concentre no quintal da minha casa, e, ainda que visite o planeta por inteiro, a morada vem junto, como o caramujo. Com tal respaldo, freqüento o território onde se exibem as cicatrizes humanas marcadas a ferro. É com esta casa, ainda, que roubo o sonho do vizinho com o falso pretexto de relatá-lo como se fora meu.

Sei das vicissitudes do ofício, mas, como cronista, puxo do fio narrativo e prendo-o ao cordel do mistério. Só assim, solitária e desfalcada de pudor, enlaço os novelos de lã acomodados na cesta de vime abarrotada de cores e matizes. Mas, a serviço de tal tarefa, quando é que esta cronista irá livrar a alma destas excursões perversas?

69

A casa amanheceu pronta para receber Laura, de 9 anos, e María, de 6. O carro estacionou na pequena praça diante da casa de Carmen e Lluis, em Santa Fé. As netas entram porta adentro e seus gestos chamam-me a atenção. Qual a simbologia que se esconde na infância?

Abraçamos as meninas que vieram para alegrar os nossos dias. Ao dar-lhes as boas-vindas asseguramo-nos que, juntos a elas, ingressamos no futuro. Elas nos tomam pelas mãos, insinuam como há que tratá-las para nos desprendermos do fardo que as novas gerações fatalmente nos impõem.

São lindas e vivazes, cobram respostas, fixam-se nos nossos olhos na esperança de que não mintamos. Cada menina empenha-se em roubar pedaços dos nossos corações. Laura, por exemplo, bate cedo à porta do meu quarto, e desperta-me. Indiferente à minha sonolência, quer falar da arte de contar histórias. Como se eu fosse uma autoridade porque tenho alguns livros publicados. Mencionei-lhe o que sabia e dispus-me a ouvi-la. Talvez ela me ensinasse o que me estava a faltar. Pois ela, neta de Carmen Balcells, pretende ser um dia escritora. E, como se a decisão já estivesse tomada, regala-me com pequenas histórias produzidas nos recantos da casa.

Leio, sem esmiuçar. Mas sua produção surpreende-me. Seus olhos brilham, vendo-me atenta. Ela é vaidosa, límpida, brilhante. Ao falar-lhe, enfileiro algumas urgências para o ofício. Destaco a imaginação do futuro, como alimentar esta besta que se esvazia ao anoitecer. Sugiro-lhe, também, que não se esqueça de datar seus manuscritos. Deste modo poderá, com os anos, acompanhar a evolução da sua escrita. E, sobretudo, saber onde esteve, o que fez, em Santa Fé ou em Terraza, onde vive, quando a memória, com os anos, tende a burlar-nos, a nivelar os feitos como se tivessem todos ocorrido na mesma semana. Perde-se a noção dos episódios vividos e depende-se do testemunho alheio, tão falseado quanto o nosso.

Interessa-me averiguar se ela escreveu algum enredo que sirva mais tarde de matriz para a sua vocação literária. Não sei se me fiz compreender, embora ela me ouvisse com atenção. Creio que aprecia o meu sotaque e as histórias que também lhe conto, enquanto assumo certas claves do meu ofício. Afinal, que outra coisa sou senão escritora? Não sirvo para mais nada. Mas o que importa é que estou pronta a analisar por detrás de cada palavra escrita a dimensão do seu sonho. Não posso ser desatenta com quem amo.

Laura e María olham a casa, pousam o olhar no que seja, com naturalidade. Cada objeto, cada árvore, cada tomate da horta lhes pertence. Aliás, tudo que viceja, medra, e alimenta quem somos. Como conseqüência, elas parecem acreditar na força do milagre que as poupara até aquela data.

Penso regressar na manhã seguinte a Barcelona, deixando a casa só para elas e os avós. Minha presença estrangeira não deve interferir na história da aldeia que talvez remonta ao século XII. Um século ao qual credito a tradução de tantos enigmas históricos. Sinto-o próximo e cinzela-me a noção de que a aventura de estar viva passa pela crença de prorrogar a história e trazê-la até os dias que ora vivo em Santa Fé.

70

Na varanda, o gelo do copo, encostado na rodela de limão, se dissolve. Aos primeiros sorvos, a fantasia reverbera, mas logo se arrefece.

Faz calor e me conformo. Aprendi com a mãe a festejar o sol. Dizia-me, em Londres, onde ficamos três meses, após o meu ingresso na universidade, que preferia morrer de calor, esticada, no Brasil, que encolhida de frio, com dezessete graus abaixo de zero, na capital inglesa, para onde fôramos, junto com a tia Maíta, por conta do meu exaltado amor ao *ballet* e ao grupo literário de Bloomsbury, encabeçado pelas irmãs Leslie, Vanessa e Virginia. Uma delas, a notável Virginia, adotou o sobrenome do marido, Leonard.

Aos 18 anos, atiçada por impetuoso desabrochar cultural, não repousava. Sabedora dos estímulos criativos que ocorriam em outros países, pedia socorro aos pais, que me fizessem a vontade, me deixassem partir, sobretudo para Londres. Vivia aflita por aprender as artimanhas do mundo, descobrir a chave que me permitisse participar de perto desta outra realidade tão distante do Brasil.

Queria seguir os passos dos arqueólogos, abrir fendas, túneis, viajar pelo tempo, modestamente ser um Richard Burton, a caminho da cabeceira do Nilo. Mas logo que me instalei em Londres, ia todas as tardes ao British Museum, a consultar livros, mapas, ler a correspondência dos grandes vultos, deslumbrar-me com as peças de arte.

Também não perdia as funções do teatro Covent Garden, cujo diretor de relações públicas, ao conhecer-me, oferecia-me bilhetes diários para eu assistir aos espetáculos. Com que alegria recebia no pequeno hotel localizado na Charing Cross Road, por correio expresso, os bilhetes acompanhados de mensagens advertindo-me do que ocorreria naquela noite, fora do palco. Assim, desse atenção especial ao camarote oposto ao da rainha, reservado para visitantes ilustres. Naquela noite, por exemplo, estariam o Xá da Pérsia e sua bela esposa Soraia, que fazia sucesso no Ocidente pela beleza e pelos trajes da alta-costura francesa. Em outra oportunidade, ofertou-me assento no *Mezzanino*, relativamente próximo ao da Rainha Elizabeth II, que naquela noite fizera questão de prestigiar a despedida de Margot Fonteyn, sua ilustre súdita que, no dia seguinte, partiria para a França a fim de se casar com o diplomata panamenho Roberto Arias, havendo a soberana renunciado ao uso do camarote real por considerar o evento de caráter pessoal.

O sol incide sobre o meu rosto e reverencio seu fulgor. Mas sempre preferi as zonas de sombra, o território da penumbra, o universo nebuloso atrás dos quais a realidade se esconde e as imperfeições não se destacam. O mistério é fonte de atração, embaralha-me os pensamentos, inibe-me, força-me a tropeçar nas palavras quando pretendo defini-lo. Este mistério, porém, é uma aragem benfazeja que se conjuga com o desconhecido. Um dia, eu o conhecerei.

Imersa na placidez destes dias, diante dos imperadores, presto-lhes contas dos encargos que advêm da minha contemporaneidade. Asseguro-lhes que, em torno de meu cotidiano oficial, há um outro, com valor simbólico. Assim, à medida que os anos avançam, constato a dificuldade de se estabelecer uma comunicação com quem seja. Sob a pressão de tantos saberes, o isolamento é uma tentação e o mutismo uma arma que se volta contra nós. Será possível viver uma esplêndida solidão sem prantos?

Estes imperadores espanhóis não são meus interlocutores. Eles não me interpelam e nem se impacientam com minha presença. Mas, caso me ouvissem em meio à neblina do tempo, saberiam que não tenho intenção de ofendê-los, são eles que me ferem com o exemplo de seu desmedido poder. Devem-me, ainda que tardiamente, certa misericórdia paulina que os romanos não conheceram. Mas, o que importa à luz da história?

De verdade, meus caros imperadores, não padeço pela distância que há entre nós. Não estou carente de novas amizades. Já conto com afetos que medram e me fornecem razão de viver. Cada coração que me estima, com nome e moradia, aquece-me, regala-me maravilhas, irrita-me. Suas fraquezas são idênticas às minhas, No entanto, a despeito destes laços, não lhes forneço segredos e nem me confidencio. Não aspiro a escandalizar senão através da ficção, quando o personagem exige o registro de sua voluptuosa genitália. Neste caso, estou autorizada a ser grotesca e obscura. Fora da criação, porém, guardo os enigmas meus e dos amigos em uma caixa de sapatos, dentro do armário, longe da curiosidade pública. Nem eu averiguo anos depois a espessura da poeira acumulada nas dobras dos papéis. Não faço uso de uma diabólica exegese para explorar seus segredos. A noção de intimidade que tenho canaliza-se para a hora de escrever. Razão talvez de adotar a forma elíptica, que tudo diz, quando me manifesto em público. A fala emerge simbólica, intensa, mas sincera. Não me constrange, é espontânea, protege-me do impacto grosseiro de certas revelações. E isto porque, no que diz respeito às relações sociais, a arte é o local da crise.

Assim, imperadores e amigos, além do amor que tem o poder de me desnudar, habito sozinha o meu corpo, enquanto empunho a caneta e as palavras. São elas que falam.

71

Perguntei à Carmen onde se refugiavam as vacas de Santa Fé, pois não as via nos passeios a pé pela aldeia. Diante da observação, que lhe terá soado como uma censura, explicou-me que Juan, seu irmão, criava bezerros no curral, não distante da casa, até certa idade. Em seguida, eram levados para longe do lar, que era a aldeia, a fim de serem sacrificados.

Não levantei a questão por mera curiosidade. Mas porque desde menina amo as vacas, estou intimamente ligada a elas. Embora sejamos de espécie oposta, admiro nelas a melancolia absorta em si mesma, a maneira como exibem a antiguidade que me falta, própria de uma deusa pétrea. Além do mais, aprecio que me ignorem quando me ponho ao seu lado, com o incontido desejo de lhes acariciar a fronte, de confessar-lhes que, sendo eu de espírito arredio e ativo, de quem mal sabe onde está, aprendo com elas como tardam em sair do prado, onde se encontram, levando mais de uma hora até chegarem ao riacho próximo.

Emociono-me ao olhar aquele corpo parcimonioso que quisera fosse meu. Próprio de um ser de grande inteireza moral, que não abandona seu destino de vaca por qualquer frivolidade. Seu fado é pertencer a uma raça pródiga e generosa, a quem devemos, entre tantas virtudes, o precioso leite. O outro leite, depois do leite materno. O que torna a vaca a nossa segunda mãe.

As vacas galegas da avó Isolina surgem-me na memória. Convivi com elas com abrasivo amor. Pelas manhãs, levava-as ao Pé da Múa, tangendo-as com a vara aparada com o canivete dado pelo pai. No monte, elas ruminavam a erva sem pressa, e nos contemplávamos às vezes como amigas que não querem se desprender, ofendem-se quando lhes dizem que as despedidas não doem.

No mítico monte de Cotobade, às horas em que o vento norte esfriava os ossos, percebia os caprichos de uma raça que se ressentia de lhes apalparem o ubre sem consideração. Uma ordenha mecânica displicente que, ao dispensar a tradicional carícia existente entre homens e vacas, expulsava o animal da esfera sagrada para convertê-lo em um bem utilitário.

Em certa tarde, na casa de Clarice Lispector, que sabidamente amava as vacas, mencionei o temperamento discreto destes animais que se privavam de exibir a ira ou outro sentimento subalterno. Clarice franziu a testa, solidária com o meu diagnóstico, urgia que eu seguisse falando.

— Engana-se quem pensa que a vaca é pueril — enfatizei.

E recordei a sua mansuetude, o ubre do qual escorre uma seiva alva, a mirada de doce humanidade. Aquelas virtudes que, em contraste com a proverbial trivialidade humana, fizeram-me crer estar a ponto de alcançar o centro do meu coração, de ingressar em meu próprio labirinto. Como se a vaca fora um projeto concebido antes mesmo de Deus haver pensado no arcabouço humano. Assim, havendo ela, na ordem da criação, nascido primeiro que nós.

Invejo-a e festejo-a como se fora um mito que uso como pretexto para me afastar das criaturas. A fim de que esta vaca se torne o mito que me falta, o meu Santo Graal, o meu velocino de ouro, em cujo costado repousa a minha dileta utopia.

Mas, de onde provém tal estima? Acaso de um alvoroço arcaico que afeta este enigma feito de leite e manteiga, originário de um ubre redentor? E tudo para que eu considere a vaca alguém do meu sangue, uma filha dos meus pais, com direitos idênticos aos meus?

72

Não sei como Adriano e Trajano se relacionaram com a arte. De que forma estes imperadores acataram a noção de que a vida, que nunca é vã, instaura-se também na matriz da invenção.

Mas, caso eles pudessem me ouvir, a despeito dos séculos que nos separam, eu lhes diria que a arte é uma celebração do imaginário. Sob sua milagrosa égide, o universo pessoal de cada qual se confronta com as quimeras alheias, funde-se com elas em uma espécie de conúbio apaixonado.

E isto porque, como seres da imaginação, qualquer estado febril faz aflorar as instâncias secretas da alma. Fabrica, de imediato, arremedos da realidade, contando para tanto com o delicado fio da fantasia, que se rompe a qualquer descuido.

Para estes imperadores hispânicos, a imaginação seria, quem sabe, de baixa extração, explorada pelas classes sem título, pelos seres sem a aristocracia de sangue. Ancorada na carência popular, tinha valor reduzido. O que poderia a imaginação significar perante os feitos romanos, como a conquista da Gália, a destruição de Cartago, a submissão de Jerusalém. Estas, sim, ocorrências épicas e criativas.

Para estes imperadores, a imaginação talvez fosse mera manifestação filiada à esfera feminina, ao lar, portanto a merecer suspeita. Uma prática que, por conta de sua sedução, alienaria o senado e os legionários das realidades do império.

Não sei o que pensar quando dizem ser a imaginação refúgio dos débeis, recurso das mulheres, um feudo que os guerreiros repudiam. Quanto a mim, além de me servir, a imaginação salva-me, sou-lhe devedora. Porque com ela, desde a infância, visito Samarcanda sem precisar deixar a casa. Mastigo o alimento gorduroso dos animais de montanhas, onde há geleira eterna, e, estando no deserto, degusto lacraia, gafanhoto, tudo que me salva. Com a imaginação, vivo a literatura, de que sou filha dileta. É ela que me insta a ingressar no corpo de quem seja, apresentando como atributo, dentro do meu portfólio, o certificado da arte e do desejo.

Graças às iniciativas da imaginação, a literatura dita-me regras labirínticas, faculta-me tocar no braço do vizinho do bar sem meu gesto ser considerado espúrio ou impositivo. Mas um simples movimento que une provisoriamente as nossas sortes. Um gesto que afirma não ser eu senhora do outro corpo apoiado no balcão a beber a sua cerveja, e nem ele do meu, que pedi um guaraná e um sanduíche de pernil de porco. Nenhum de nós é prisioneiro da nossa inconseqüente generosidade.

73

De férias em Santa Fé, amealho dias, moedas, risos, pensamentos, tristezas. Aceito que a vida em seu esplendor acomode-se ao meu lado sem pedir licença.

No amplo escritório de Carmen, observo-a, em sua mesa, a organizar papéis, fazendo anotações, mexendo nos papéis empilhados ao lado. Reparte-se com destreza entre os afazeres e a minha presença, à qual está habituada. Ao longo de trinta anos nos confidenciamos, cultivo a matéria substantiva da memória comum a nós, armazeno os escombros suntuosos da existência.

O cenário pode variar, ora em Santa Fé, ora em Barcelona, ora no Rio de Janeiro, mas não a amizade, a maneira como nos comportamos nestas circunstâncias, uma sentada diante da outra, com uma mesa de intermédio. Quantas vezes ela me convocava a descer do estúdio, no prédio mesmo da agência literária na Diagonal, onde eu era sua hóspede nas longas temporadas passadas em Barcelona, para acompanhá-la nas horas noturnas que conseguira de sua agenda para arrematar o trabalho iniciado pela manhã.

Instalada em seu belo escritório, com armários estilo *art nouveau*, com a mesa atapetada de pastas, eu sabia quando ela daria início a uma conversação pausada, sem tempo certo para acabar, ao menos até ela aliviar-se vendo seu trabalho adiantado. Sem dúvida, ela falava mais que eu, embora apartes meus pudessem, de repente, surpreendê-la pela inesperada extensão. Mas sem por isso distraí-la. Carmen tinha a rara habilidade de conjugar trabalho e conversas paralelas, sem se equivocar. E, por outro lado, não a inquietava que eu me limitasse a vê-la assinar papéis, adiantar o expediente da agência, enquanto conversávamos sobre a vida, a família, sua e minha, os segredos do mundo, a morte, que críamos, então, distante de nós. Sempre confidências que semeavam o cotidiano com as marcas das influências que cada qual generosamente exercia sobre a outra. Uma confiança que permeava o bem-querer, selava as nossas respectivas vidas com o toque raro da amizade.

Mas como descrever aos demais o teor de um cotidiano revestido de sinceridade e modéstia. E que se estendia à mãe, em cuja casa Carmen se hospedava em suas periódicas visitas ao Brasil. Como conseqüência, surgindo entre as duas um intenso afeto, a ponto de eu não ousar interrompê-las, conquanto vizinha da mãe, antes do café da manhã que ambas partilhavam em meio a longas e secretas confidências.

Desenvolvera-se entre elas uma intimidade tão rara, levando-se em conta o temperamento reservado da minha mãe, que ela ofereceu à Carmen não somente um quarto permanente, onde deixasse seus pertences, como lhe deu as chaves da casa para chegar ao Brasil sem avisar, no horário que quisesse. E cuidava de Carmen com tal delicadeza, que até os seus vestidos brancos, de verão, eram enviados a uma casa do subúrbio, com quintal, para corarem ao sol após a lavagem.

Nosso diálogo em Barcelona, antes da casa de Santa Fé, onde agora nos encontramos, sempre foi singelo, pautado pela preocupação com os que amávamos, com o território em que nos tocou viver. Eventualmente Lluis nos interrompia para adicionar elemento novo ao encontro. Em geral, gravitávamos em torno da literatura, mesmo sem mencioná-la. Provável até que ao falarmos da *olla podrida*, estivéssemos mencionando Cervantes.

Em Santa Fé, enquanto as horas escoam, Carmen ordena o mundo. Ela é uma âncora na minha vida afetiva e agradeço o dom de sua amizade. Como de sua família, com Lluis à frente, acrescida agora das netas Laura, María e a *petite* Nélida, nome que lhe foi dado por Ana e Lluis Miguel, em minha homenagem. Uma família que considero extensão do meu coração.

Hoje é dia de São Luís, soberano de França. O rei santo que, à frente de seu exército, embarcou para o Oriente Médio com o intuito de resgatar Jerusalém das mãos dos infiéis. Uma cruzada que o levou a deixar o trono francês nas mãos de Blanca de Castella, sua mãe. A rainha que ao exercer o papel de governante em Paris, convencida dos acertos de suas decisões, criou graves conflitos com a Sorbonne. A mesma universidade que nos seus primórdios, no século XII, congregava arrogantes dominicanos e franciscanos, em permanente disputa por um Deus ungido segundo suas teologias privadas. Entre eles, Abelardo que se instala nas encostas de Sainte-Geneviève, festejado pelos discípulos como um *popstar* medieval, sem suspeitar que seria emasculado em breve pelo cônego Fulbert, tio de Heloísa, pelo crime de se amarem.

Em visita a Provença, visitei o pequeno porto de Aigues Mortes, de onde os cruzados do rei Luís partiam em frágeis naus francesas para a arriscada aventura de cruzar o Mediterrâneo e enfrentar o mundo sarraceno. Cercada de turistas queimados de sol e pernas de fora, senti ser a única a interpretar os sinais de uma época apagada na memória dos contemporâneos

O almoço de hoje, em Santa Fé, celebrava os Lluises da casa, ambos Palomares. Um, Lluis, o marido de Carmen, o outro, Lluis Miguel, filho do casal, vindo de Barcelona naquela manhã especialmente para juntar-se às comemorações.

Lola preparara um delicioso arroz de coelho, entre outros quitutes. Já cedo, solicitada pela minha curiosidade, esclareceu-me como apurar o *sofrito*. No azeite quente da frigideira, lançava o alho, o bulbo que impregnava a cozinha de súbita felicidade, a cebola, a adocicar o tempero. Juntos, alho e cebola murchariam, e só mais tarde ela adicionaria o tomate sem pele, picado. Aquele *pomodoro*, feito de ouro, pura ourivesaria, vindo da horta.

Aquele tomate recebera cuidados tão dispendiosos que provocou o comentário de Carmen de ser, sem dúvida, o mais caro produto no gênero produzido na Catalunha. Razão pela qual convinha comê-lo com os olhos praticamente cerrados, como preâmbulo da excelência de uma receita que esparge alegria entre os homens de boa vontade.

Após o almoço, na intimidade do quarto, penso na impiedade de um futuro no qual já não estarei. A mortalidade é mortífera e nada posso fazer. Pergunto-me, quantos anos mais terei? Não estarei presente quando for necessário defender as pequenas trilhas civilizadoras do cotidiano. Como este almoço, por exemplo, preparado com amoroso requinte e ingerido sob a primazia da claridade da Catalunha.

Mas quisera assegurar aos nossos sucessores que valorizem memórias, papéis, cacos de ânfora, pó de pedra. Falem dos gregos, dos egípcios, de nós, a fim de que os netos cultivem regras mínimas de convívio e não desfaleçam de pavor diante do furioso avanço das hordas bárbaras.

Ouço Wagner. Sua música esfacela-me os sentidos. Mas a arqueologia que brota da sua arte lança-me em defesa da cultura. Não aceito que a realidade banal me desmembre. Mas sua música, que combate o esquecimento, leva-me a Bayreuth. Ao ouvi-lo, em seu teatro, ao qual compareceu o imperador brasileiro Pedro II, cada ópera provoca-me um efeito surpreendente. Abate-me como se eu fora um pássaro tresmalhado, à procura de pouso.

Wagner, porém, é incrédulo quanto às minhas intenções. Desconfia que a brasileira pretenda empanar o brilho do seu gênio, contestando-lhe os mitos agrupados em suas óperas. Intui que, ao não aprovar a exclusividade das versões de seu fabulário germânico, forço-o a reconhecer em seus mitos a procedência helênica e latina, que praticamente ele expulsa. Talvez inconformada com sua insistência em entronizar os deuses alemães, com Wogran à frente, em detrimento de Zeus, Cristo, Buda, Jeová.

Mas que importa se a emocionante criação do compositor ecoa pelo quarto e trilha pelas vísceras. Tenho o paladar enriquecido pela cozinha de Lola e os prelúdios de Wagner. E enquanto travo a batalha do século, a de conservar a memória, abraço as ondas evocativas, que vão e vêm, experimento o calor da minha fornalha. A vida não se despede, mas coze-me por inteiro. Ainda estou intacta, empenhada em envelhecer em paz.

74

Ando pelo mundo à frente da minha nau. Sob a ameaça de iminente naufrágio, aprecio o sol, o pão, os gestos amorosos. Também estimo bichos e objetos. Não me quero estranha entre eles. Quem arfa tem a minha companhia. Quem vegeta tem os meus cuidados. Não aceito demolir sem reconstruir. Aliás, aspiro a agregar esperança ao que já existe. E contabilizar, sempre que possível, a vida a partir de inestimável legado. Não creio em zerar a existência. Nem mesmo um infante é inaugural.

De novo em Santa Fé, de Lérida, ocupo-me dos pequenos mistérios. Gloria Gutiérrez tem razão ao dizer, em Madrid, cidade risonha, instigante, que, após Carmen e Lluis terem construído a casa na aldeia natal da família, seria difícil encontrar-me, como antes, em Barcelona. Segundo ela, ainda que a cidade faça parte da minha história, suspeitava que eu, afeiçoada como era à vida rural européia, a buscar sempre as memórias galegas, escassearia minha presença em Barcelona. Ri e não recordo o que lhe disse.

Contudo, o coração tenho-o poroso. A idade afeta as veias, mas a vida provoca sobressaltos. Igual à época da adolescência, quando me apaixonava como se o amor fosse eterno, para esquecê-lo em seguida, diante do alvoroço de uma outra presença. Uma espécie de adesão incondicional à vida que nos ensina a amar. A amar o amor, à família, aos amigos, à língua, às instâncias da vida, à arte. As substâncias que ausculto e respondem ao meu apelo. Ao que fenece após breve respiração. A quem me acolhe sem eu haver pedido. A quem me abraça sem pensar em me dar as costas. Amar ao que late, ruge, relincha. Amar a paisagem pátria, a estrangeira, aos habitantes de Babel que me falam na linguagem dos homens e eu escuto.

E onde esteja, no Brasil, ou no estrangeiro, celebro amigos e escritores. Eles atestam que continuo vulnerável perante os sentimentos dispersos e coletivos. E que, no Rio de Janeiro, fantasio homiziar-me um dia no Bar Luís, atraída pelos frios, a salada de batata alemã, o pão preto. Contudo, fico só no sonho. É mais fácil atravessar o Atlântico, ausentar-me de casa algumas semanas, do que tomar a direção da rua da Carioca, freqüentada pelo avô Daniel que, na sua campanha educativa, me levava pelas mãos.

Uma meta minha é realizar o sonho de ir a São Lourenço, estação de águas. Convidar amigos, averiguar se o Hotel Brasil, onde o presidente Getúlio Vargas se hospedava, aceitaria Gravetinho. E saber ainda se o Parque das Águas permitiria que eu contorne o lago conduzindo o cachorro levado pela guia, como outrora eu passeava com o pai e os primeiros namorados que tive na cidade do sul de Minas. Mas, sem concretizar o projeto, São Lourenço torna-se a utopia da infância, o território da invenção, que os mortos assopram e eu choro.

Ao caminhar pela Lagoa, observo seu espelho-d'água. Aprecio que meus compatriotas me confessem que querem ser narradores. Nem sempre acreditam nas histórias que lhes conto, enquanto me lêem. Relatam-me parte das suas histórias esperando que eu os eleja como protagonistas. Sabem-me apaixonada por um ofício de que também fazem parte. Agradeço que pensem que uso a língua lusa para falar deles. E que, na solidão do meu escritório, respondo pela épica brasileira.

Tenho vontade de lhes confessar que o amor é um mistério e um impedimento para entender o mundo. E que a história de cada afeto, a história deles portanto, chega-me sem bilhete, flores e regalos. Ao mesmo tempo, não é necessário documentar o amor para acreditar nele. Porque, afinal, o prodígio amoroso vivido entre dois seres brinda-me com a alegria de que já não prescindo.

75

O palco do Palau estava na penumbra, só os anjos incrustados no interior do teatro, de aparência distraída, nos examinavam. Éramos para eles protagonistas de um outro espetáculo. Só que se abstinham de nos aplaudir, e de saber o que havíamos feito para merecer sua visão exaurida pelo tempo.

Minutos depois, Maria João Pires encaminhou-se ao banco do piano e o jato de luz, projetado sobre ela, revelava-nos uma gazela frágil cuja cabeça pendia sobre o teclado, enquanto o tenor mantinha-se encostado no piano de calda.

Com os dedos nas teclas, sob direta orientação de Schubert, Maria João solidarizava-se com a recôndita solidão do compositor. A simplicidade com que escandia as notas não lhe permitia renunciar à perfeição que imprimia aos *Lieder* da *Viagem do Inverno*.

Ao lado de Carmen, em sua frisa, eu observava a artista que, no palco, envolvia-me na rede da sedução da arte, a ponto de eu cogitar como ser possível que a frágil portuguesa, sentada na banqueta, ao pé do piano, arfasse com um talento audível para mim, mantendo-me prisioneira da eternidade daquelas canções.

Ao final do recital, os aplausos prolongaram-se e Maria João saudou o público com curvatura oriental. O gesto, discreto, escondia um rosto cujas feições oscilavam entre juvenis e amadurecidas. O público não a deixava sair e observei a emoção de Carmen, assim como a de Dionísio, seu taxista, que nos acompanhava na frisa.

À saída, hesitei sobre o próximo passo. Havia anos não visitava o camarim de um artista onde outrora desaguara minhas paixões artísticas. Decidi cumprimentá-la. Ela era grande artista, portuguesa, e ambas repartíamos a mesma língua. Pedi a Carmen que me aguardasse e cruzei a porta em sua direção. Ela recebia os amigos no próprio palco.

Enquanto Maria João Pires atendia os visitantes, à margem do espetáculo, aguardei que me chamasse. Esquecida de que devia partir de mim o gesto de agradecimento. Mas há muito eu perdera a ferocidade oriunda dos atos juvenis que não temem amar ou desempenhar um papel ridículo.

Sua extremada sensibilidade ouvia os ruídos do mundo. Percebeu a expectativa daquela mulher que se emocionava por conta de seu intenso talento, e apiedou-se de mim. Discreta, convocou minha presença e ao perguntar-me o nome, à guisa de diálogo, identificou a escritora brasileira. As palavras que trocamos foram rápidas, mas memoráveis. À despedida, após proclamar-lhe meu amor a Portugal, prometemo-nos ver no Rio de Janeiro ou na próxima ida a Lisboa. Também ela é viajante incansável, sua casa é o piano. Falta-lhe talvez o pouso certo onde ancorar a inquietude. Contudo, retorna sempre à pátria e, mesmo agora, indiferente ao calor do agosto europeu, prossegue com suas viagens de inverno sob o sopro de Schubert.

Tarde da noite, Dionísio conduz-nos de volta a Santa Fé. Na estrada, Carmen e eu conversamos, enquanto as pedras pontiagudas nas cercanias de Montserrat vigiam os invasores de seus domínios. A Catalunha era misteriosa, como toda a terra, pensei contrita. Estendi o pensamento à música de Vivaldi, que inaugura o ciclo das estações. O inverno do italiano enaltece os cuidados com o cotidiano, em oposição à desesperada melancolia de Schubert que me golpeia entre assombros e a visão da morte. O compositor antevê a tristeza que acossa o viajante solitário, e não é o meu caso? Mas quantos invernos mais terei?

Reajo, fixo a mirada na estrada. Ouço o ruído estrepitoso das cavalgadas humanas. Será o inesperado aluvião de Wagner que me persegue?

Em menos de duas horas, chegamos a Santa Fé. Uma madrugada a mais na mítica aldeia de Lérida.

76

Ignoro o que pode aliviar o olhar grave de Trajano, de quem sei tão pouco. Feito de matéria inquebrantável, ele me contempla do pátio da casa de Carmen, onde me instalo pelas manhãs para apreender as regras do mundo. É cedo e aguardo os jornais que Maria trará de Sant Guim, pequena vila a quatro quilômetros de Santa Fé. O cotidiano é suave, sobretudo após o café da manhã.

Sozinha, nesta área da casa, inquiro-me sem cessar e aproveito os anos de vida que tenho pela frente. O saber é o traço mais forte que hoje me associa à realidade. Ajo como se fosse viável instalar-me em qualquer rincão sem interrogar a quem seja sobre tal decisão. Sem remorsos ou fazer o outro sofrer. Estou certa de que, ao chegar a qualquer urbe estrangeira, a imaginação antecipa-se, pavimenta o chão para eu ser cidadã de tantos hemisférios. E, graças ao seu talento para ler o passado como se fora uma cartomante cujas cartas trazem inscritos os sinais da narrativa, sou bem acolhida, aliciam-me a cancelar o que me freia.

À vista de ambos os imperadores, avizinho-me das idiossincrasias destes seres de exceção. Como eles, distorço a realidade a fim de proteger-me do caos e do vazio que afetam o espírito de qualquer época. Quisera, porém, ser como Paulo de Tarso, que se sabia grego, romano e judeu, devedor dos clássicos, dos antigos e dos modernos. Mas como agir diante da nebulosidade cósmica, se tudo nos falta? Não é certo que desde o tempo de Péricles o mundo é ilógico e sem razão de existir?

Lá estou eu de novo escavando o espírito grego. A reconhecer que aquele povo do mar Egeu teve o bom senso de sugerir aos deuses que adotassem aparência humana. Uma circunstância que lhes permitiu deixar o Olimpo e visitar a pólis, usando, entre outros pretextos, o apreço que tinham pela beleza humana concentrada na ágora. E porque se misturaram com os homens, passaram a comportar-se tal como eles. Desfrutando das peripécias humanas, mergulhando no sangue da paixão, sem sofrerem as funestas conseqüências reservadas aos seres. Desta forma, desobrigados de formar um lar com as mulheres, saciavam seus apetites entre as suas coxas. E, ao regressarem ao Olimpo, readquiriam a forma original, indiferentes às seqüelas acaso deixadas entre os homens, das quais a humanidade não se liberaria ao longo dos séculos.

De repente, por motivo de uma falha que desconheço, este ritual da imaginação interrompeu-se e nunca mais os deuses retornaram. Que pena.

77

Banho-me, esparjo essências, seleciono o traje adequado, desfruto do café da manhã. Pleiteio os domínios da consciência. Ela já pode atuar, estou desperta.

Minha carcaça reclama. Tem natureza de bicho e exige ser tratada com deferência. Habituei-a ao conforto, às coisas boas do cotidiano. Sou eu mesma que respondo pelo corpo, homizio-me nele para sobreviver.

Após combater os membros intumescidos pela longa noite, tudo se afina. A própria alma, que está em mim, é um receptáculo vulnerável. Esbraveja ao ver-se submetida aos maus-tratos, à máquina do desejo obscuro.

Olhando o espelho, arranco as provas de que existo, esbarro na realidade. Vigilante, não vou além dos meus ossos. E, embora tenha engordado, o peso excedente não forma um volume autônomo. Não está fora de mim, continua meu, de minha propriedade. Eu ocupo meu corpo por inteiro.

Neste verão, pouso em Santa Fé. Tento descansar e escrever. Tenho notícias diárias do Brasil. Aflige-me o silêncio da minha casa, do português, dos afetos. Quando a língua me falta, falo sozinha, em voz alta, durante o banho. Simulo às vezes estar na tribuna, discursando. Cuido da precisão verbal, do ritmo, sem preguiça de acertar. Só após convencer o auditório de ser a literatura razão essencial de minha vida, retorno à língua do outro, faço caretas, articulo a mandíbula, sou histriônica, para que me aceitem.

Mas, por onde perambule, respondo pelo nome de Nélida. Certas noções pessoais, que traduzem minha humanidade, têm dimensão moral. A voz sussurra que meu corpo, como se apresente, merece apreço. Nenhuma arte deve, a pretexto de que conceito estético seja, brandir contra os meus interesses.

Passeio pelo jardim e a horta, que florescem. Ajudo a recolher os tomates que hei de banhar com sal grosso e azeite de oliva. Mais tarde, saciada com tantas emoções, reclamo da estética contemporânea que retalha, com a navalha, pedaços do corpo, a pretexto de reduzir-lhe dimensões. Há que ser magra como se as mulheres fossem ascéticas, seguidoras dos padres do deserto que refugiados nas cavernas úmidas, dando prova de esgotante fé, alimentavam-se de pão duro como pedra e de água da chuva.

Falta à arte, mesmo provinda de Leonardo, autoridade para roubar os direitos inalienáveis do meu corpo e macular-lhe a dignidade. Em qualquer circunstância, minha carne é bonita, ainda que haja perdido a juventude. Tem atributos irrenunciáveis, portanto, estatuto ético. Em nenhuma hipótese aceito que julguem minha aparência. Este corpo meu, filho do pai e da mãe, não se sujeita a modismo. Qualquer moda, diante da representação da minha carne e da minha imaginação, é mero ornamento, subterfúgio para cobrir minha nudez.

O dever precípuo da invenção, em mãos de figurinistas, é servir ao corpo e não garroteá-lo. A moda que humilha a carne é desprezível. Sem mencionar que meu corpo equivale à densidade de minha alma. E conquanto nem sempre alma e corpo se tolerem, mais bem vivendo em desacordo entre si, não se prescindem. Afinal, o corpo é o cenário perfeito das minhas idiossincrasias. Um palco onde me exibo ora como Salomé com os sete véus esfarrapados, ora como Bentinho, que pretende ser vítima da ambigüidade de Capitu, cuja fornalha consome lenhos de madeira na chama de falso desejo.

Na seqüência de tal combate, cumprindo sua jornada obrigatória, este corpo, que sou eu, aspira a ser um dia, sob a vigília do sagrado, o guardião de si mesmo.

78

Na tarde ensolarada, após o almoço, fiquei lendo Baudelaire como se flanasse por Paris em sua companhia, em vez de caminhar pelo chão batido de Santa Fé.

Aninhada no quarto do segundo andar, recordei que o poeta, no século XIX, proclamou que o homem corre e busca, mas o que ele procura? A pergunta, sem resposta, renova-se a cada dia. Seguimos peregrinos em busca de explicações imperativas do que chamamos de modernidade. Ou seja, da vigência de uma realidade que nos assegura a ilusão de fazer parte de tempos convulsos, mas renovadores. Do mal do século que gera dias velozes, sorrisos compulsivos, e a instantaneidade do cotidiano.

Como qualquer cidadã de bom senso e ciente dos meus direitos, quero o simulacro da felicidade, o rótulo que a sua autoridade moral me assegura. Ciente, porém, de que só posso ser moderna, portanto falsamente feliz, se sigo atada aos povos antigos que me deram bússola e prumo.

O tempo dos mortais, que é o nosso tempo, não me apazigua. Insta à dona do nome dado na pia batismal de alguma igreja do Rio de Janeiro, que sou eu, a fugir da simplicidade do cotidiano em troca de uma modernidade que é um broche de fantasia posto na lapela. E dizem ainda, como consolo, que sou parte da elite contemporânea, de uma década jocosa, de uma sociedade saciada, que se organiza acima do bem e do mal, e que, em tal condição, assuma a responsabilidade de definir o que é moderno.

Diante da tirania desta modernidade, exerço a arte da fuga. Interno-me na casa, nos afetos intensos, na escritura, na música, na beleza da paisagem, na pintura de Vermeer, por exemplo, além da de Velásquez, na culinária que nos redime, mesmo que venha com excesso de gordura. E sigo considerando os sentimentos alheios como parâmetro e não me livro do fardo da responsabilidade coletiva. E não é assim que escolhi ser?

Sinto-me, porém, expulsa do meu tempo. Não sei batizar um estado que se associa à insatisfação, à melancolia, ao desejo de estar em todos os séculos, em todos os países, em todos os corpos ao mesmo tempo. De ser quem não sou, de amar a quem não tenho próximo, de aspirar a um modelo oposto ao meu talhe, de ironizar as estéticas autoritárias que se confundem com preceitos teológicos, com razões dadas para matar inocentes.

São tantas as incertezas no meu entorno, que estes mesmos sentimentos nascem e morrem pagãos. Submersos nas nomenclaturas inventadas para nos confundir, para roubarem as crenças e o entendimento que temos da vida. Sentimentos que nos forçam a uma abstração vaga, ao equívoco amoroso, ao descrédito da amizade, à desconsideração das normas básicas do cotidiano.

Mas, se os impasses se acumulam, pergunto se a arte tem justificativa para fracassar em seu projeto pedagógico de esclarecer a natureza das nossas emoções. Se pode esta arte, a serviço da dissimulada benevolência social, traduzir os sinais da realidade, guiar-nos pelos subterrâneos da desordem.

Rimbaud, ao contrário de Baudelaire, dominou o pântano das palavras, mas logo se retirou da cena. Antes de partir para a África, garantiu que era forçoso ser resolutamente moderno. Eu, contudo, a despeito do respeito ao poeta, desejo ser arcaica. Peço que afastem de mim o cálice oxidado do modernismo. Este aziago inserto nas correntes de uma estética que rima com dor, perversão, a matéria que engole as almas desprevenidas e inseguras.

No avião para Nova York, o vizinho tem ar resoluto. Em alguns minutos após a decolagem, ele dá alvíssaras à modernidade. Desembarca no aeroporto Kennedy cambaleante de orgulho, confessa-se conhecedor das emendas estéticas que reformam o estatuto da arte, e tudo para fazer caber dentro o seu talento. Diante da sua assertiva, o que dizer, se sou vítima da sua prepotência, aguardo que me enterrem na vala prevista aos que desconfiam do fervor moderno, dos que se rebelam contra ímpetos extra-estéticos, com nítida substância fascista.

Por ora, mesmo sem efeito prático, ancoro no imaginário do século XII, com o qual me afino. Convivo com os goliardos, estes poetas andarilhos, com Leonora de Aquitânia, avó da Europa, com Bernard de Clairvaux, o insubornável dono do mito mariano. Sabendo, no entanto, caso fora habitante daquele século, não disporia de luz elétrica e água corrente. Diante desta circunstância, sou forçada a ser moderna e infeliz.

79

Ando de bicicleta e chego à China. Pedalo com a imaginação, igual ao chinês que faz da bicicleta o transporte que domina o mundo. E que, dono de aleutas nos pés, pode dispensar as próprias asas. Como eu, do outro lado da terra, este chinês aciona a imaginação e finge ser Aladim, o jovem da lâmpada.

Aqui, em Santa Fé, uma aldeia a mais das existentes em torno, identifico-me com quem sorri sem motivo e viaja sem mesmo haver saído de casa. O que importa é abandonar os limites do quarto, trocar a própria cama por outra e cheirar destemida o corpo alheio. É proibido, sim, ficar no presépio, em geral depositário de frustrações, local onde se aguarda a expiação dos dias contados.

Mas, a despeito do que digo, o lar é o único lugar que acolchoa o coração e faz-me brasileira quando finjo ser chinesa em Pequim, ou espanhola na Catalunha. Contudo, se me sinto feliz ao estar entre as paredes da casa, na Lagoa, ajo de modo que algum objeto cortante me expulse dos seus recantos e devolva-me às ruas, ainda que sangrando. A praça é a minha esperança de encontrar quem me enlouqueça e faça-me sorrir com gratuidade. Do lar fujo com a convicção de ali travar as necessárias batalhas. A ele retorno como rainha, sem lhe cobrar vassalagem.

80

Passeio pela aldeia. Tenho razões para viver. Finjo aceitar que o teatro do meu cotidiano converge para a arte, só porque me intitulo escritora. E que o real, filho dileto do mistério, recusa acertos sociais, a lógica que desacata a estética.

Carmen organiza a agenda de Barcelona, para onde retornamos amanhã. Lluis recusa-se a seguir-nos. Ama Santa Fé e estranha o universo urbano. Também eu cuido dos meus papéis, antes de partir. Sou minuciosa e tenho sempre as malas pesadas. A literatura me persegue. Como se a arte fora o céu, o inferno e o purgatório ao mesmo tempo.

Mas não há como fugir da arte, que é cênica, caricata e transita entre nós, mortais, com o intuito de nos devorar. Ao menos é o que sinto, quando vejo pedaços meus irem embora, abocanhados pelas palavras. E, como se não bastasse, esta arte intervém nos afazeres da casa, liga a chama do fogão a pretexto de fazer um ensopadinho. Claro que ela é tão simplória e comezinha como nós. Em compensação, esta arte arrasta consigo o sentido da piedade, comove, parece indiferente à crueldade do autor.

Convém acreditar que a arte é superior ao criador, que não está à altura do próprio texto. E acaso não é correto supor que a arte tem razão de alardear que a bondade e o mal do mundo ocupam as páginas de um romance mesmo sem pedir licença ao seu autor? No meu caso, há anos a escrita é meu testemunho. Vivo imersa nesta espécie de real, que é uma construção humana, com expressão poética. E acredito que criar, graças a uma certa caridade paulina que a arte tem, é um ato conseqüente, com dimensão moral. Só mediante os seus recursos recolho as confidências do vizinho, valorizo o que jaz secreto em cada um de nós. Talvez estabeleça analogias entre o que se diz e o mistério da palavra.

Acaso minha função humana é não abdicar da intermediação da arte, da *petite histoire* que alimenta a fantasia coletiva? É dar contínua prova do meu apego à realidade e trazer à tona a tradução que tenho dela?

Retorno ao meu segundo andar, onde gosto de refugiar-me. Estou cansada. Que mania é esta de colocar-me sob a tutela da civilização? Alegra-me pensar que teremos no almoço costelas de cordeiro fritas no azeite. Um animal abatido antes de um mês de vida. Como somos bárbaros. A palavra escrita, contudo, que nos condena, alia-se ao drama, à máscara e à farsa, nos permite viver com certa dose de prazer. Como evitar o real, que está em todas as coisas? Em especial nas sementes secretas da fruta que no Brasil chamam de romã e, em Espanha, de granada?

81

Saio às compras. Lluis me acompanha. Digo-lhe que, ao retornar ao Brasil, levo comigo umas morcelas escuras e misteriosas, que há em Sant Guim.

No segundo andar, ajeito-me em meio a certas frases de Kant. Outros filósofos também me amparam. Mas a citação de Kant que nos incita a fazer uso da razão, embora desconfiando dela, tenho-a sempre presente.

A partir deste postulado bordejo ilusões, maravilhas, delírios, estas matérias que são concretas como um pedaço de pão dormido. E embora não alardeie crenças e esperanças, ou debata questões de fé, com que gosto desfaço-me de certos fardos e falo a Deus na língua da prece, que é o português. Nesta língua encaminho-Lhe impropérios, os sinais da paixão, a minha pobreza vocabular. E faço-O ver a lógica humana, suas manifestações inverossímeis, o quanto a realidade é esperta, subsiste à rede da complexidade, é um capital que enseja sermos às vezes líricos e dramaticamente poéticos.

Mas retorno a Kant, esperando que o mundo se ordene, burle das pretensões filosóficas. Tudo que consigo é perder-me na imensidão das propostas vãs.

Que vontade de ver de novo *Rastros de ódio* (*The Searcher*), aprender com John Ford as dramáticas sutilezas do amor.

82

Viajo pelo mundo e ele é uma faixa de terra cercada de água e memórias. Minhas pernas, ainda que se esforcem, só alcançam o limite da cama, da mesa de jantar, das aldeias por onde percorro. Às vezes, graças à fantasia, subo o Pé da Múa e o pico de onde o pobre Gunga Din, já moribundo, soa a corneta em nome de uma lealdade subserviente e trai o seu povo. Mas o que enxergo do alto é o mar sem fim, as Colunas de Hércules, com as quais Dante também sonhou.

Constato que a idade é fardo, farol, e um tesouro de memórias. Em Santa Fé, agora, com tantas horas que me sobram, a vida oferece-me símbolos que dificilmente interpreto. Ontem, por exemplo, sonhei ter ao meu lado, na mesinha-de-cabeceira, o *Livro das horas*, do duque de Berry. Uma maravilha do século XV, hoje na cidade de Chantilly, conhecida como *As ricas horas*. No sonho, ainda, ao folhear cada página, suas iluminuras projetavam luz sobre o meu rosto. Recebia sinais que se aplicavam às experiências que vivi com leveza, sem registro. Acaso, com o sonho, ambicionei armazenar horas tão ricas quanto aquelas que o duque desfrutava ao rezar, ajoelhado, no seu genuflexório?

Os anos me deformam e já não sou quem fui. O esplendor da juventude é vaga lembrança, mais presente na retina alheia do que na minha. A menos que me observe nos retratos e aplauda a jovem que fui, apaixonada e cheia de promessas. Em compensação, mais velha agora, dialogo comigo, com quem seja, e até com Deus. Pouco importa que me queiram lapidar com a mesma pedra que golpeou Estêvão, usando como pretexto os desencontros havidos no campo das controvérsias.

Pauto agora a existência com o olor da morte, acrescido de algum perfume que emana dos corpos alheios e da cozinha onde se frita o alho no azeite de oliva. Ocorre-me dizer que nem a Deus presto conta, uma vez que não convém que Ele se preocupe com a minha face profana. Basta o flagelo da consciência, quando peco ou me julgo uma cidadã faltosa.

É natural que aja com desenvoltura, se sou quem responde sozinha pelos encargos das emoções, das contas, da matéria da fé. E, se é assim, por que consultar a Deus e aos semelhantes quanto ao rumo que tomar, caso esteja em perigo? Além do mais, havendo escolhido a arte como ofício, ao lidar com palavras que crucificam e exaltam, ao reconhecer que a própria arte, pejada de manhas e mistérios, está à espreita, convocando-me a fracassar, dizendo-me, em voz sibilina, que não sei acrescentar louvores ao repertório dos meus livros, por que temer?

A arte não me engana. É ela que se encarrega de apontar minhas fraquezas, em contraponto aos anos que me querem roubar o direito de amar. No entanto, sou hoje mais artista que antes e, em outra medida, mais mulher. Entendo melhor os dissabores da idade e que o fervor da carne já não seja o mesmo, ainda que a vida se desgarre aos poucos do meu coração.

Assim, a noção da finitude acompanha-me e não há como atenuar seus efeitos. Em breve, inaugurarão meu retrato no Petit

Trianon, em obediência à tradição da Academia Brasileira de Letras de reverenciar os filhos que partiram. Mas, ao encerrar o ciclo das peripécias e do fausto amoroso, o que sobrará da minha biografia? Haverá paredes na Academia para tantos mortos?

Meus impulsos não expressam a carência animal de outrora. E já dispenso a singularidade dos estranhos que antes me pareciam encantadores. Outro ritmo apazigua-me, enquanto substituo as benesses do passado por feitos discretos. Cuido também da biografia, preocupada com a dignidade física. O corpo me segreda que ninguém deve bater à minha porta triunfante, portador de uma versão estética que me quer aviltar. Não estou à mercê de quem pleiteia intimidade para relatar mais tarde nos bares que pedaço do meu corpo menosprezou enquanto fingia me amar. E que tenha em mira obter de mim subsídios que lhe acrescentem prestígio social, enriqueçam a própria biografia indigente.

Acautelo-me contra as falsas declarações de amor. Leio no olhar alheio a confissão que mente, o julgamento que burla, a ambição que aspira ao troféu ganho na cama. Confiante, quem sabe, em usurpar a minha vontade, o meu gozo, em ter-me como refém. Sujeita a quem passa pela minha cama sem ao menos, ao final do amor, esticar os lençóis que a paixão desalinha.

83

Hoje, após o café da manhã, no terraço de Santa Fé, comecei a reler Sêneca, cujo infortúnio foi servir a Nero, que o obrigou a suicidar-se. Retirei o volume da prateleira de livros ao lado do meu quarto, no segundo andar da casa, com a ilusão de ser estóica em meio à abundância, à sensualidade, aos prazeres que a sorte e a amizade, e o labor intenso, me vêm ofertando. À procura de certo estoicismo de que careço nestes anos.

Leio sem pressa. Desfruto da sabedoria do texto na esperança de esquecer quem sou nesta circunstância, para entregar-me ao pensamento de Sêneca que se aplica a Nova York, a Dubai. Cada palavra alveja e me sintoniza com o que sei. Iludo-me em pensar que ele talvez tenha intuído que nos séculos vindouros certa brasileira, ansiosa por um código que a faça compreender as ocorrências do mundo, escolheu lê-lo em Santa Fé, a pequena aldeia esquiva dos grandes centros.

A despeito dos postulados do filósofo, de semelhança cristã, quero conciliar-me com minha época. Abandonar o contínuo hábito de emitir juízo sobre os séculos anteriores em detrimento do meu. Logo eu que integro a falange dos que criaram este nosso impiedoso mundo.

A música, da rádio, não me rouba a concentração. Ajusto as palavras de Sêneca aos ditames do meu corpo contemporâneo. De tal fusão surgem temperos, reflexões, sentimentos, anúncios de vida e morte. Com Sêneca, dou início a uma aventura que ajuda a viver. A leitura me inflama, quer fazer de mim uma outra mulher.

Lluis interrompe os desígnios que a antiguidade romana estava na iminência de me impor. É hora de almoçar. Oferece-me um vinho branco gelado que bebia enquanto servia a *mili* em Galícia. Ao mencionar sua passagem pelo universo galego, o tom da sua voz se abranda. Ele se emociona ao falar das tradições galegas, que me são familiares.

Segundo ele, o vinho é saboroso e de custo médio, casa-se com os dias ensolarados de agosto. Como agora, em que nos refugiamos na casa de pedra, fria, cercada de verde. Ambos sorrimos. Prometemo-nos bebê-lo nas próximas refeições. Alegre e jovem, o vinho não chega a ser rascante, como certos verdes portugueses.

Após o almoço, cujas iguarias contrariam a estóica sobriedade de Sêneca, retomo a leitura. Não desisto de quem filtra os detalhes simples do cotidiano sem abolir a complexidade que ocupa a mente humana. E não era do que eu precisava naqueles dias?

Recordo haver lido que o filósofo padecera de asma. Uma doença associada aos seres sensíveis, com alto grau de inquietação. Ao diagnosticar a própria doença, ele a intitulou "*suspirum*". Poética, mas mortal. Um suspiro que intercepta a vida.

Solidária com as aflições do filósofo, olho-me no espelho bisotê do quarto cujos móveis pertenceram à mãe de Carmen.

Belas e austeras, as peças refletiam o seu gosto, a mãe a quem penso conhecer quando Carmen, emocionada, lhe esboça o retrato. Guardo a frase memorável da mãe a dizer, a propósito dos disparates provindos da brutalidade que acossava os espanhóis durante a guerra civil, que as famílias responsáveis, nas trilhas da devastação produzida pelas batalhas, deviam ter um filho.

Confinada ao quarto onde sou feliz, imagino as contrações morais que acometeram a Sêneca à época em que Nero enviava os cristãos à arena para os leões se fartarem com o banquete cristão. Angustia-me imaginar Sêneca ocupando o palco da solidão histórica, enquanto o sangue jorrava na arena. Não nos faltam razões para combater o delírio de Nero, discípulo do filósofo. Teria ele no rosto, à véspera do suicídio, uma expressão romântica? Ou, na iminência daquele ato radical, tremeu, agarrado à vida como um homem comum. E por que, em Santa Fé, lastimo a sua morte trágica que não presenciei?

Prossigo com a leitura. Solidária agora com Proust que, asmático, encerrado em seu quarto no hotel Ritz, ansiando por respirar, compunha com inaudito refinamento verbal o seu *La recherche*, enquanto a morte não lhe vinha reclamar o gênio.

Por que choro pelos mortos? Por que a vida me comove tanto?

84

Tranco-me no segundo andar. Pedi a Carmen e Lluis que dispensem minha presença no jantar. Tenho um trabalho urgente que terminar. Escrever é sempre um esforço que me parece às vezes impossível de enfrentar. O que exatamente teria facilitado a minha criação literária, permitindo que eu patinasse sobre as palavras como se estivesse em uma pista de gelo?

A verdade é que quisera ser Hermes. Colocar o seu capacete na cabeça e andar entre os mortais sem ser vista. Mediante tal artifício, participar da intimidade alheia, ouvir segredos, surpreender a carne em tensão apaixonada. Conhecer, assim, o gênero a que pertenço, narrar sem ônus para a estética e a honra, com um saber que me falta. Falar dos entreveros ocorridos na antecâmara presidencial de qualquer país, mencionar o vizinho que, apesar da medalha de guerra recebida, comporta-se como covarde no que diz respeito às mulheres e às minorias. Apresentar aos demais o rol das roupas sujas que evidenciam os pecados registrados nas tábuas de Moisés, escritas no monte Sinai com a intenção de redimir a espécie humana. Alertar, a quem seja, sobre uma consciência sombria à véspera de cometer um crime hediondo. Só então estarei apta para narrar como quem não sabe evitar o gesto assassino, como quem se prepara para perder a inocência, como quem se cobre com o manto do profeta que em crise de agonia e arrogância pensa corrigir os homens.

Este capacete imaginário, pousado sobre o móvel da sala de jantar, não se oxida, não é mister limpá-lo, não está ao meu alcance. Infelizmente, não há milagres e sigo visível como antes, entregue à sanha do outro. E, ao não contar com o capacete de Hermes, exerço precariamente o meu ofício. Descuido-me do mundo, esqueço os percalços da véspera. A vida me dói por não me fazer invisível como a arte recomenda. Nenhuma muralha me protege dos inimigos. Mas não reclamo. Sigo sendo escritora, a buscar o que existe por trás da poética do cotidiano, a não me satisfazer com a exegese das frases. E, conquanto o mistério da arte dispense certezas, insisto em ir à cata do capacete de Hermes. Unicamente com ele visitarei os personagens dos meus romances.

85

A casa é de Carmen, mas recorda a minha, que deixei no Brasil. Se Santa Fé é o país dela, o Rio de Janeiro é o meu. Ali se concentram os meus excessos. Sou quem acumula uma casa abarrotada, uma miséria empilhada. Tenho entre os dentes um repertório caótico, diante do qual capitulo entregue à desordem do meu instinto narrativo.

E, conquanto queira selecionar o que é mister guardar para o futuro, faltam-me critérios para dizer o que merece ser salvo. E isto porque, a pretexto de alcançar o cerne da matéria humana, da sua genuína paixão, não prescindo do que é espúrio, supérfluo. E isto por saber que não há expurgo na arte, e que, na apologia do banal, igualmente se concentra a essência dramática da nossa espécie. De uma grei perseguida pela convicção de que o caos tem o toque da graça.

Diante do descalabro de cada qual, escrevo simplesmente para ampliar o sentido da vida. Para dar luz a certas metáforas que, como desvinculadas dos deveres estéticos, originam-se da minha alma.

Desde cedo aprendi que a arte, grotesca ou sublime, requer um trato diário, a fim de que eu elimine, entre uma história e outra, o que ainda está sob o meu domínio, e busque, em troca, uma nova expressão. E perceba a inconveniência de conviver com os restos mortais herdados do livro anterior. Só assim, liberada de semelhante legado, apalpo o sentimento da obra por vir.

Uma barganha em si natural, pois troco a vida exangue por outra benfazeja. Mas caso o livro passado se prove incorrigível, lanço-me à aventura do próximo. Só assim a sorte literária me sorri.

86

Onde esteja, dialogo secretamente com os deuses gregos. Nestes dias, em Santa Fé ainda, minhas oferendas são-lhes apresentadas sob forma de queijo *manchego*, *fuet* e outras iguarias. Se forem do agrado deles, posso pedir à Lola que gentilmente as deposite sobre uma das mesas do pátio, perto dos imperadores romanos.

Apesar dos meus cuidados, os deuses não me ouvem. São tantos os séculos que nos separam. Mas, ainda assim, presentes na minha imaginação, eles fazem parte do mundo que enxergo mesmo quando acordo na Lagoa ou em Santa Fé. Estes deuses arcaicos propagam inesgotável saber e ajudam-me a crer que o tempo do efêmero corresponde à minha vida inteira.

Aprovo a noção do efêmero, ainda que quisesse ser eterna. Afinal, a minha história e a da minha grei concentram-se em um só dia. Talvez sirva de exemplo o momento em que Andrômaca pressente a cercania da tragédia. Sem precisar que Cassandra lhe afirme que a desgraça, prestes a abater-se sobre a casa de Tróia, lhe advém sob a iminente morte do marido.

Andrômaca sabe, nos instantes que se seguem, que seu destino é fugaz, nada a pode salvar ou a Heitor.

Convencida dos augúrios, a mulher se ergue intempestiva, nada deve detê-la. Inicia a despedida da vida, começando pelo marido, que não pensa voltar a ver. Fora das muralhas, Aquiles aguarda o príncipe troiano, elege que golpe mortal há de lhe desferir. Cada personagem da guerra, conquanto vivo, já está morto. Todos se preparam para enveredar pelos labirintos do Hades, após entregar a Caronte a moeda exigida.

As circunstâncias homéricas ecoam em nós, são indestrutíveis. Não há outro texto ocidental com igual densidade. Sobretudo quando Homero sugere que o coração da esposa palpita, agita-se. Como se o órgão fora uma criatura nômade a perambular pela terra sem jamais deitar raízes. A dor de Andrômaca equivale à "dança do coração", uma espécie de "salto" que aflora do medo visceral. Para ela, o mundo, envolto em trevas desmorona-se, só lhe restam ruínas. Não tem mais por que confiar na vida. Aquela dança, de coreografia caótica, a repartir pernas e braços pelo espaço sem simetria, indica que há muito o seu ser submergiu, para despedir-se é questão de horas, dias. A mão invisível que lhe comanda o destino amputa-lhe igualmente a esperança, despedaça o bloco do corpo.

Eis Heitor protagonista de um espetáculo que enseja aplausos a Aquiles, cuja maestria é assassina. Nada mais sobra à esposa após o desfecho da batalha. A morte do esposo, seguida pela queda de Tróia. A intuição da desgraça é a própria tragédia em curso.

Quantas vezes já não chorei, fui cúmplice desta mulher sofrida. Hoje, porém, postergo a dor, não posso sofrer.

87

Rememoro certas passagens. A aldeia me incita a pensar. Olho as verduras da casa, adentro-me pelo mistério do pomar, da horta, e sou grata ao que viceja.

Convém atualizar certas emoções, recuperar sentimentos que julguei vencidos. Emitir um som, quem sabe serei ouvida. Pois tenho mensagem a confessar a quem conheci no passado e cujo rosto, ainda hoje, vejo junto ao meu sempre que me olho ao espelho.

Uma confissão simples e que me golpeia como um soco: você era para mim Mark Twain.

Saberei dizer-lhe o nome? Ou só o coração quer guardar sua assinatura?

88

A paisagem pirenaica está ao meu alcance. Enamoro-me de sua beleza, mas recordo, compungida, aqueles que fugiam da Espanha fascista, na vigência da cruel guerra civil espanhola, tendo como objetivo refugiar-se na França, do outro lado das montanhas. Como Antonio Machado que, submergido em profunda melancolia, ficava horas sentado em um banco de um jardim de Collioure, a contemplar a vida espanhola além-fronteiras. Na condição de exilado, na companhia da mãe, restava-lhe aspirar o cheiro vindo da cozinha da casa que fora obrigado a abandonar para sempre.

Avanço pelo caminho com cautela, evito tropeçar nas pedras salteadas ao longo do córrego. O ruído das águas é manso e o prodígio da natureza obriga-me a dizer que sou feliz. Em especial ao eleger o recanto onde merendar, após havermos escolhido o queijo *manchego*, presunto serrano, morcela, embutidos, frutos secos, pão rústico e vinho tinto, no armazém do pequeno povoado onde fizéramos uma pausa na viagem em direção aos Pireneus franceses. E incluíra no farnel as cerejas que o pai, no verão da minha infância, em Cotobade, após entrelaçar as pernas no galho da cerejeira e manter os braços presos atrás das costas, arrancava a fruta com os dentes, denotando raro equilíbrio.

Com os demais amigos, estendemos a toalha quadriculada sobre a relva a fim de expor ao público as delícias camponesas. Afinal, comer é uma homenagem à vida, que são as árvores, os seres que mastigam e sonham. E este cenário devolve-me também as merendas que, vividas no passado, me impregnaram de prazer. Como os lanches feitos nos vagões europeus, no Alto da Boa Vista, junto às colegas do colégio Santo Amaro, na ilha de Paquetá, no Pé da Múa, na Provença, nos quartos de hotéis quantas vezes antecipando instantes amorosos. Em muitos usava o canivete presenteado pelo pai para fatiar embutidos, pão, frutas, repartir com justiça as provisões trazidas.

Sob a sombra do carvalho, ladeada pelo córrego de água cristalina, a vida protegia-me, acentuava a perfeição do mundo. Talvez me faltasse a presença de um amor que exalta os sentidos da carne e da comida. Mas o mundo dos Pireneus é pródigo, fala por mim, destaca o teor da minha fé, faz-me repetir, para mim mesma, um canto que entôo como mantra, enquanto as lembranças, sob o estímulo da vegetação cerrada, desfilam diante de mim.

Peço, então, outras maravilhas, mas cerceio a ambição. É mister reconhecer as dádivas recebidas, agradecer o prato de feijão-preto e arroz, o ovo frito no azeite, ouvir *A Truta*, de Schubert, e imaginar o miúdo peixe a batalhar pela vida em algum rio perto de Pamplona. São pequenos os mistérios que me soldam às montanhas e desvanecem-me de prazer, cercada das árvores que ali estão à custa do Criador e do meu desconcerto. Sei que é hora de partir, mas como mover-me de onde estou e abandonar a beleza e a sabedoria que afloram em um átimo e são irrepetíveis? E que outro momento oferece-me uma perfeição em contraste tão vivo com a noção que temos do fracasso?

Alardeio os sonhos, a beleza, o que tem nome. Faço questão de enaltecer em voz alta, para ser ouvida, o córrego em cujas águas lavei os pés, com lentas carícias retive em minhas mãos as pedras arredondadas pelos anos. O legado de tal visita é inestimável. E não sei se a vida que fruí aqui me será subtraída no juízo final. Que preço pagar pelo esplendor destas montanhas.

No próximo verão, atada ao mundo, que é o meu lar também, retornarei à Catalunha, fugaz e inesperada como sempre.

89

Quantas vezes tomei o trem e desembarquei em Ávila para ver o fantasma de Teresa passar. A religiosa aguardava-me sabendo que viera do Brasil para estarmos juntas nas próximas horas.

Teresa agia como era do seu feitio. Não inovava no que dizia respeito ao traçado da amizade. Levou-me ao convento de São José para retomarmos o fio da sua memória e sentarmo-nos em torno da mesa da cozinha onde percebera a onisciência de Deus, que também habitava as panelas enquanto as religiosas preparavam a sopa.

Ansiosa por provar-lhe o quanto avançara na compreensão do seu pensamento, li-lhe trechos do *Fundações*, interrompidos com comentários atrevidos. Forçava Teresa a recordar a magnitude do seu projeto, raro para uma mulher do século XVI. Um livro que nos ensejava perceber, a cada leitura, à margem da sistemática reconstrução dos mosteiros que reforçavam as trilhas do sagrado, seu ambicioso projeto de salvar a Igreja. Partícipe que era da Contra-Reforma, tendo Juan de la Cruz ao seu lado, convencera-se de que Roma carecia de santos e seres emblemáticos capazes, em conjunto, de redimir a instituição de seus severos pecados.

Nestas viagens a Ávila, eu fazia contínuas anotações. Ainda tenho cadernos que atestam o meu fervor pela doutora da Igreja, uma das três, as outras sendo Catarina de Sena e Teresinha de Jesus. Ao percorrer suas vielas, com falso hábito religioso e sandálias abertas, cobertas de pó, entretinha-me em falar com Teresa. No bar, pedia café com madalenas minúsculas, agindo como alguém da cidade. A leitura imantava-me, sempre girando em torno da indomável e impertinente Cepeda, que fora bela, apreciara perfumes, jóias, luzira-se com trajes da época. Tinha os cabelos negros e crespos e zelava pela limpeza do corpo.

Ao esmiuçar-lhe o cotidiano, tinha a intenção de dar-lhe uma moldura romanesca. Pensava em tê-la como figura central de um romance. Segundo tal projeto, Teresa se alçaria à condição de uma personagem acima das instâncias do seu século, emparelhada com Maria Madalena a desafiar a arrogância dos apóstolos, herdeiros do Cristo.

Alguns anos depois, desisti da modesta utopia. O Brasil encontrava-se longe demais da geografia itinerante da sábia da Igreja. Além do mais, Teresa de Ávila excedia aos meus limites, temia ferir-lhe a honra, o transcurso de sua santidade. Poupei-a, assim, do meu ímpeto verbal e inventivo, embora acompanhasse, por intermédio de extensa bibliografia, de seus livros, e da intensa correspondência que deixou, sobretudo em Sevilha, as batalhas travadas contra os inimigos, a tentação da carne, as perseguições que lhe moveu a princesa de Éboli, a esperteza com que registrou seu cotidiano na Espanha filipina, a contemporaneidade que me verga e ajusta-se a qualquer época.

Exaurida com sua história, faço uma pausa, mastigo de olhos cerrados os doces de gema de Ávila. Teresa, porém, insiste em dirigir-me a palavra, ensina-me a viver, que reconheça em seus atos o entendimento que teve dos litígios religiosos da época, da criação das novas matrizes políticas, das guerras entretidas por Carlos V, das questões que aqueciam o fanatismo, do espúrio protagonismo do poder. Sua intuição, que lhe realçava a fantasia, seguia atenta os debates religiosos havidos entre Roma e os reformistas, com Lutero à frente, e que desembocam no cisma religioso. Uma folga dramática que, em vez de favorecer a liberdade de seu tempo, esvaziou-lhe a alma de uma crença incorruptível.

Às vezes, imagino Teresa, nas noites frias de Ávila, com os pés feridos, a percorrer o interior das muralhas, os lugarejos de Castela. No afã de cumprir a missão de recuperar capelas em ruínas e devolvê-las ao povo carente de lugares onde se refugiar dos horrores do cotidiano.

Assaltada pelo arrebato amoroso que Deus lhe inspirava, preenchia com alucinadas estesias a realidade arcaica e perplexa daqueles dias, a despeito da renascença reformista. Por outro lado, por conta do temperamento simultaneamente irado e jocoso, entretinha-se em discutir com Deus. Tratava-O com intimidade, não Lhe poupando reprimendas.

De certa feita, em pleno inverno, a caminho do lugarejo onde pretendia restaurar a última capela antes de morrer, defrontou-se com o rio caudaloso. As religiosas, que a acompanhavam, tentaram dissuadi-la dos perigos da travessia. Ela, porém, teimosa como era, avançou pelas águas. E já ia na metade da distância quando tropeçou, molhando-se toda.

O acidente a enfureceu. Com um gesto manifestou ao Senhor o seu desagrado. E ouviu uma voz a dizer-lhe que era assim que Ele tratava os amigos.

Teresa não lhe ficou atrás. Cortante e clara, de forma a ser ouvida pelas freiras, deu-lhe o troco:

— E é por isso, Senhor, que tendes tão poucos.

Ela amava o Cristo, as sopas fumegantes, e levitava. Sua porção judaica intensificava a devoção religiosa. Ao agir, no entanto, ancorada nas paixões humanas, realçou a magnífica histeria. Mas, o que mais fazer uma mulher de gênio naquele século?

90

Gosto da Madrid dos Austrias. De caminhar pela cidade que me emociona. De comprar a capa de toureiro, ou de dama da noite, na casa Seseña, na rua Cruz, 23. E na Plaza Mayor, após sorver intensa sangria, imaginar-me cercada de fantasmagóricos fidalgos arruinados. São eles, com andrajos cheirando a mofo e urina, que me induzem a meditar sobre o desleixo orgulhoso da aristocracia espanhola do século XVII. Indiferentes aos retoques morais, esmeravam em revestir o corpo com vestígios de fartura. Para quem era sinal de riqueza arrotar ao término de uma falsa refeição e polvilhar migalhas de pão pela barba, antes de deixar os palácios quase em ruína.

Naquele tempo de Lope de Vega, Calderón de la Barca, Luis de Góngora, Tirso de Molina, em meio ao alvoroço da miséria popular e da ostentação dos nobres, a mentira e a indolência eram virtudes que enalteciam a desordem urbana. Prevalecia entre todos a noção de que o homem só tinha valia caso desfrutasse das regalias cortesãs concedidas pelo rei. A vida, fora da pureza do sangue, dos méritos da linhagem nobiliárquica, merecia desprezo. Sobretudo para os que se entregassem ao ofício manual.

Nos tempos atuais, em Brasília, Paris, Madrid, ainda predomina a exibição desassombrada. De tanto se aplaudirem a corrupção e o paroxismo das paixões vis, cada qual proclama a riqueza que não tem. Faz crer aos demais que o futuro lhe sorri ao vencimento de cada dia.

Inquiro a mim mesma como me comportaria, caso me visse condenada à humilhação de não integrar as hostes da capital brasileira ou da corte de qualquer reino. Impedida de chegar aos pés do rei e do príncipe republicano e merecer deles ao menos o tênue sorriso que eu dependuraria, gloriosa, no próprio rosto, como um quadro, a fim de que vissem em mim refletido o estigma dos poderes do mundo. Uma servidão miseravelmente emblemática, que afirma aos observadores ser eu amiga do rei, do presidente, do prefeito, de quem tenha moedas para me subsidiar a alma.

91

Sou cênica. Amo o teatro. Desde a infância ganhei a noção de que os artifícios expressam igualmente o sentido coletivo. E de que qualquer tema, ao representar-me, emergiu do meu drama.

Assim, era comum no passado agir como fazendo parte de uma trupe que tinha como ganha-pão a representação histriônica. Uma postura teatral de que involuntariamente faço gala quase sem perceber, e que raros amigos registram. Suspeito que atuo mesmo quando estou distraída. Talvez exemplifique esta conduta a viagem feita a Santiago de Compostela, na década de 70, saindo de Barcelona, onde então vivia.

Minha intenção, ao trilhar o chamado caminho francês, ou jacobino, ou a Via Láctea, não era caminhar como qualquer romeiro. Mas, à época, dispondo de pouco tempo, e havendo consumido minhas energias no livro que estava a ponto de terminar em Barcelona, julguei prudente optar pelo carro. Uma peregrina moderna que se desloca com gasolina.

Preparei-me para a viagem armada de um repertório de gestos, leituras, utensílios. Sentia-me partícipe do universo medievo, que me jactava de ler com freqüência, em oposição às premências do século XX, ao qual temia nunca haver chegado.

No pequeno carro, batizado de Rocinante, ungida pelo sortilégio da viagem, encaminhei-me à fronteira pirenaica, disposta a cumprir o roteiro da fantasia, sem me privar da emoção que me poderiam oferecer as duas entradas históricas para o caminho: Jaca e Roncesvalles.

A partir de Roncesvalles, relembrando Carlos Magno e o sobrinho Roland, adquiri o cajado de Moisés, quando ele desceu do monte Sinai. A esta composição acrescentei ainda o chapéu de aba larga e quebrada, a concha da vieira, no peito, símbolo da peregrinação, e que no passado servira para provar as águas dos ribeirinhos muitas vezes envenenadas por bandoleiros.

Tinha a convicção de ser uma aventureira que, solta no mundo, fora abençoada pela história e pelos deuses que me antecederam no percurso mágico. Assim, a eleição de cada detalhe, que incorporasse ao cotidiano, enriquecia o meu sentido do espetáculo.

Reabastecia a mochila pelas manhãs, ou na hora do almoço. O farnel básico era provido de pão do país, presunto serrano, queijo de ovelha, frutas, figo seco e o canivete do pai, sempre a me salvar das contendas diárias. Fingia dominar a bota de couro com vinho, terminando por manchar a blusa, sem o direito de reclamar. Enfim, produtos em geral oriundos das aldeias esquecidas ao pé dos montes e que mitigavam nossa fome. Só à noite, antes de dormir nos hotéis de estrada, tomava uma sopa, apreciava uma minestra de legumes, toucinho e pedaços de presunto defumado.

Sob a guarda dos deuses, cristãos e pagãos, espalhados pela paisagem, eu inventariava os pertences do caminho. Pleiteava uma antiguidade em conflito com os elementos contemporâneos à vista. Comportava-me, porém, fora da moldura do tempo, como se acompanhasse no século IV os delírios iconoclastas de Prisciliano, com seu séqüito de mulheres, prestes a ser queimado na fogueira, acusado de herege.

Caminhava sobre o que sobrara da *calzada* original. Entre os espinhos, a tropeçar nas pedras, exaltavam-me as pequenas descobertas. Pensava nos pecadores e santos que por ali passaram, vindos de todas as partes, e dos quais sou cúmplice. Entre nós estabelecera-se pungente aliança. Aos poucos, vou me tornando membro de uma seita de mortos que, havendo avançado pela Europa em busca do perdão e do saber, cumpriram desígnios secretos.

Emociono-me palmilhando esta Via Láctea. Defrontada com o mistério, rendo-me perante sua realidade. Move-me o alvoroço de uma emoção que me torna imortal, ainda que por breves instantes. E o que pode significar esta sensação? Acaso iludo-me em estar acima da contingência da morte?

Já de volta a Barcelona, enfrento de novo as páginas finais do romance *Tebas do meu coração*, após vinte dias de desconsolado peregrinar. Em Santiago, abracei o santo na sua perene catedral, esquivei-me do olor do incenso. Dias depois, porém, ocorre-me indagar como se purifica o peregrino se convive ele, em cada esquina, e na própria alma, com bandoleiros, penitentes, putas, trapaceiros, entregues todos à sanha de um arbítrio coletivo e cruel?

92

Ouço Camarón de la Isla. Sua voz emerge de uma casa que parece me soterrar. Há escombros e ruínas em sua voz, tal a sua perenidade. As pedras do tempo, que é também matéria canora, me falam, dos vivos e dos mortos. Da família sua, cigana, e da minha, celta. Todos desterrados que peregrinaram pela Terra. Acaso algum dos seus e meus ancestrais chamou-se Juan ou mesmo Concepción?

A música andaluza tem a eloqüência do silêncio do deserto. Clama por sentimentos que batizamos com a nossa incerteza. Custei a visitar o Saara, e quando, finalmente, montei um camelo compreendi haver chegado tarde ao universo que amei na tela do cinema. Meu corpo é frágil agora, ainda que se aventure no amor, mas agarra-se, desesperado, à corcova do camelo para não morrer na queda.

A voz rascante de Camarón, saída do inferno e do paraíso entrelaçados, dissemina uma emoção crua, que procede das funduras da terra ou do litoral andaluz. Ele é um gatuno que não sobe nos telhados em busca de jóias guardadas no cofre da dama do Licorne, mas rouba, da guitarra de Paco de Lucia, vizinho de palco, sons guturais, nomes esparsos que obedecem à esperança, ao desespero de que faz parte a secreta linguagem da sua genealogia andaluza.

Lembro-me de que, ao me despedir de Espanha, menina ainda, após quase dois anos de convívio visceral com Galícia, descontando viagens rápidas a Portugal e a cidades espanholas, passamos longos dias em Cádiz, onde chorava às escondidas dos pais a perda de Cotobade. Encerrada no hotel, consolava-me escrevendo cartões-postais para os amigos que deixara naquela terra. O avô, porém, me resgatava do hotel, queria-me feliz. Passeávamos pelas ruas estreitas, a visitar os bares, quando comíamos tapas, provando de certo vinho branco, ligeiramente adocicado, servido em copo pequeno. De um sabor saído diretamente do regaço da videira, e que luto por recuperar nas idas à mágica Andaluzia.

A música lancinante que ouvia à época, de passeio à beira-mar, antes de tomarmos o barco no porto de Sevilha, que nos levaria de volta ao Brasil, talvez tenha sido a música hoje presente nas cordas da guitarra de Paco de Lucia. Os nervos de um instrumento que se confundem com as cordas vocais do *cantaor* de aparência gasta, que era Camarón, a anunciar no palco, sob os holofotes amortecidos, a própria morte, como o último tributo à vida. Seus ais fundindo-se aos nossos, e não sei de quem reclamar a dor que sinto.

Aquele canto *hondo*, árabe-andaluz, me sufoca, acelera o ritmo de um corpo que age como se não fora meu. Uma carcaça de 20 anos que alguém me emprestou para eu experimentar de novo o gosto da juventude, enquanto Camarón escande as palavras, dispensa o léxico inútil em prol do som que sai da caverna de Platão.

Ouço-o e desfaço o arremedo da sintaxe, entrego-me ao cigano cujo mistério não sei interpretar. O cancioneiro de Camarón é o berço da morte, o capote que abriga o solitário na madrugada do medo.

93

Ando pelas ruas estreitas e provo o sal das pedras de mil anos. Com as chuvas, elas ficam porosas e dóceis. Instalo-me na praça de Seu d'Urgel. Para ali converge a humanidade em trânsito. Perto da igreja românica, o pecado e a prece são cúmplices. Prevalece visível o secreto acordo estabelecido entre o mundo profano e aquele que se designa sacro.

Chegam os palhaços a galope. Em vez de caminhar, os saltimbancos parecem voar. Até a artista gorda, favorecida pelos véus de Salomé, com os quais se enfeita, torna-se alada. Ela sorri, e não para mim, como que prestes a solicitar, sob o impulso musical de Strauss, a cabeça de João. Neste cenário montanhês, os palhaços se exibem. Suas moedas nascem da nossa alegria. E, quem sabe, do enfado universal.

Também eu, de forma sigilosa e dramática, exibo minha graça para a mesa vizinha. Cobro resultados de cada dia que amanhece. Não sabem estes palhaços, companheiros de ofício, que há muito um espetáculo iniciou-se em minha alma. Neste pantanoso território tenho a vida em três atos e obedeço às regras aristotélicas, que nunca me constrangem.

Peço um outro copo de vinho diante do beneplácito dos palhaços amigos. Sorvo a uva que não sei de onde procede. Envelheço e lamento que o tempo se reduza. Já não tenho a disponibilidade de antes. Pergunto-me, então, quem são estes músicos que simulam serenidade como se já estivessem beijando os pés de Deus? Quem de nós é farsante? Quem mente na representação, eles ou eu? E que importa, se há muito nos distanciamos dos sonhos medievais que nos enfeitavam as cabeças como auréolas?

Aqui estou, intensa como sempre. Cada qual com sua vida, dono do seu mistério, a pedir uma sopa quente. Lembro-me de haver dito no passado que a obra de Wagner não previa a piedade e que Borges, enquanto caminhava pelas ruas de Buenos Aires, tratava a cegueira com ironia. E eu, o que dizer à luz de tantas ocorrências?

94

Visito os sete papas em Avignon e refugio-me entre suas muralhas. No palácio dos Papas, unge-me o intangível fio da intriga. Os paramentos papais, de tonalidade púrpura, evocam o sangue derramado próximo ao trono. Apesar dos indícios intangíveis, sou cúmplice de uma crença implacável.

Piso ali o solo do desterro. Conheço de perto o que representou, durante setenta anos, o Cativeiro da Babilônia. A designação que consagra o longo período em que a Igreja, após abandonar Roma, sujeitou-se ao poder temporal da nobreza de França.

Faz frio neste dia outonal. O *cardigan* que visto é leve, descuida-se dos meus pobres ossos. O vento vence frestas e janelas. Como que me golpeia a memória arrastada pelos pujantes feitos de outrora.

Ao andar pelas salas palacianas, sinto agônico respeito. Padeço das aflições que o exercício do poder nos inflige a cada dia. Faço parte da corte formada por fantasmas ansiosos por responderem aos nomes canônicos de Clemente V, João XXII, Benedito XII, Clemente VI, Inocêncio VI, Urbano V, Gregório XI. Os sete papas do desterro.

Cada nome lança-me sua rede de intrigas. As conspirações nasciam e morriam entre as cabeças coroadas. Aturdida, recolho nos recantos das salas o eco das palavras que, conquanto em latim e francês, armam e desarmam a realidade. Os sonhos litúrgicos servem às ambições vis.

Deslizo as mãos pelas paredes, a umidade fala. Imprimo nas pedras marcas das falanges brasileiras. Mas quem me acompanha nesta investigação? Estou sozinha ou me circundam familiares mortos, amores fenecidos? Afinal, feita de tantas incongruências, não me prendo a ninguém por tempo ilimitado. O amor se evapora e apronto-me a agarrar outro pássaro.

Mas ali, naquele palácio, cada mirada recompensa-me com advertências papais. Os segredos que engendram prolongam as minhas urdiduras dramáticas. São bulas mediante as quais ganho o caminho da salvação, tenho os pecados absolvidos.

Não estou entre os papas levando vida ociosa. Não sou uma turista que ganha a vida acumulando um saber de conta-gotas. Meu ofício de fé e de prática é provar o gosto do poder assassino que maculou o coração daqueles prelados. Por aquelas pedras de Pedro, em nome do Cristo, escorreram fios de sangue, suor e o mofo do terror. Não havia um único inocente. Em geral, ao esquecerem o Cristo, eles assassinaram a memória de Maria Madalena, para nenhuma mulher lançar-se ao trono de Pedro.

Em uma esquina do palácio escuto, de repente, a voz de Bertrand de Got. Cabe-lhe, após receber o nome de Clemente V, trasladar Roma, a Santa Fé dos povos, para aquele rincão da Provence. A Cidade Eterna já não servia mais aos desígnios de França. De acordo com os interesses da nobreza francesa, havia que manter a Igreja a salvo das manobras engendradas por Roma para consolidar seu prestígio.

Assim, o papado cede e deixa o território italiano. Inicia, como os ciganos, uma marcha desesperada, torna-se peregrina. Na condição de andarilha, vive nas tendas, aparenta pobreza. Com Clemente V à frente, a corte, sobrecarregada de gente, animais, tesouros, baús, vai deslocando-se sem saber para onde se dirigir.

Prosseguiam, a despeito das horas incertas. A Igreja, fustigada pela realidade, deixava de ser uma religião poderosa e via-se de novo na Judéia, uma modesta seita a depender do proselitismo de seus seguidores. O drama repetia-se a cada noite. Em busca de abrigo onde pernoitar, dependiam da boa vontade e da coragem destemida de algum castelão.

A tropa de dignitários da Igreja, com trajes litúrgicos salpicados de lama, dera início, à vista de todos, à travessia da bota italiana. A evasão histórica daqueles saltimbancos, funâmbulos, desesperados seres da ilusão, deixa o povo de Deus perplexo. Como aceitar que Clemente V e seu séqüito perambulassem pela França, entre 1305 e 1309, em busca de agasalho nos castelos. Sob o risco de serem aprisionados ou aniquilados pelos nobres, praticamente dormiam ao relento, à mercê dos ventos apeninos, cuja fúria dilacerava suas tendas. Tal era a penúria desta peregrinação que praticamente pediam esmola nos burgos e castelos visitados, como se enaltecessem assim a pobreza cristã. No entanto, mal chegando aos lugares, indecisos quanto ao futuro, dissimulavam que rumo tomar. Com um sentido teatral inerente a Roma, erguiam palcos provisórios para suas encenações religiosas.

O papa Clemente, involuntariamente, imitava o apóstolo Pedro que, apoiado em seu cajado, percorrera a Europa disseminando as idéias que o gênio de Paulo de Tarso consolidara. No entanto, movia o prelado a farsa política, o deliberado propósito de afastar a Igreja das influências de Roma. Clemente agia em obediência à França, que cobrava o aniquilamento da capital italiana.

Por algum tempo, o papa aceitou a arrogante hospitalidade dos dominicanos, em cuja porta batera. A ordem desfrutava então, quer na tribuna como na cátedra, de enorme prestígio junto aos intelectuais. Facilmente ofuscavam a grei de Francisco, o grupo dos Poverello, que apenas comovia os pobres da Idade Média. Já nesta época antecipava-se a batalha prestes a ganhar andamento entre estas duas grandes correntes teológicas a propósito de Deus, habilitadas as duas a cativar o imaginário popular.

Afinal, Clemente elegeu Avignon, domínio da Igreja, como sede papal. Com o agravante de encontrar-se sob o controle indireto dos franceses, embora fosse território papal. De modo que a Igreja, ao estabelecer-se sob os auspícios do rei de França, consentia aos franceses se apossarem do papado de Avignon.

Afago as paredes. As mãos parecem deixar pegadas de sangue na superfície das pedras. Minha fé resiste às memórias fétidas dos sucessores do Cristo. Também sou pecadora e lanço minha sorte entre os leões que exibem a juba na arena, prestes a avançar sobre os ingênuos cristãos. Mas será esta fé, exposta em Avignon, à mercê dos esbirros papais, uma invenção minha, que não prescindo de Deus? Estarei protegida do nepotismo e da corrupção daquela corte?

Recordo Jacopone da Todi, adversário do outro papa, Bonifácio, em sua pregação contra o luxo e a riqueza dos prelados. Como ele conclama que a Igreja aceite uma vida pura e honesta. E como o papa, em represália, ordena que ele seja lançado ao calabouço, encarcerado por cinco anos. Dante, atento a tal brutalidade, dá prova de como os homens do século XIII julgavam os portentosos do seu tempo. Reserva para Jacopone um lugar no Paraíso, enquanto lança Bonifácio no Inferno.

Neste final de tarde, padeço dos rigores da minha humanidade. Tenho fome, frio também. Antes de abandonar o palácio, evoco a então jovem Catalina de Siena, luminosa figura que convence Gregório XI a retornar a Roma. Através de suas cartas, de memorável cintilação, insta-o a resistir, a ocupar-se de novo dos deveres eclesiásticos, ante a iminência dos cristãos se rebelarem.

Saio e tomo rumo incerto. O percurso conduz-me ao restaurante diante da praça. Aceito o tinto rubro como o sangue que derramaram os cardeais em prol de um cristianismo distante do Cristo. Perdôo, porém, a quem peca em meu nome. Quem diz que me está salvando.

95

Em Paris, caminho todo o tempo. Como se fora dona de inúmeras pernas. Tão logo se cansam aquelas presas ao tronco, faço reposição. Conto com outras pernas guardadas na memória. E graças a esta mesma memória, que me privilegia, recordo cenas do passado, reverencio nomes que tomam assento na mesa de honra da história e das artes.

Deixo o hotel contente. A cidade é simétrica na sua incomparável beleza. Aguço o olhar para apreender os traços da sua eloqüente arquitetura. Cedo, ainda, quis mergulhar o *croissant* no café com leite, sem concluir o gesto, tão francês. Em meio aos passantes, registro a nervosa humanidade. Decido não visitar qualquer museu. Falta-me hoje espírito para contemplar a eternidade de certos quadros. No frontispício de um prédio de fachada rebuscada, anoto Comédie Italienne que promete trazer de volta à vida aquele séqüito de personagens que representam tão bem o ridículo humano.

Na avenida E. Quinet, a longa fileira de barracas encena um espetáculo que tem os peixes, as carnes, os queijos, os legumes, os pães, as flores como protagonistas. Como resistir a uma feira de sábado que propicia a uma brasileira esbarrar na riqueza com humildade, pedindo perdão a Deus pela inveja que sente? Que gosto seria levar para casa aqueles bens terrestres, expô-los na mesa, para a alegria dos amigos. Mas falta-me casa em Paris, um lugar onde albergar meus sonhos.

Escuto, diante de uma barraca, sobras de conversa em português, em meio à algaravia francesa. São feirantes portugueses. A proprietária, em gravidez adiantada, atende às freguesas na língua de origem. Vende-lhes bacalhau, e este delicioso queijo da serra da Estrela, vindo ao mundo graças ao generoso leite das ovelhas. Cobra-lhes, contudo, o santo dinheirinho em francês. Só sabe fazer contas nesta língua. Vive um drama sem perceber. Tem, para sempre, o coração cindido. Bem conheço o sentimento incômodo de pertencer a dois países. De transportar, para onde vai, duas noções de pátria. Vi meu pai incapaz de escolher em qual das terras, Espanha e Brasil, seria mister morrer, ganhar sepultura.

Dissolvo a memória, não quero tristezas neste final de setembro. Faz calor e o sol empurra para longe as sombras que ameaçam descer dos prédios. Como andarilha, prossigo na jornada. Sento-me agora na varanda do Café de la Paix. Peço um sorvete de chocolate, baunilha e café. Não teriam os deuses solicitado o mesmo?

96

A felicidade me instiga. Pergunto a mim mesma o que ela significa nos dias atuais. Em Paris, onde me encontro neste outono, tento responder de forma incrédula e evasiva, e mal consigo.

No mercado, ao lado da casa, distraio-me com a leitura dos rótulos das conservas, sem abandonar o tema. Mas, para escapar de conclusões precipitadas ou de uma teologia mentirosa, recorro à arte, a subterfúgios inócuos, à visão dos queijos acomodados em abundância nas prateleiras frias. Penso, então, se a felicidade seria o sentimento que me atingiu antes dos 20 anos, quando a bordo de um navio inglês me enamorei, ou seria quando aos 15 anos, ao dançar uma valsa em um clube das Laranjeiras, o corpo inaugurava apetites já experimentados antes, mas com menos refinada volúpia. Sucessivas emoções que conviria cadastrar, mas que não saberia a qual arrebato dar prioridade. A ponto de indagar se fui mais feliz com a arte, que também me vinha mediante o corpo, ou com o corpo que buscava expressar-se pela arte. De todos os modos, era e sempre foi um sentir que se esgotava ao atingir a culminância. Como se após a sangria perturbadora dos sentidos, que concede asas e nos desprende do chão, pouco mais me restasse a viver.

Ao sair do mercado, com as sacolas pesadas, recordei Voltaire que, se vivo fora, seria reverenciado pelos mesmos rostos esgotados pela jornada diária que vejo ao meu redor. Avivou-se em mim a longa temporada que passou no castelo de Cirey, havendo se tornado amante de Émilie du Chatelet, genial castelã. Empenhada eu em saber se a fulgurante inteligência de ambos os amantes teria interferido nos joguetes amorosos, se um colidia com o outro enquanto alcançavam o ápice sexual. Se Voltaire chegara a eleger a felicidade como projeto de vida, com tal propósito estreitando ao menos um dia a fascinante Émilie contra o seu peito inquieto.

Em casa, enfileiro as conservas, o pão, os queijos sobre a bancada. Já conto agora com respostas que poderia considerar sarcásticas e sombrias. Elas são as que se seguem, conquanto sujeitas a revisões:

Felicidade é aquela que te escraviza ao cotidiano, ao pão nosso de cada dia, e não altera a rota das tuas quimeras fracassadas.

Felicidade é quando alguém apara as tuas asas, justo aquelas que te levam a sonhar, para que tenhas como escusa do teu tropeço o nome do teu algoz.

Felicidade é olhar o espelho com a ilusão de que ninguém, em todo o planeta, reduziu o diâmetro do teu espaço na casa e na vida. Mas que, a despeito de algum vizinho cercear os teus direitos, há sempre aquele instante em que estás no jardim do parque Montsouris, no coração do meu bairro, a olhar os corpos entregues ao sol, como se todos, em um átimo, entretidos com as tentações da carne e do mal, houvessem se libertado do pecado original.

Felicidade é dar alimento à família e, conquanto ela seja um fardo, sufocar a ânsia que temos de nos matar ao primeiro bom-dia da manhã.

Felicidade é transmitir ao vizinho a crença moral de cuja eficácia duvidaste e defender o bem que a humanidade tenta projetar entre os homens de boa vontade.

Felicidade é prorrogar a noção dos dias que se têm para viver e ignorar a sombra da morte que nos quer cobrir com seu manto fétido e surpreendente.

Felicidade é reivindicar o saber advindo da trajetória humana, e descobrir que somos carrasco, deus, herói e amante de um passado de que somos parte. E, mediante a participação nos pecados coletivos, celebrar a páscoa dos povos.

Felicidade é rebelar-se contra o amor dito perfeito, é filtrar as impurezas afetivas e, ainda assim, empenhar-se em viver.

Eis o arrebato corrosivo que Paris me concede nestes dias outonais.

97

Devaneio sobre a Grécia clássica na cidade de Nova York. Neste ano de 1970, influenciada pela turbulência libertária que assola este tempo, releio Ésquilo, enquanto escrevo. Neste final de década, a urbe esplende sob o ímpeto dos movimentos sociais que corrigem os desmandos do mundo. São múltiplas as razões defendidas pelas minorias americanas que, de fato, representam metade da população do pais. Cada segmento ostenta dístico, mote, brado, crença. As idéias, conquanto nos arremetam para a contemporaneidade, têm raiz no passado pretérito. Os direitos, ora defendidos, procedem de Antígona, de Cassandra, dos padres do deserto, das lendas, da imaginação ibero-americana, dos mitos.

Cada herói anônimo conduz uma espada flamejante. Para uma brasileira, que vive sob a tutela da ditadura militar, é motivo para empolgar-se. Sinto-me feliz e generosa. Participo discretamente das manifestações com o intento de aprender, de situar-me no meu tempo. Faço-me moderna e arcaica, esta é a argamassa que misturo.

Já não me lembro em que circunstância uma liderança feminista me convidou para participar de uma ação política, moralmente justa, mas clandestina. O plano era invadir um casarão abandonado no baixo East Side na véspera da noite de Natal, a despeito do rigoroso inverno que cobria Nova York de neve. O casarão, que seria transformado em um centro de assistência médica e social para as mulheres, localizava-se em uma zona deprimida, cercada de marginais e *homeless*, de seres necessitados de qualquer tipo de cuidado.

Em seguida ao convite, ponderou-se que eu não estaria a salvo caso o grupo fosse detido. Tendo passaporte brasileiro, seria logo devolvida ao Brasil, à época sob regime militar. Assim, guardei distância durante a invasão do prédio, uma operação realizada com firmeza, mas sem violência.

No dia seguinte, retornei ao local para averiguar o que ocorria. Para colaborar com trabalho e contribuição financeira. Constatei a profunda transformação que o casarão sofreu. Diversos serviços médicos, ginecológicos por exemplo, dentários, não só já estavam instalados, mas atendiam as pacientes, sabedoras do que se passara na vizinhança. As mulheres, responsáveis pelos respectivos setores, agiam como se estivessem instaladas ali havia semanas. A mudança fora tão radical que mal acreditei nos resultados de um tal esforço conjunto e solidário.

Instalada em Nova York havia meses, sobravam-me horas para embrenhar-me pela cidade, ver amigos, escrever e reler os meus gregos. A ostensiva modernidade do entorno não dificultava meu convívio com deuses e personagens trágicos que me foram sempre familiares. A ponto de criticá-los, quando fazia falta. Nem Ésquilo escapava do meu julgamento por conta do seu desdém por Clitemnestra. Pelo fato de manifestar-se contra a rainha em certos instantes da tragédia. Por não a perdoar pelo crime perpetrado contra o rei Agamenon, a seu regresso de Tróia, após dez anos de ausência, esquecido o teatrólogo da esposa haver sido vítima da ambição daquele rei que não hesita, ante os reclamos de Ártemis, em sacrificar Efigênia, a própria filha.

Clitemnestra, aliás, é um personagem relegado ao ostracismo. A imaginação do leitor não a estima, tende a condená-la por usurpar o trono do marido, por manchar-lhe a honra ao tomar Egisto como amante. A despeito de seus atos, como poderia ela supor que a arte literária, grega e ocidental, se indisporia contra ela, retirando-lhe o beneplácito histórico? Em especial porque Ésquilo, ao realçar-lhe o aspecto tirânico, não lhe aplica o mesmo espírito de concórdia reservado a Agamenon.

Naquele ano, em Nova York, eu aperfeiçoara minha sensibilidade feminista. Ao enriquecer o arsenal da minha consciência, meditava sobre os atributos da tragédia e suas conseqüências na vida cotidiana, ainda que séculos mais tarde. Sob a égide de um verbo libertário, observei que Ésquilo adotava pontos de vista machistas ao atribuir a Clitemnestra o empenho em feminilizar Egisto, cujos valores, no entanto, coincidiam com os da mulher.

Assim, severo com a rainha pecaminosa, Ésquilo isenta Agamenon dos graves delitos, muitos cometidos durante a vigência da guerra contra os troianos. Para não condenar o personagem, ele justifica-lhe o comportamento. O rei agira contra a filha segundo ditame de Estado, obrigado, pois, em nome dos interesses gregos, a reverenciar Ártemis, a quem involuntariamente ofendera.

Nas entrelinhas da peça, Agamenon acertara em relegar a paternidade para um segundo plano, em matar a filha a despeito dos apelos dramáticos que lhe fazia Clitemnestra ao ver a menina na iminência de ser imolada na ara do sacrifício. Cena patética que impulsiona a mulher a odiá-lo, a jamais perdoá-lo.

Ésquilo é benevolente com Agamenon sem transferir a Clitemnestra qualquer indulgência. Considera-a usurpadora e assassina do marido, a ela incorporando-se um outro ultraje, o de levar o amante para ocupar o palácio do qual Agamenon se ausentara.

Instalada no trono e no leito do marido, Clitemnestra, ao ser advertida do regresso do rei, prepara-se para executar sua vingança, contando, para tanto, com a ajuda de Egisto. Assim, quando Agamenon se apronta para recuperar o trono, indiferente aos conselhos de Cassandra, a princesa troiana que lhe fora dada como despojo de guerra, e que o prevenira das intenções da mulher, o rei ingressa no palácio ao encontro da rainha e da morte.

Naquela Grécia, de Ésquilo, o casamento simbolizava uma ordem. Havia, em torno de sua estrutura, o preceito de reforçar certos códigos que diziam respeito aos costumes, à manutenção da lei. Em tal cenário, de bens e de afetos, prevalecia a obrigação dos esposos de visitar a mútua genitália, de procriar filhos, sem se exporem a danos sociais.

Ésquilo, porém, em defesa da ordem matrimonial, cede ao preconceito. A mulher, encarnada em Clitemnestra, não tinha como fugir da responsabilidade pelos crimes cometidos. Tal comportamento, segundo a visão desta sociedade, era inaceitável. Razão pela qual os próprios filhos, Electra e Orestes, os últimos atridas, decidem, em defesa da honra paterna, matar a mãe, esquecidos do rei sanguinário, agente da desordem social. E que, tão logo sacrifica Efigênia, semeia o horror ao longo do cerco troiano e alimenta a saga de uma guerra que enriqueceu a narrativa de Homero.

98

Encontro-me em Washington, capital da corte. Há meses repito o trajeto do apartamento à Universidade de Georgetown, levando papéis, livros que dou nas classes. Na sexta-feira, porém, despeço-me das obrigações, ganho carta de alforria. Além dos museus que eventualmente visite, tenho a sensação de que estou de volta ao Brasil, choro a morte recente da mãe, vivo a intensidade do meu luto. Portanto, estou desobrigada de ser cosmopolita. Convém desligar-me de falsas expectativas.

Saúdo de longe, com a ajuda da memória, o El Greco que oferta à capital a sua versão de São Paulo arrependido. Por onde perambule, o apóstolo realça os aspectos de uma viagem que realiza também pelo seu interior. Talvez eu mesma, admiradora de Paulo, busco-o na Antióquia, antes de ele seguir para Atenas. Sigo suas pegadas, em vez de estar na capital americana.

Está a anoitecer e retorno ao apartamento pago pela universidade, com as mãos tomadas de provisões domésticas. Desconfio às vezes que sou mais dona de casa que alguém imersa nas páginas dos livros. Desde que cheguei à cidade, após haver passado cinco meses em Miami, meu assistente espanhol traz-me ao gabinete os livros que lhe solicito, a serviço todos do romance recém-iniciado. Os temas giram em torno do Oriente Médio, tendo Scherezade como personagem central. É mister que aprofunde meu saber sobre o universo islâmico.

Sigo adiante, mas, sucumbida sob o peso das sacolas, admito ser exagerada, adepta da abundância das coisas. Herança do avô Daniel, prepotente e generoso, e que, à mesa, cercado dos familiares, cobrava no mínimo a presença de seis travessas, abarrotadas de acepipes.

A caminho da casa que não é minha, pois estou de passo, atravesso a pequena praça próxima ao cruzamento. A vegetação, escassa, anuncia os sinais do inverno. Os bancos do jardim estão ocupados por desconhecidos, nenhum me devolve a mirada. Aparentam maus-tratos, e seus carros, de supermercado, estão empilhados com seus pertences. Desconfio que são *homeless*, acomodados nos bancos a que eles chamam provisoriamente de lar. Vistos de longe, confundem-se com senhores aposentados, entretidos com o intercâmbio de palavras obscenas que expressam a ilusão de um último projeto carnal. Em total abandono, eles não são, contudo, hostis aos que desfilam em torno, ostentando destino certo. E, a despeito da indigência, falam entre eles, não são afásicos, celebram certo mistério, que é um bem comum.

Comovida com a solidão entre os seres, sigo para a casa onde sou estrangeira.

99

Encerro-me na minha toca às sextas-feiras. A solidão que me cerca é um brado de alegria, um prêmio que me faculta esmiuçar a mim e à casa. Às vezes, conto com um amor esquivo que preservo para a intimidade.

Mas onde esteja, vejo-me soldada à vida e ao Brasil. Um país de dimensões desmedidas, que se cruza de avião e jamais se chega à Guiana Francesa. O país que, em si, compete com a imaginação de Swift, a começar por possuir árvores com mais de sessenta metros de altura. Foi, pois, dentro desta moldura geográfica que nasci, gerada pela família, a língua, a arte.

Nesta paisagem brasileira escolhi a literatura. Com ela travo a batalha do espírito e da paixão. E o português é a minha língua. Com ela teço em cada página a intriga que é o mistério de todos nós. Mas só entendo relativamente o país mediante a ambigüidade de Machado de Assis. Ainda que outros escritores igualmente me levem às margens do rio Ipiranga, em São Paulo, onde evoco o grito de independência proclamado por Pedro I no século XIX, na ânsia de libertar o Brasil dos vínculos portugueses, e conduzam-me aos grotões da língua de invenção, arrastem-me pelos corredores estreitos de certos edifícios da rua Barata Ribeiro, em Copacabana, verdadeiros labirintos urbanos.

A despeito, contudo, da pátria pretender captar a intriga forjada no interior de seu território, e que de sua desgarrada paisagem nordestina ou sulista mal se enxergue além da falsa neblina, a vida continua secreta. Vilarejos e centros urbanos formam tecido impenetrável, enquanto velhos e jovens narram o contrário do que sei e ensejam-me a aplaudir a controvérsia, a língua única que falamos, a proliferação das linguagens.

Como os demais, careço de veracidade. O que não é em si uma constatação censurável, mas a comprovação de que a mentira literária é matéria enigmática e não moral. Pois que em seu cerne, no ato mesmo de narrar histórias, reconstroem-se cavernas e celebram-se epifanias que constituem o mapa do Brasil.

Nestes fins de semana indago com freqüência de que aldeia faço parte, de que clã, eu que não sou dada a grupos. Tento, sim, juntar os cacos caídos no chão da casa e obter com eles a réplica do mosaico de Ravena e restaurar assim a minha cidade. Defender os seres que tombaram injustamente ao longo de sucessivas gerações. Quantos deles faleceram no cárcere, em cumprimento de um destino dolorido. Enquanto outros, herdeiros do milagre humano, nasceram perfeitos. A placenta materna, que é puro amor, protegeu-lhes o corpo, a membrana revestiu-os com o sinal da sorte. Em qualquer circunstância, as cordas plangentes do violão brasileiro de Villa-Lobos fala por todos nós. Não faz falta ser parte de uma grei cheia de cobiça para eu existir. Importa que o mundo, ao final do acorde do Villa, conquanto feito de muralhas e palavras, é assunto meu, respondo pela condição humana.

Gravetinho, o pinscher que veio para minha casa em novembro de 2006, um presente que me foi dado pela grande amiga Elza Tavares, arranha-me a perna, chama-me a atenção. Olho-o e me apiedo. Posso matá-lo e não serei legalmente punida. Ele depende do meu zelo para que prospere ou morra. Tenho sua vida nas mãos, mas há muito decidi que este bichinho é também o novo dono da casa, contagia seus habitantes com exaltado entusiasmo. E como ele é o primeiro a reconhecer o amor que lhe devoto, abusa do poder que exerce sobre mim. Sofro em suas mãos e regozijo-me. Vale, sem dúvida, fazê-lo um ser alegre e jamais humilhá-lo com a autoridade humana.

O *e-mail*, que não respeita os domingos, pergunta-me se tenho dupla nacionalidade. A brasileira e a espanhola. Não respondo. O passaporte brasileiro é o único que tenho, conquanto minha identidade seja carioca, grega, espanhola, cosmopolita, camponesa. Alguém que ao conviver com o verossímil induz o drama a não me ser estranho. Participo, pois, dos assombros ocorridos em Elsinore e no subúrbio de Pilar, do outro lado do túnel Rebouças. Como os demais, faço uso da coroa de louros e da mortalha.

O domingo alonga-se. Festejo não ter metas. Ambiciono apenas criar até secar o tinteiro. Breve, viajo de novo. Mas, antes que a pipa do meu corpo se solte no espaço graças à misericórdia do vento, acato as injunções da realidade. Aceito que o mapa do Brasil se encontre nos limites da minha casa e aqui hei de morrer. Entre as paredes brasileiras preparo o bacalhau segundo receita da mãe, que lhe chegou da ilha de Arosa, na ria galega, e carbonizo minhas últimas quimeras.

Este livro foi composto na tipologia Minion,
em corpo 11,5/15, e impresso em papel off-white
no Sistema Digital Instant Duplex da Divisão
Gráfica da Distribuidora Record.